权威·前沿·原创

皮书系列为
"十二五""十三五""十四五"时期国家重点出版物出版专项规划项目

BLUE BOOK

智库成果出版与传播平台

广州蓝皮书
BLUE BOOK OF GUANGZHOU

广州城市国际化发展报告
（2024）

ANNUAL REPORT ON CITY INTERNATIONALIZATION
OF GUANGZHOU (2024)

迈向中心型世界城市
Towards A Central World City

组 织 编 写 / 广州市社会科学院

主　　　编 / 伍　庆
执 行 主 编 / 姚　阳
执行副主编 / 胡泓媛

社会科学文献出版社
SOCIAL SCIENCES ACADEMIC PRESS (CHINA)

图书在版编目(CIP)数据

广州城市国际化发展报告.2024：迈向中心型世界城市/伍庆主编；姚阳执行主编；胡泓媛执行副主编.—北京：社会科学文献出版社，2024.7.--（广州蓝皮书）.--ISBN 978-7-5228-3900-4

Ⅰ.F299.276.51

中国国家版本馆CIP数据核字第20243NL355号

广州蓝皮书
广州城市国际化发展报告（2024）
——迈向中心型世界城市

| 主　　编 / 伍　庆
| 执行主编 / 姚　阳
| 执行副主编 / 胡泓媛

出 版 人 / 冀祥德
组稿编辑 / 任文武
责任编辑 / 李　淼
文稿编辑 / 孙玉铖
责任印制 / 王京美

| 出　　版 / 社会科学文献出版社·生态文明分社 (010) 59367143
地址：北京市北三环中路甲29号院华龙大厦　邮编：100029
网址：http://www.ssap.com.cn
| 发　　行 / 社会科学文献出版社 (010) 59367028
| 印　　装 / 天津千鹤文化传播有限公司

| 规　　格 / 开本：787mm×1092mm　1/16
印张：21.5　字数：322千字
| 版　　次 / 2024年7月第1版　2024年7月第1次印刷
| 书　　号 / ISBN 978-7-5228-3900-4
| 定　　价 / 128.00元

读者服务电话：4008918866

▲ 版权所有 翻印必究

《广州城市国际化发展报告（2024）》编辑委员会

主　　　编　伍　庆

执行主编　姚　阳

执行副主编　胡泓媛

编　　　委　（按姓氏笔画排序）

　　　　　　李佳莉　杨代友　何　江　张赛飞　陈旭佳
　　　　　　陈彦博　欧江波　罗谷松　胡晓群　侯　颖
　　　　　　姚　宜　徐万君　黄　玉　揭　昊　覃　剑
　　　　　　程风雨　曾俊良　鲍　雨　蔡进兵

编辑部成员　（按姓氏笔画排序）

　　　　　　王　宁　伍霭云　吴　悠　张映瑜　苗艺馨

主要编撰者简介

伍 庆 博士，研究员。现任广州市社会科学院副院长，广州市宣传思想文化优秀创新团队——广州城市国际交往研究团队负责人，广州市人民政府决策咨询专家。广东省第十四届人大代表。研究方向为全球城市、国际交往。主持国家社会科学基金项目1项、省部级课题6项，主持决策咨询课题50余项。出版专著3部，发表各类论文30余篇。

姚 阳 美国加利福尼亚州立大学公共管理硕士，副研究员。现任广州市社会科学院城市国际化研究所所长、广州国际城市创新研究中心执行主任。加利福尼亚大学河滨分校、加利福尼亚州立大学北岭分校访问学者。研究方向为全球城市发展与治理、城市国际化。主持参与完成国家、省市级社会科学规划课题10余项；在核心期刊、"广州蓝皮书"等发表论文30余篇。主要参加撰写上报省委、省政府，市委、市政府决策咨询课题近40项。参与研究课题获得广东省哲学社会科学优秀成果奖三等奖、广州市哲学社会科学优秀成果奖二等奖等奖项。

胡泓媛 荷兰格罗宁根大学法学硕士，副研究员。现任职于广州市社会科学院城市国际化研究所。研究方向为城市国际化、全球城市评价、国际传播。主持广州市哲学社会科学规划立项课题3项、广州市人文社科世界文化名城建设和文化产业研究基地课题1项，主要参加广州市哲学社会科学规划课题4项，执笔撰写其他各类课题30余项。出版专著1部，发表各类论文10余篇。

摘　要

《广州城市国际化发展报告》是广州市社会科学院组织研创的"广州蓝皮书"系列九本之一，由广州市社会科学院城市国际化研究所牵头组稿，汇聚科研智库、高等院校、民间组织和政府部门的专家学者智慧，是客观分析广州城市国际化最新发展水平、研判未来发展路径的研究成果，也是以广州为样本进行研究，促进中国城市国际化研究交流的学术平台。

2023年是全面贯彻党的二十大精神的开局之年，《广州南沙深化面向世界的粤港澳全面合作总体方案》实施后，《南沙深化面向世界的粤港澳全面合作条例》出台，为广州用好南沙开发开放优势，推动高水平对外开放再上新台阶提供了前所未有的机遇。广州充分发挥自身优势统筹发力，全力以赴提升开放型经济水平，全面深化粤港澳合作，全体系建设国际消费中心城市，全方位打造国际化营商环境，高标准建设国际综合交通枢纽，大力提升城市环境国际化水平。2023年，广州服务国家外交大局有新担当，促进全市高质量发展有新作为，推动高水平对外开放有新突破，建设国际交往中心有新气象，城市国际竞争力、聚合力、承载力和联通力不断提升。2024年，面对复杂多变的外部环境和经济恢复波浪式发展、曲折式前进的新形势、新挑战，广州立足粤港澳大湾区"一点两地"的全新定位，以"十二个之进"推动高质量发展实现新跃升，以"二次创业"的奋进姿态释放新质生产力强大动能，朝着中心型世界城市大步迈进。

《广州城市国际化发展报告（2024）》包括总报告、迈向中心型世界城市篇、城市评价篇、国际经贸篇、交往与传播篇、国际化案例篇六大板块内

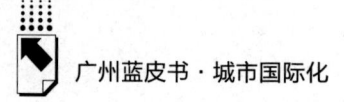

容，并设"2023年中国城市国际化十大关注"特辑，就2023年中国城市国际化重大事件进行梳理总结，把握值得重点关注的实践动态。

总报告从城市竞争力、对外贸易、利用外资、对外投资、国际交通枢纽、高端国际会议活动、多边合作平台、国际交往伙伴、国际传播能力建设、人文交流活动等维度全面总结了2023年广州城市国际化发展现状，通过权威的全球城市评价排名"他者"视角，客观分析广州在全球城市体系中表现稳定的主要贡献因素，并对2024年国内外发展形势作出研判，提出以"软联通"为突破口，推动广州城市国际化，迈向中心型世界城市的建议。

迈向中心型世界城市篇通过将广州与国内外主要世界城市相比较，建构中心型世界城市发展综合评价指标体系，评估科创实力等中心型世界城市的核心功能发展状况，提出助力广州对标中心型世界城市发展愿景的战略路径和对策。

城市评价篇通过开展综合性的2023年全球城市评价排名分析，并具体就广州培育建设国际消费中心城市的状况作专项评价比较，综合研判与突出重点相结合，审视全球城市发展研究的最新成果。

国际经贸篇从对外投资综合性服务枢纽、外资发展形势、海外知识产权保护、游戏产业出海等热点议题对广州推动高水平对外开放展开探讨。

交往与传播篇收录了粤港澳大湾区建设成效分析、广府文化品牌塑造以及构建广州生态城市形象方面的最新研究成果。

国际化案例篇聚焦广州对外投资服务实践，甄选了国际商事仲裁服务和域外法查明服务助力企业"走出去"的典型案例，为同类地方扩大对外投资服务供给提供参考。

关键词： 广州　城市国际化　全球城市

目 录

特 辑

2023年中国城市国际化十大关注 …………………………… 本书编辑部 / 001

Ⅰ 总报告

B.1 2023年广州城市国际化发展状况与2024年形势分析
………………………………………… 广州市社会科学院课题组 / 013

Ⅱ 迈向中心型世界城市篇

B.2 广州建设中心型世界城市的比较分析与对策
………………………………… 邹小华 覃 剑 黄颖敏 / 069

B.3 广州迈向中心型世界城市：综合评价、国际比较与建设思路
……………………………………………… 韩永辉 沈晓楠 / 088

B.4 对标中心型世界城市科创实力能级，以科技创新走廊为核心
全力培育广州创新生态体系
………………………… 广州市城市规划勘测设计研究院课题组 / 115

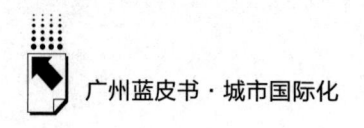

Ⅲ 城市评价篇

B.5 2023年全球城市评价排名分析 …………… 姚 阳 胡泓媛 / 131

B.6 广州培育建设国际消费中心城市的挑战及对策
——基于京沪穗渝津深蓉七城市的对比分析
……………………………………………… 贺永明 王 炬 / 158

Ⅳ 国际经贸篇

B.7 广州打造中国企业对外投资综合性服务枢纽研究
…………………………………………………… 徐万君 吴 悠 / 174

B.8 广州外资发展形势分析与对策 ………………………… 陈雪玉 / 190

B.9 广州企业"走出去"海外知识产权保护的对策研究
………………………… 李国强 常廷彬 翟溯航 廖恒旺 / 205

B.10 广州游戏产业出海的特征、成效与发展战略研究
…………………………………………………… 刘 佩 罗子怡 / 218

Ⅴ 交往与传播篇

B.11 《粤港澳大湾区发展规划纲要》实施五周年：建设成效
与提升对策 …………………………………………… 刘 伟 / 240

B.12 擦亮广州广府文化品牌：传承、创新与国际化
…………………………………………………… 陈 旻 牛战力 / 258

B.13 讲好生态文明建设故事 构建广州生态城市形象
…………………………………………………… 翟慧霞 刘诗琪 / 272

Ⅵ 国际化案例篇

B.14 广州仲裁委积极探索仲裁现代化"广州路径" 努力打造
世界一流的国际商事仲裁中心 ………… 广州仲裁委课题组 / 284
B.15 广州汇智蓝天服务中心立足域外法查明服务 构建涉外法律服务
生态圈 ……………………………………… 林启迪 张 晶 / 297

Abstract ………………………………………………………… / 309
Contents ………………………………………………………… / 312

皮书数据库阅读使用指南

特辑

2023年中国城市国际化十大关注

本书编辑部

一 第三届"一带一路"国际合作高峰论坛在京举办

"一带一路"国际合作高峰论坛是"一带一路"框架下最高规格的国际活动，是新中国成立以来由中国首倡、中国主办的层级最高、规模最大的多边外交活动。2023年正值"一带一路"倡议提出十周年，10月17~18日第三届"一带一路"国际合作高峰论坛在北京举行，成为我国2023年最重要的主场外交。该论坛共有23位外国领导人和联合国秘书长，150多个国家、40多个国际组织的上万名代表参加，注册总人数超过1万人，体现出共建"一带一路"的巨大感召力和全球影响力。

在全球化遭遇逆流和充满不稳定性、不确定性的世界大环境下，各国迫切需要以对话弥合分歧、以团结反对分裂、以合作促进发展，共建"一带一路"的重要意义愈加彰显。第三届"一带一路"国际合作高峰论坛主题为"高质量共建'一带一路'，携手实现共同发展繁荣"。地方政府特别是友好城市是推动伙伴国民心相通的重要力量，城市在推动"一带一路"高质量共建进程中的重要作用已获得各方认同。在开幕式上，习近平主席宣布了中国支持高质量共建"一带一路"的八项行动，其中之一为"支持民间交往"。论坛期间还召开了地方合作专题论坛，与会中外嘉宾围绕"智能化建设与城市治理""高质量共建'一带一路'与城市融合发展""人文交流与文明互鉴"等议题展开深入讨论，并共同见证签署友城结好、人文交流、经贸合作等领域的15项合作协议。

立足高质量共建"一带一路"的新起点、新阶段，我国将进一步加强各国地方政府交流及城市国际交往，持续深化中外人文交流，不断拓展和夯实民心相通的社会基础。积极推动经济互补性强、产业衔接度高的地方政府缔结更多友好关系、打造更多合作平台，推动减贫发展、城市治理、能力建设等优先领域共享经验，让地方合作成果更好惠及各国人民，为构建人类命运共同体贡献更多力量。

二 中美地方友好交往合作迎来新机遇

当地时间2023年11月15日，中国国家主席习近平同美国总统拜登在旧金山斐洛里庄园举行中美元首会晤，就便利人员往来、促进人文交流等问题达成重要共识。这是中美元首三年来首次面对面会晤，是拜登总统执政后两位领导人首次面对面会晤，也是中美各自完成2023年国内重大议程后两国最高领导人的首次互动。当晚，习近平主席在美国友好团体联合欢迎宴会上的演讲中强调"中美关系希望在人民，基础在民间，未来在青年，活力在地方"，为中美两国地方和民间友好交往指明前进方向、赋予有利机遇。

人民友好、民间外交是中美建交以来的有力支柱，地方合作是深化两国人民友谊、实现互利共赢的重要载体。2023年，以元首外交为引领，中美民间与地方交往也迎来活跃期：6月以来，拜登政府一系列高级官员访华，重启两国高层互动联系；6月28日，"鼓岭缘"中美民间友好论坛在福建省福州市举办，一批曾经在鼓岭生活过的美方友人后代、研究鼓岭文化的专家学者等组成的"鼓岭之友"重访中国故地，续写中美友谊故事；8月以来，习近平主席复信美国华盛顿州"美中青少年学生交流协会"、史迪威将军后人和飞虎队老兵等各界友好人士，为中美关系夯基培土、注入动力；10月底，美国加利福尼亚州州长纽森访华，在7天行程中到访香港、深圳、广州、江苏、上海，在美国地方层面形成示范效应；11月3日，第五届中美友城大会在苏州昆山市举办，共有来自中国10余个省市的代表和美国22个州近20位郡市长等约200人参会，苏州市与波特兰市、昆山市与达勒姆市分别交换了友城交往备忘录，推动城市间合作进一步走深走实。自1979年缔结第一对友城关系至今，中美之间已建立284对友好省州和友好城市关系，覆盖美国90%以上的州。40多年来，两国友好省州和友好城市密切合作，取得丰硕成果，给两国人民带来了切实利益，也为中美关系发展提供了有力支撑。尽管自特朗普政府执政之后，中美地方交流经历了"由热变冷"的转折期，但以中美元首旧金山会晤为新起点，以及一系列美国地方代表团接连访华、地方交流会议的成功举办，中美两国关系有望逐步重回健康稳定的正轨。

2024年是中美两国建交45周年。作为世界上最重要的双边关系，中美关系关乎两国人民利益，影响人类前途命运。中美关系的大门一旦打开，就不会再被关上，两国人民友好事业一经开启，就不会半途而废。人文交流、民间交往始终是中美关系的源头活水，地方友好合作符合两国人民的利益与国际社会的期待，将共同为推动中美两国关系稳定、健康、可持续发展作出更大贡献。

三 习近平主席与法国总统马克龙在广州举行非正式会晤

应国家主席习近平邀请，法国总统马克龙于2023年4月5~7日对中国进行国事访问。这是中国对外交流全面重启后欧洲国家元首首次访华，备受中法两国和国际社会各界关注。4月7日下午，习近平主席在广州市松园同马克龙总统举行非正式会晤。广州是马克龙总统中国行的第二站，他成为首位到访广州的在任法国总统，广州圆满完成此次非正式会晤的保障任务。

会晤上，习近平主席指出，了解今天的中国，要从了解中国的历史开始。广州是中国民主革命的策源地和中国改革开放的排头兵。1000多年前，广州就是海上丝绸之路的一个起点。100多年前，就是在这里打开了近现代中国进步的大门。40多年前，也是在这里首先蹚出来一条经济特区建设之路。现在，广州正在积极推进粤港澳大湾区建设，继续在高质量发展方面发挥领头羊和火车头作用。在广州，马克龙总统还参访了拥有全国最美校园之一的中山大学，并在中山大学南校园体育馆举行与中国青年的见面会，作了简短演讲并回答学生提问。一系列行程后，马克龙总统在推特发布了一段时长24秒的猎德大桥灯光秀视频，向全世界展示珠江夜景之美，并用中、法双语表达对广州的喜爱——"谢谢你，广州。法中友谊万岁！"

马克龙此次访华行程给中法全面战略合作打下了坚实的政治基础，也为中法文明交流互鉴开启了新的篇章。通过广州非正式会晤等高质量交流，增进了中法两国元首了解互信，为今后中法两国在双边和国际层面的合作明确了方向。以中法建交60周年暨中法文化旅游年等活动为契机，进一步促进人文、科技等领域的交流，加深两国人民之间的相互理解和友谊，为全球文明交流与合作树立了典范。

四 上海评选首届全球可持续发展城市奖

2023年10月28~31日，全球可持续发展城市奖（上海奖）颁奖活动暨2023年世界城市日中国主场活动在上海举办。经过近4个月的申报与评选，澳大利亚布里斯班、中国福州、乌干达坎帕拉、马来西亚槟城乔治市及巴西萨尔瓦多荣获首届全球可持续发展城市奖。

全球可持续发展城市奖是联合国人居署和上海市人民政府于2022年3月30日共同发起设立的国际奖项，因此也叫作"上海奖"。上海奖以全球城市为颁奖对象，以影响性、可持续性、创新性和可推广性为标准，设有"经济活力与城市繁荣""生态建设与绿色发展""城市安全与韧性发展""可持续发展的能力建设"四大评选维度，旨在评选出每年在城市可持续发展方面表现卓越和进步较大的5个城市，并特别关注包括共建"一带一路"国家、全球发展倡议参与国在内的广大发展中国家城市取得的成绩。首届上海奖以"共建可持续的城市未来"为主题，鼓励全球为可持续发展而努力的城市踊跃参与申报，共同加入城市可持续发展方案的全球性讨论。评选共收到来自五大洲16个国家54个城市的申报材料，涵盖不同发展水平、收入水平、人口状况的城市。其中，5座获奖城市均在落实联合国可持续发展目标和《新城市议程》方面取得了卓越进步和探索了创新做法。例如：澳大利亚布里斯班创造性地将数据、技术、城市规划、健全的金融经济模式与社会和制度创新结合起来，促进了高密度内城的更新和可持续发展；马来西亚槟城乔治市在全面的可持续发展战略指引下，提高城市的经济活力、宜居性、安全韧性和环境友好性；巴西萨尔瓦多根据现有的地形和海岸线，制定并展现了气候变化背景下的新型城市发展模式；中国福州实施城市水系治理工程，优化水资源配置以减少用水浪费；乌干达坎帕拉从多个方面提出城市可持续发展的前瞻性计划，以应对交通安全问题及生态问题等。这些举措充分体现了联合国可持续发展目标第11条"建设包容、安全、韧性和可持续的城市和人类住区"，展现出健康的发展潜力与负责任的城市使命。

与广州国际城市创新奖具有相似功能，上海奖的设立也为世界各国城市提供了交流分享创新发展经验的国际平台。以评选首届上海奖为新做法，上海将为研究和推动全球城市可持续发展、提升城市参与全球治理水平作出贡献，有力提升国际社会对城市可持续发展领域的关注。

五 第19届亚运会在杭州举办

2023年9月23日至10月8日，第19届亚运会在杭州成功举办。国家主席习近平出席开幕式。杭州亚运会是党的二十大胜利召开之后我国举办的规模最大、水平最高的国际综合性体育赛事，也是继1990年北京亚运会、2010年广州亚运会之后，中国第三次举办亚洲最高规格的国际综合性体育赛事，向世界贡献了一届"中国特色、浙江风采、杭州韵味、精彩纷呈"

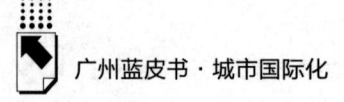

的体育文化盛会。

在亚奥理事会和中国奥委会的指导下，杭州亚运会以"中国新时代·杭州新亚运"为定位，以"心心相融，@未来"为口号，秉持"绿色、智能、节俭、文明"的办会理念。杭州亚运会共设置40个大项61个分项481个小项，包括绝大部分的奥运会项目，武术、藤球、板球、克柔术、柔术等亚洲各地区体育文化特色项目，还设置了滑板、攀岩、电子竞技等青少年喜爱的新兴项目。本届亚运会共诞生482块金牌，运动员人数达12500多名，报名规模创历届之最，中国代表团以201金111银71铜的成绩位列金牌榜、奖牌榜双榜首。杭州亚运会共征集118个类别的176家企业，赞助金额共计44.178亿元，占市场开发总收入的83.1%，赞助收入和赞助商规模分别为历届亚运会最高、最大。本届亚运会充分凸显杭州的"数智化"城市名片：杭州亚组委联合中国移动发布"亚运元宇宙"平台，推出我国首个大型国际综合体育赛事元宇宙，为全球用户提供了"虚拟+现实"的元宇宙体验；首创性推出电子身份注册卡，以数字化方式帮助外籍参赛人群快速入境通关；首次探索使用5.5G新技术，使开幕式全场8万名观众和国内外媒体体验到无卡顿的网速；以一名广州中学生为原型，设计推出全球首创的"亚运数字火炬手"，参与互动总人数超过1亿人。各种首推、首创、首用的智能应用与信息服务充分展现中国在数字技术领域的积累，也让世界共同见证杭州作为"数字第一城""互联网之城"的独特形象标签。亚运会期间，杭州市政府还与世界羽毛球联合会、国际皮划艇联合会、国际曲棍球联合会等多个组织签署合作备忘录，城市国际合作网络再扩展。

借力亚运会东风，杭州已成为全国7个城市之后新一个经济总量突破2万亿元的城市，胜利实现"办好一个会、提升一座城"的目标。在持续利用亚运场馆资源打造国际"赛""会"之城的同时，杭州把培育国内国际品牌赛事与本地特色数字经济充分结合，向世界讲好中国、杭州科技发展故事，彰显"大国大城"创新魅力。

六　第31届世界大运会在成都举办

2023年7月28日至8月8日，第31届世界大学生夏季运动会（以下简称"大运会"）在四川成都举办，国家主席习近平出席开幕式。这是中国第五次、中国大陆第四次举办世界大运会，也是中国西部第一次举办世界性综合运动会。本届赛事共有来自170多个国家和地区的1万余名运动员、教练员、裁判员和相关国际体育组织官员等参与其中，谱写了世界体育交流与青年友谊的新篇章。

第31届世界大运会举办权花落成都，成为成都提出世界赛事名城建设目标后成功申办的首个世界性综合运动会，也将成都的城市国际化建设水平提升到新高度。《成都市"十四五"世界赛事名城建设规划》明确了成都到2025年建成世界赛事名城、到2030年建成世界体育名城、到2035年建成世界生活名城的目标，力争每年举办国际重大赛事，打造世界一流的国际赛事之都。《成都市"十四五"国际对外交往中心建设规划》明确了成都建设国际对外交往中心的城市定位，明确了构建"3（3个对外交往核心区）+6（6个国别合作园区）+N（多个国际对外交往聚集地）"的国际对外交往新格局，其中包括国际交流活动聚集地、国际体育赛事聚集地等。以世界大运会这一重要国际赛事为契机，成都大力开展内陆城市的对外开放探索，打造西部地区的国际门户枢纽。在交通设施方面，成都充分发挥"双机场双枢纽"优势，优化天府国际机场、双流国际机场"两场一体"协同运营模式，中欧班列（成渝）开行量持续居全国首位，"空陆齐发"打造多向度战略大通道。在友好交流方面，近年来成都广泛吸引更多国家和国际组织设立领事机构和办事机构，独特的城市文化与各类活动吸引大量国际游客到访，城市知名度和美誉度进一步提升。成都积极寻找建设世界赛事名城与创建国际消费中心城市之间的连接点，争创"国家级体育消费活力城市"。据预计，世界大运会产生的观众观赛以及直接带动购物、交通、住宿、餐饮等衍生消费超过10亿元，"赛事经济"

创造产业新动能。成都还借助举办世界大运会开展城市形象传播与全球营销推广，广邀国际体育媒体参与宣传报道各大赛事，被授予"国际体育记者协会全球最佳合作城市"称号。

举办重要赛事活动、建设重要基础设施、打造重要承载平台是中国城市与国家重大战略同频共振，加速国际化建设进程的关键推动力。世界大运会以体育促进友好团结，成功打造了代表世界大学生最高竞技水平的体育盛会，也推动了成都营造更加开放、包容、富有活力的国际化城市氛围。

七　国际古城墙（堡）联盟在西安成立

2023年9月23日，作为欧亚经济论坛重要组成部分，第八届丝绸之路经济带城市圆桌会暨世界文旅局长会议在西安举行。会上，世界城地组织亚太区旅游委员会框架下的国际古城墙（堡）联盟正式成立，为各方围绕加强古城墙（堡）保护与利用、研究城市融合发展、促进文化交流和文明互鉴等方面奠定了坚实基础。

国际古城墙（堡）联盟是世界城地组织亚太区旅游委员会的下设机构与非政府联盟组织，其宗旨是加强全球范围内古城墙（堡）的保护与利用、旅游与管理，促进城墙（堡）管理机构与个人及国际之间的文化交流合作。2019年，意大利威内托大区古城墙城市联盟代表访问西安城墙时，西安城墙管委会提出创立国际古城墙（堡）联盟的构想，并得到了意方积极响应。2020年，英国约克市城墙管理机构积极参与，同样成为创立机构之一。2020年12月3日，中国西安、意大利威内托、英国约克三方的城墙管理机构通过连线视频签约的方式举行了"国际古城墙（堡）联盟合作书"签约仪式。2023年11月1日，2023国际古城墙（堡）联盟会议在西安召开，这是该联盟正式成立以来的首次线下会议，马来西亚马六甲郑和文化馆等十家古城墙（堡）管理机构正式加入国际古城墙（堡）联盟。目前，该联盟已有来自中国、意大利、英国、马来西亚等国家的18个成员单位，联盟"大家族"不断壮大。我国的西安城墙、开封城墙、荆州城墙、襄阳城墙、南京城墙、苏州城墙、大同城墙、广州市越秀公园（广州明城墙所在地）等已陆续加入。

城墙（堡）作为人类最伟大的建筑之一，广泛遍及全球历史文化遗产地，蕴含着城市的独特性格与肌理，延续着历史的文脉与精神，肩负着重要的文化传承使命。西安以"墙"为媒，为世界各地古城墙（堡）之间搭建了国际对话与文化交流的舞台。未来，国际古城墙（堡）联盟将依托世界城地组织这一平台，持续关注国际古城墙（堡）文化遗产的保护现状，加强保护技术开发，推广利用研究成果，推动文化价值传播，提升遗产管理水平，拓展交流合作渠道，持续推进国内外古城墙（堡）保护交流工作，让历史文化"活起来"。

八　上海合作组织民间友好论坛暨友好城市论坛在青岛举办

2023年6月14~16日，由上海合作组织（简称"上合组织"）睦邻友好合作委员会、中国人民对外友好协会、山东省人民政府共同主办的上海合作组织民间友好论坛暨友好城市论坛在青岛国际会议中心成功举办，来自16个国家的400余名嘉宾参会。此次论坛是继2018年上合组织青岛峰会后的又一次上合主题的国际盛会，也是2020年以来青岛搭建的参会嘉宾规格最高、境外嘉宾参会规模最大的高端外事活动平台。作为论坛重要组成部分，上合组织国家科技创新论坛、上合组织国家教育人文交流论坛、上合组织国家减贫和发展论坛暨扶贫培训班开班仪式同时举行。

青岛是全国首批沿海开放城市，国际友城工作起步较早，自1979年10月与日本下关市缔结第一对友好城市开始，截至2023年底已形成覆盖51个国家89个城市的友城网络。其中，与27个国家的29个城市建立了友好城市关系，与33个国家的57个城市建立了友好合作城市关系。从友城的洲际划分来看，亚洲30个、欧洲27个、非洲4个、北美洲13个、南美洲5个、大洋洲7个，五大洲"朋友圈"不断扩大。2021年，青岛创建了"友城合

作 共创未来"对外交流品牌，利用友城渠道广泛开展地方经贸交流，并逐步向人文、科技、物流等领域延伸，在该品牌活动框架下举办一系列活动已达200余场。2022年，青岛推出"青春青岛"活动品牌，组织友城青少年通过线上课堂、文艺表演、手工制作等多种形式进行城市推介和多元文化交流，已举办活动近30场，700余名中外青少年参与其中，各项友城交流活动得到国内外主流媒体广泛报道。2023年，青岛除举办上海合作组织民间友好论坛暨友好城市论坛之外，还于9月24~28日举办了2023世界友城论坛暨友好省州领导人大会，成为近年来在山东举办的最大规模的国际友城交流活动。这期间举办的友好省州集体会议、国际友城圆桌对话、友城交往成果展等20余场活动，产生了广泛影响。

青岛围绕服务国家总体外交大局要求，系统抓好友城结好工作，支持各区和基层单位等拓展对外交流合作渠道，推动民间团体、企业园区、青少年等不同主体参与友城交往，增强民间友好合力，逐步形成全方位、多层次、立体化的国际交往新格局，为城市国际化发展带来了广阔的对外合作空间。

九　扬州持续打造"世界运河之都"名片

2023年8月24日，国家级论坛"世界运河城市论坛"在扬州召开，这是连续十六届举办的大运河盛会。以大运河为"通用语言"，国内外运河城市和高校代表，国外知名运河所在国驻华使节和国际组织驻华代表、国际知名运河管理机构代表和运河研究机构的专家学者共同探讨运河城市遗产保护与绿色低碳发展，让世界目光再次聚焦中国大运河原点城市扬州。

运河凝聚着人类智慧，承载着城市交流合作、互联互通的民间友谊。多年来，扬州在保护好、传承好、利用好运河文化遗产的基础上，与传承城市文脉、促进旅游发展及开展公共外交相结合，打造出文明交流互鉴的扬州样本。2007年9月，为推动中国大运河申遗，促进世界运河城市交流合作，在文化部、建设部、国家文物局和联合国教科文组织等倡导支持下，经外交部批准，首届世界运河城市论坛在扬州举办，是当时国内唯一以运河文化为主题的国际性论坛。扬州也从参与竞标的多个城市中脱颖而出，成为大运河保护与申报世界文化遗产的牵头城市。此后，扬州切实做好大运河的保护、传承与利用，充分彰显"运河长子"的责任与担当。2009年，江苏省唯一一家国际性社会组织——世界运河历史文化城市合作组织在扬州成立。以此为平台，世界运河名城在遗产保护、旅游开发、环境治理、城市建设方面的经验得到更为广泛的分享，也为大运河申遗汇聚中外智慧。2014年6月22日，在卡塔尔首都多哈召开的第38届世界遗产大会上，中国大运河申遗项目成功入选《世界文化遗产名录》，成为中国的第32项世界文化遗产。以大运河申遗成功为新起点，扬州推动大运河文化成为中国与国际接轨的纽带，密切国际运河城市间的经济文化交流，并率先向共建"一带一路"国家传播中国大运河"绿色可持续发展"等成功案例。2023年，扬州召开"世界运河城市医院合作机制"成立仪式暨首届运河城市医院合作高峰论坛，打造全国首个运河主题沉浸式互动公园——中国大运河原点公园，发布《中国大运河蓝皮书：中国大运河发展报告（2023）》《中国大运河年鉴2023》等权威研究成果，"世界运河之都"城市名片深入人心。

扬州以运河文化为纽带，大力推进世界运河城市对话交流，在运河永续利用、绿色发展方面成功打造高端平台与创新样本，塑造中国行动与国际案例，同时为世界运河文明传承与进步持续提供相互理解和友好的良好氛围。

十 盐城全力擦亮"国际湿地城市"品牌

2023年9月25~27日，由江苏省人民政府、自然资源部、国家林业和草原局共同主办的2023全球滨海论坛会议在江苏省盐城市举行。盐城以举办此次会议为契机，与国内外湿地城市联动，汇聚各方力量共同加入湿地保护行动，有效擦亮"世界自然遗产"和"国际湿地城市"两张城市名片。

湿地、森林与海洋被称为地球三大自然生态系统，其中湿地被誉为"地球之肾"。盐城拥有太平洋西海岸面积最大的淤泥质潮间带湿地，是中国东部沿海发达地区湿地类型最齐全、连片分布面积最大和保护层级最完整

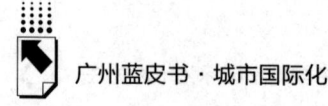

的城市之一，被称为"东方湿地之都"。2022年11月5日，习近平主席在《湿地公约》第十四届缔约方大会开幕式上宣布"支持举办全球滨海论坛会议"。世界自然保护联盟、湿地国际、剑桥大学、盐城市湿地和世界自然遗产保护管理中心等21家机构成为全球滨海论坛合作伙伴。在《湿地公约》第十四届缔约方大会日内瓦分会场，包括盐城在内的全球25个城市获得"国际湿地城市"证书，这代表了一个城市在湿地生态保护方面的最高成就。截至2023年底，《湿地公约》共认定43个国际湿地城市，中国共有13个城市入选。其中，盐城是中国唯一同时拥有2处国家级湿地自然保护区、2处国际重要湿地、1处世界自然遗产地的地级市，全市受保护湿地面积达41.6万公顷、湿地保护率达54%、自然湿地保护率达62%。2023年8月，《盐城市国土空间总体规划（2021—2035年）》获得江苏省人民政府正式批复，其中明确盐城的城市性质为"长三角北翼先进制造高地、淮河生态经济带出海门户、绿色宜居的国际湿地城市"，发展定位为"绿色制造之城、绿色能源之城、绿色生态之城、绿色宜居之城"。

保护湿地资源不仅关系到生态环境，也关系到经济和社会的可持续发展，甚至关乎人类的未来。盐城创建国际湿地城市，是实现绿色经济和可持续发展战略的一项重大举措。通过建立湿地保护与开发并举的开发模式，盐城吸引了大量的生态观光、环保企业前来投资，同时提高了城市居民的宜居品质，彰显了"国际湿地、沿海绿城"的生态魅力与发展活力。

总 报 告

B.1
2023年广州城市国际化发展状况与2024年形势分析

广州市社会科学院课题组*

摘　要： 2023年，广州充分发挥自身优势统筹发力，全力以赴提升开放型经济水平，经济实力再上新台阶，全球竞争力持续增强；对外贸易平稳运行，创新驱动支撑功能强劲；多措并举稳外资，利用外资质量持续提升；对外投资创新发展，"一带一路"倡议广州实践取得新进展；国际综合交通枢纽建设再提速，辐射全球能力进一步增强；服务"国之大者"有新作为，主场外交集聚世界关注；夯实多边合作平台基础，城市国际影响力稳步提升；筑牢对外友好交流根基，民间交往释放强大活力；城市故事广泛传播，

---

* 课题组组长：姚阳，广州市社会科学院城市国际化研究所所长、副研究员，研究方向为全球城市发展与治理、城市国际化。课题组成员：胡泓媛，广州市社会科学院城市国际化研究所副研究员，研究方向为城市国际化、全球城市评价、国际传播；鲍雨，广州市社会科学院城市国际化研究所助理研究员，研究方向为公共外交；徐万君，博士，广州市社会科学院城市国际化研究所助理研究员，研究方向为国际经贸；伍霭云，广州国际城市创新研究中心研究助理，研究方向为文化传播；吴悠，广州国际城市创新研究中心研究助理，研究方向为政治经济学。

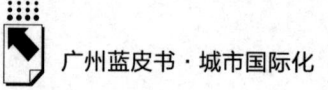

打造世界读懂中国式现代化窗口;"一带一路"文化交流走实,促进共建国家"心相通"。广州在世界城市分级、全球城市指数、"机遇之城"、全球金融中心指数和全球创新指数创新集群等主要全球城市评价中均表现稳定。面对复杂多变的外部环境和经济恢复波浪式发展、曲折式前进的新形势、新挑战,广州提出"二次创业"再出发,朝着中心型世界城市大步迈进。对标中心型世界城市,广州将以国际规则机制衔接之进,增强中心型世界城市的要素聚合力;以国际化服务优化之进,提升中心型世界城市的开放联通力;以国际化环境提升之进,构建中心型世界城市的生态支撑力;以国际交流合作深化之进,锻造中心型世界城市的全球贡献力,共同奔赴构建人类命运共同体的新局面。

关键词: 广州　城市国际化　全球城市

一　2023年广州城市国际化发展状况

2023年是全面贯彻党的二十大精神的开局之年,面对复杂多变的外部环境和经济恢复波浪式发展、曲折式前进的新形势、新挑战,广州充分发挥自身优势统筹发力,全力以赴提升开放型经济水平,全面深化粤港澳合作,全体系建设国际消费中心,全方位打造国际化营商环境,高标准建设国际综合交通枢纽,大力提升城市环境国际化水平。这一年,广州服务国家外交大局有新担当,促进全市高质量发展有新作为,推动高水平对外开放有新突破,建设国际交往中心有新气象,广州城市国际竞争力、聚合力、承载力和联通力不断提升。

(一)经济实力再上新台阶,全球竞争力持续增强

面对全球经济增速放缓、地缘冲突持续、外需疲软等多重不利因素的影响,广州统筹发力,以创新发展强化内生动力、以开发开放拓展增长空间,有力克服了不利因素影响，在全国范围内保持了强有力的城市竞争力的同时，在全球城市中的竞争力得到了进一步增强。

1.经济实力保持在世界城市第一方阵

2023年，广州地区生产总值站上3万亿元新台阶，达30355.7亿元，同比增长4.6%。分产业看，第一产业实现增加值317.8亿元，同比增长3.5%；第二产业实现增加值7775.7亿元，同比增长2.6%，占地区生产总值的比重为25.6%；第三产业实现增加值22262.2亿元，同比增长5.3%，占地区生产总值的比重为73.3%。①2016年跻身世界一线城市以来，广州总体经济实力不断提升，在全球城市评价体系中的位次整体也呈上升态势。全球知名咨询机构科尔尼发布的报告显示，广州稳居世界一线城市方阵，2019年以来连续4年实现了全球城市综合排名上升。通过制造业带动服务业，实现第二产业和第三产业的融合发展，已成为全球城市经济发展路径选择新的趋势。近年来，广州围绕"制造业立市"着眼实体经济，对新型储能、新一代信息技术、生物医药、新能源等产业给予了充足的支持，着力增强制造业企业集聚高端要素的能力，以实现产业链位势跃升和产业整体升级，进一步增强在全球产业链与供应链中的影响力。自2023年8月起，全市规模以上工业增加值累计增速连续5个月提升，拉动全年实现同比增长，展现了工业发展的强劲韧性。服务业持续保持增长的领先优势，是助推经济增长的重要动力源，其中生产性服务业的规模达到1.3万亿元，占服务业的比重为56.6%。服务业与制造业融合发展的趋势进一步增强，一方面，生产性服务业以技术嵌入的方式向制造业注入专业化要素，成为壮大实体经济的重要支撑；另一方面，通过开展跨界合作、加强数字化转型等方式，服务业自身在规模提升的同时，向价值链的高端迈进。新质生产力推动经济结构优化升级、推动经济质量持续提升，代表新质生产力的部分产品快速产出，新能源汽车、太阳能电池（光伏电池）、

---

① 《2023年广州市国民经济和社会发展统计公报》，广州市人民政府网站，2024年3月30日，https://www.gz.gov.cn/zwgk/sjfb/tjgb/content/post_9570687.html。

风力发电机组产量同比分别增长 1.1 倍、80.0%和 38.2%；工业机器人、服务机器人、显示器、集成电路等新一代信息技术产品的产量分别增长47.1%、43.8%、29.3%和21.6%。①

2. 科技创新驱动赋能全球产业竞争力

广州通过深入实施创新驱动发展战略，系统提升基础科研能力，加强重点行业科研攻关，着力提升发展的内驱动力，不断强化在全球城市体系中的发展动能。近年来，广州着力布局国家级重大科研平台，是全国唯一的聚集国家重大科技基础设施、国际大科学计划、国家实验室、综合类国家技术创新中心、国家未来产业科技园等重大平台的城市，为持续推进创新驱动发展战略提供了坚实支撑。先进制造业规模持续扩大，产值占规模以上工业企业总产值的比重进一步攀升至60.5%，全市高新技术企业数量超过 1 万家，科技型中小企业数量超过 2 万家。重大科技基础设施建设不断取得新突破，冷泉生态系统、人类细胞谱系等大科学装置可行性研究报告获批，且建设取得实质性进展，推动广州"2+2+N"科技创新平台体系建设再提速。作为广州重点发展的战略性新兴产业之一，生物医药与健康医疗产业 2023 年总产值达 1178 亿元，在产业规模、企业数量、创新平台等方面位居全国前列，连续 3 年获国务院激励表彰。近年来，广州先后印发《广州市促进创新链产业链融合发展行动计划（2022—2025 年）》《广州市科学技术局强服务树标杆 提升高新技术企业创新能力行动方案（2022—2026 年）》《广州市科学技术局进一步支持科技型中小企业高质量发展行动方案（2022—2026 年）》等，致力于为科技型企业发展提供全生命周期服务支撑。2023年 8 月，广州市政府办公厅印发《广州市壮大科技创新主体促进高新技术企业高质量发展的若干措施》，从制度上保障了企业的创新主体地位，意味着科技型企业的全生命周期政策支撑体系走向成熟。2023 年，广州新增专

---

① 《广州破题新质生产力：科技与产业"融合聚变"，营造新兴产业"软环境"是关键》，21经济网，2024 年 1 月 27 日，https://www.21jingji.com/article/20240127/herald/a7fa74cfbc93b29f94e5bd1bfdcf1fae.html；《科技赋能产业创新 加快发展新质生产力》，《新快报》2024 年 2 月 24 日，第 3 版。

精特新"小巨人"企业125家，较2022年翻一番；"2024全球独角兽榜"共有24家广州企业入围，数量位居全球第九，相当于以色列（26家）或加拿大（25家）一个国家的独角兽企业数量。

3. 国际化营商环境的优化吸引高端资源集聚

自2018年开始，广州迭代实施多轮次营商环境改革，以建设国际一流营商环境标杆城市为目标，不断拓展市场主体发展的空间。2023年8月，《广州市建设国际一流营商环境标杆城市 助力产业高质量发展行动方案》发布，营商环境改革方案6.0版本正式启动，此轮次营商环境改革以"宜商兴业"为主题主线，对照世界银行最新公布的"B-Ready"评估体系，实现指标全覆盖，并结合广州市场环境实际情况和城市发展特色，有针对性地提出专项改革举措。与之前连续实施的5轮次营商环境改革相比，本轮次改革首次将"要素环境"纳入改革范畴。在数字化、绿色化发展是全球主要经济体主流发展趋势的背景下，将"要素环境"纳入改革范畴更加符合国际化营商环境的建设要求。营造要素环境、市场环境、政务环境、法治环境、营商环境高地等共同构成广州2023年营商环境建设5个方面，合计39条创新措施的任务框架，以着力降低综合成本、全面优化产业生态为实施路径，以期将广州建设成为国际一流营商环境标杆城市。在各轮次营商环境改革方案的指引下，广州持续强化系统集成，不断探索制度型创新，已基本完成营商环境创新试点城市的建设任务，形成了一批具有代表性的改革成果，50项改革举措入选国务院办公厅在全国复制推广营商环境创新试点改革举措清单。2023年，广州新增市场主体134万户，截至2023年12月底，广州实有各类经营主体340万户，同比增长7.7%。[①] 广州目前聚集了345家世界500强企业、超4万家外商投资企业。2023年，广州新增外商投资企业6629家，同比增长近1倍。[②] 南沙区作为国家战略集中承载地，既是双向联通枢纽门户，也是环境最优的投资首选地。得益于良好的营商环境，2023

---

① 《珠三角观察｜广州2023年GDP，重回全国前四》，南方+，2024年1月25日，https：//static.nfapp.southcn.com/content/202401/25/c8541536.html？enterColumnId=84。

② 广州市商务局。

年南沙新签约、动工项目200个，总投资额超5500亿元；新引进世界500强企业投资项目29个（累计270个）。①

（二）对外贸易平稳运行，创新驱动支撑功能强劲

面对全球贸易量萎缩、外需持续走弱等因素带来的不利影响，广州外贸发展全年顶压前行。通过优化产品结构，着力拓展市场网络，深度发掘包括跨境电商在内的新业态的支撑功能，在连续多年高位运行的基础上，2023年广州继续取得外贸进出口总值正增长的成绩，新市场、新政策、新业态、新需求、新产业呈现新特点，贡献新动能。

1. 在全球经贸网络中保持稳步增长

2023年，我国外贸发展面临的整体外部环境更加复杂，欧美连续加息导致外需下降，中美贸易摩擦仍在持续，全球贸易整体表现不及预期。在多重不利因素的影响下，我国外贸发展体现了强大韧性，2023年进出口总额在高基数的基础上仍然实现了正增长，为41.8万亿元，同比微增0.2%。其中，全年出口额为23.8万亿元，同比增长0.6%；进口表现不及预期，全年进口额为18.0万亿元，同比下降0.3%。②

广州作为我国改革开放的前沿，深度嵌入全球经贸网络，受外部环境变化的影响更为深远。外需乏力、汇率波动、部分产业链外迁等因素叠加，使得广州全年外贸发展面临的挑战加剧。在此背景下，广州积极拓展贸易网络、优化产品结构、创新发展模式，力保全年进出口额实现正增长。2023年，广州实现外贸进出口总额10914.3亿元，同比微增0.1%，进出口额连续3年突破万亿元，贸易强市建设成效显著。其中，出口额为6502.6亿元，同比增长5.8%；进口额为4411.6亿元，同比

---

① 《广州南沙评"最心水"营商环境改革措施、放宽市场准入等入选》，广州市南沙区人民政府网站，2024年1月18日，https://www.gzns.gov.cn/zwgk/rdzt/yhyshj/ysdt/content/mpost_9448173.html。

② 《中华人民共和国2023年国民经济和社会发展统计公报》，国家统计局网站，2024年2月29日，https://www.stats.gov.cn/sj/zxfb/202402/t20240228_1947915.html。

下降7.2%。从出口端来看，作为广州传统的出口优势产品，机电产品全年实现出口额3007.6亿元，占出口总额的比重为46.3%。其中，作为广州支柱产业的汽车（包括底盘、零配件）出口对稳定出口发挥了重要的支撑作用，汽车（包括底盘）出口额增长185.2%，汽车零配件出口额增长13.0%。在全球海运价格高企的背景下，国际运输企业对船舶的需求也持续上升，2023年广州船舶出口额增长64.3%。车船制造业成为广州出口增长的新动能，对出口增长的贡献度达28.8%。新能源汽车、锂电池和光伏产品等"新三样"产品出口表现亮眼，全年实现出口额128.9亿元，同比增长1.3倍。其中，新能源汽车出口额同比增长4.7倍，给广州外贸带来强有力支撑。从贸易方式来看，2023年广州以一般贸易完成的进出口额为7539.9亿元（见表1），占贸易总额的比重为69.1%，占比较上一年持续提升。从外贸经营主体来看，民营企业稳坐"头把交椅"。2023年，广州民营企业进出口额超6000亿元，同比增长6.1%，占进出口总额的比重过半。民营企业的规模与完成的贸易额不断提升，展现了强劲的活力和竞争力，为稳定全市外贸发展提供了坚实的支撑。

表1 2023年广州市进出口贸易情况（按贸易方式分）

单位：亿元，%

贸易方式	本年累计			同比增长		
	出口额	进口额	进出口额	出口额	进口额	进出口额
合计	6502.6	4411.6	10914.3	5.8	-7.2	0.1
一般贸易	4637.0	2902.9	7539.9	15.7	-4.3	7.1
加工贸易	1340.5	798.6	2139.1	2.6	-12.8	-3.7
来料加工装配贸易	353.5	300.2	653.7	-7.8	-10.0	-8.8
进料加工贸易	987.0	498.4	1485.4	6.9	-14.3	-1.3
保税物流	361.6	674.2	1035.8	-11.1	-10.0	-10.4
保税监管场所进出境	218.8	272.0	490.8	1.5	-1.7	-0.3
海关特殊监管区域物流	142.9	402.2	545.0	-25.3	-14.8	-17.9
其他贸易	158.9	29.4	188.3	-61.3	-23.5	-58.1

资料来源：广州市商务局。

2.国际贸易市场呈现新特征

欧美凭借良好的市场环境和强大的经济实力，仍是企业国际贸易的首选伙伴。欧盟一直是广州最为重要的贸易伙伴之一，2016~2019年连续4年是广州最大的贸易伙伴。2023年，欧盟替代东盟，时隔3年重回广州最大的贸易伙伴位置，广州与欧盟实现进出口额1805.7亿元，同比增长6.6%。其中，广州向欧盟出口货物额975.3亿元，同比增长13.5%，是拉动双边货物贸易增长的主要力量（见表2）。分国别来看，2023年德国从广州出口货物额达428.0亿元，占欧盟从广州出口货物额的比重为43.9%，是欧盟中广州最主要的出口目的地。广州与德国的交流合作十分密切，自1988年起即与法兰克福、杜塞尔多夫等城市建立了友好关系，在汽车制造、生物医药等符合双方共同发展方向的领域，投资合作取得多项成果。中国是德国最大的贸易合作伙伴，电器设备和机械设备是德国从中国进口的最主要商品，也是广州出口的优势商品。2023年，广州与美国实现进出口额1433.9亿元，同比增长5.1%，其中出口1036.4亿元，同比增长7.3%。除了与欧美等传统市场实现进出口额的增长外，广州持续拓展新兴市场，取得较好成效。其中，广州与拉美、中东、非洲、东欧、大洋洲等非传统贸易伙伴的进出口额约为3130亿元，占全市进出口总额的近三成，同比增长9%。广州与东盟多个国家，包括越南、印度尼西亚、新加坡等的进出口额出现回落。劳动密集型产业面向东南亚成本优势地区的"以投代贸"加速布局，相关对外投资增长，而进出口额相应收缩。广州的贸易网络向新兴市场拓展，成为复杂外部形势下支撑外贸增长的有效举措。

表2 2023年广州市进出口贸易重点市场地区情况

单位：亿元，%

国家(地区)	进出口			出口		进口	
	金额	同比增长	占比	金额	同比增长	金额	同比增长
合计	10914.3	0.1	100.0	6502.6	5.8	4411.6	-7.2
欧盟	1805.7	6.6	16.5	975.3	13.5	830.4	-0.5
东盟	1654.8	-4.3	15.2	1020.1	-4.0	634.6	-4.7

续表

	进出口			出口		进口	
	金额	同比增长	占比	金额	同比增长	金额	同比增长
美国	1433.9	5.1	13.1	1036.4	7.3	397.5	-0.2
日本	817.6	-13.6	7.5	301.4	18.8	516.2	-25.5
中国香港	648.6	-5.2	5.9	604.8	-6.1	43.8	8.8

资料来源：广州市商务局。

3.跨境电商增速迅猛

近年来，在国家大力发展以跨境电商为代表的贸易新业态政策指引下，广州以建设跨境电商国际枢纽城市为目标，创新发展模式，推动传统贸易转型升级，跨境电商对货物进出口的稳定支撑和强力带动作用得到进一步强化。希音、Temu等跨境电商巨头齐聚广州，成为跨境电商产业的最大亮点。2023年，广州通过跨境电商实现进出口额超2000亿元，同比增长45%以上。① 跨境电商成为复杂外部形势下广州实现进出口额正增长的关键支撑。十年来，广州跨境电商进出口规模增长136倍，其中进口规模连续9年居全国首位，是名副其实的跨境电商之城。2023年2月，全球跨境电商卖家服务中心、全球跨境电商超级供应链中心及全球跨境电商生态创新中心（以下简称"全球跨境电商'三中心'"）的成立，是广州以提升服务效能推进跨境电商之城建设的又一创新性举措。其中，全球跨境电商卖家服务中心以提升卖方服务水平为着力点，构建覆盖全球的卖方资源网络；全球跨境电商超级供应链中心以推动国货高效出海为目标，通过数字化赋能制造业转型升级，助力扩大优势产品的海外市场；全球跨境电商生态创新中心向广州以及更大区域的跨境电商企业提供包括资源对接、市场开拓、品牌建设等在内的全流程服务，探索构建"产业集群+跨境电商"的广州模式，着力提升跨境电商企业的国际竞争力。2023年12月，广州跨境贸易电子商务公共服务平台进一步升级服务，在全国率先打通"关—税—汇—清"全链路服务过

---

① 《9年增长136倍！狂飙中的广州跨境电商》，《羊城晚报》2024年3月13日。

程，为跨境电商企业提供安全、高效、透明的一站式综合服务，有效降低企业运营成本，是广州主动创新服务模式、拓宽应用场景、落实优惠政策的生动实践。截至2023年底，该平台已累计服务企业超过5万家，完成业务申报5亿票，收结汇金额达500亿元。①

（三）多措并举稳外资，利用外资质量持续提升

全球投资环境趋紧，造成资本跨境投资势头减弱，资金更倾向于在发达国家之间流动，流向发展中国家的资金规模呈收缩态势。在外商投资流入总量减少的背景下，2023年广州企业实际利用外资规模也出现下降，为483.2亿元（以美元计为69.2亿美元），但新设外商投资企业数量较2022年大幅增长92.6%，达6629家。截至2023年末，在穗设立的外商投资企业累计超5.6万家，世界500强企业345家。②

1. 持续优化引资环境

广州是跨国企业长期布局和扎根发展的重要城市，在资本跨境流动规模缩减、全球投资前景不明朗的外部形势下，广州不断优化区域引资用资环境，以出台专项政策、提升外资服务水平等举措，吸引更多外商投资广州企业。2023年1月，《广州市促进外资高质量发展若干措施》发布，该措施提出重点引导外商投资制造业、落实鼓励产业目录优化外资结构等共20项任务举措，鼓励外商投资企业在广州进行产业投资。12月，《广州市优化外商投资环境加大吸引外商投资力度若干措施》发布，从高质量引资用资、保障外商投资合法权益、加大支持力度和创新工作机制等4个方面，对当前形势下持续优化引资用资环境、着力优化引资用资结构作出部署。其中，该措施在知识产权保护、便利商务人员往来等层面保障外商投资者权益的同时，提出将鼓励外资在穗设立研发中心，着力引导外资投向先进制造业、现代服务业等行业，在扩大引资规模的同时，提升用资水平。2022年，广州建立

---

① 《打通"关—税—汇—清"全链路，广州跨境电商平台升级为"全国之首"》，南方网，2023年12月18日，https://news.southcn.com/node_54a44f01a2/67d999f145.shtml。
② 广州市商务局。

了首批外商投资服务工作站，贴近前沿为外资企业及外商投资活动提供服务保障。在此基础上，2023年广州提出将外商投资服务工作站的覆盖范围进一步向中国进出口商品交易会（以下简称"广交会"）、中国广州国际投资年会等重点展会延伸，以贴近招商前沿的方式吸引外资企业和项目落户广州。在一系列措施的支持下，2023年美国华南商会发布的《华南地区经济情况特别报告》显示，广州连续第七年被受访企业列为最受欢迎的投资城市。

2. 多举措提升用资水平

近年来，广州坚持"产业第一、制造业立市"，以打造具有全球影响力的先进制造业集群和现代服务业中心为目标，推动包括外商投资在内的要素资源向实体经济集聚，重点引导外商投资布局先进制造业、战略性新兴产业和现代服务业。通过推进重大平台建设、提升科技创新水平、强化金融支撑能力等措施，着力提升用资水平。在推动南沙面向世界的粤港澳重大合作平台建设走深走实方面，在南沙湾、庆盛枢纽、南沙枢纽等先行启动区的建设中，引进重大外资项目是主要建设任务之一。《广州南沙深化面向世界的粤港澳全面合作总体方案》（以下简称《南沙方案》）颁布实施以来，已累计签约项目超过200个，投资金额近7000亿元，其中超过七成的资金投向战略性新兴产业，重大合作平台引资用资高科技属性极为明显。在科技创新方面，中新广州知识城、广州琶洲人工智能与数字经济试验区等国际科技合作平台建设不断取得新进展，成为吸引外商投资的重要力量。在金融和商务服务方面，广州国际金融城、天河中央商务区、广州空港经济区等重点开放平台也极具吸引外资集聚的优势。广州已经出台了《广州市促进外资高质量发展若干措施》，建立了跨国公司"直通车"机制，定期召开外资企业圆桌会，并同步打出"导流""滴灌""全生命周期"服务等一系列招商稳商"组合拳"。在一系列措施的推动下，广州先进制造业和现代服务业引资用资表现亮眼，其中，科学研究和技术服务业实际利用外资173.3亿元，同比增长37.5%（见表3）。

表3　2023年广州市外商直接投资排名前5的行业情况

行业	企业个数		合同外资		实际利用外资	
	本期数（家）	同比增长（%）	金额（万元）	同比增长（%）	金额（万元）	同比增长（%）
全市投资合计	6629	92.6	18175946	40.7	4832227	-15.8
科学研究和技术服务业	573	42.2	1440374	-44.1	1732818	37.5
房地产业	62	26.5	363697	-88.9	795903	134.3
制造业	122	43.5	498045	-62.9	672374	-31.3
租赁和商务服务业	987	49.6	2966639	-4.5	604371	-74.6
信息传输、软件和信息技术服务业	296	33.9	200410	-78.0	364150	20.9

资料来源：广州市商务局。

3. 外资来源结构优化、质量提升

2023年，中国香港持续保持广州最大外资来源地地位，广州企业实际利用港资426.8亿元，占广州企业实际利用外资总额的比重为88.3%，依然是外资进入广州最主要的通道（见表4）。港资企业是广州经济社会发展的重要推动力，穗港两地在新一代信息技术、器械装备、集成电路、医疗健康、金融服务、商贸物流以及节能环保等多个领域紧密合作。2023年，法国总统马克龙在华国事访问期间到访广州，在随行代表团中，不少法国企业先前已将合作项目落户广州，如世界500强企业施耐德电气、全球轨道交通领先企业阿尔斯通、食品饮料巨头达能等。2023年，广州企业实际利用来自法国的外资金额为14.3亿元，较2022年实现了零的突破。持续向好的市场环境、不断完善的城市核心区市场功能以及迅速发展的现代服务业，正在吸引越来越多的法国企业在广州布局。2023年9月，全球四大粮食巨头之一的法国路易达孚集团参与投资的食品科技产业园项目正式开工投产，这是路易达孚与广州大型国有企业和上下游民营企业开展合作、构建农产品一体化供应链的重点项目。粤港澳大湾区建设向纵深推进，金融领域一系列制度型创新举措为内地城市与香港之间的资金往来创造了越来越便利的环境，其中通过"跨境理财通"业务试点办理汇划跨境资金超100亿元,广东省内包括广州在内的四个城市的业务量占比达九成。

表4 2023年广州市外商直接投资来源五大区域情况

国家(地区)	企业个数		合同外资		实际利用外资	
	本期数(家)	同比增长(%)	金额(万元)	同比增长(%)	金额(万元)	同比增长(%)
合计	6629	92.6	18175946	40.7	4832227	-15.8
中国香港	2134	49.3	16063478	44.6	4268386	-20.3
法国	21	110.0	200203	4437.7	143294	—
中国澳门	185	6.9	102112	-24.6	120030	1742.1
日本	26	44.4	163224	281.9	77940	-1.4
英属维尔京群岛	6	500.0	75996	-43.4	70364	-23.4

注:表中"—"指上年同期数据为0。
资料来源:广州市商务局。

(四)对外投资创新发展,"一带一路"倡议广州实践取得新进展

尽管面临全球经济复苏乏力、通胀水平高位运行、国际投资环境恶化的不利影响,2023年广州企业对外投资依然保持了较快增长,展现出在复杂投资环境下企业布局全球市场的稳定性和韧性。2023年,全市新增对外投资企业(机构)295家,同比增长30.5%;中方协议投资额19.8亿美元,同比增长19.6%(见表5)。截至2023年底,广州在全球92个国家和地区累计投资非金融类项目超过2000个,累计中方协议投资额近270亿美元。

1.对外投资网络不断拓展

从投资目的地来看,中国香港仍是广州企业最主要的投资目的地,2023年广州在香港新增企业(机构)为180家,占新增企业(机构)总数的比重超六成;中方协议投资额为4.3亿美元,占中方协议投资总额的比重为21.7%。对非洲和北美洲国家的投资大幅增长,拉动2023年广州对外投资实现正增长。2023年,广州对美国协议投资额为4.0亿美元,占中方协议投资总额的比重为20.2%,同比增长超过7倍。美国由于在科技创新领域拥有前沿优势，仍是广州获取创新资源、提升产业链位势的优先选择。在"一带一路"倡议指引下，广州持续拓展在共建"一带一路"国家的对外投资布局，2023年在共建"一带一路"国家共投资设立65家企业（机构），中方协议投资额为8.4亿美元，大幅增长3倍，占中方协议投资总额的42.3%。

表5 2023年广州市对外投资主要地区情况

主要地区（国家）	新增企业（机构）数（家）	中方协议投资额		
		金额（亿美元）	同比增长（%）	比重（%）
合计	295	19.8	19.6	100.0
亚洲	249	9.7	-29.5	49.1
中国香港	180	4.3	-64.7	21.5
非洲	2	2.9	982.0	14.7
欧洲	16	1.1	275.0	5.7
拉丁美洲	5	1.9	15.7	9.7
北美洲	20	4.1	630.6	20.5
美国	19	4.0	757.0	20.3
大洋洲	3	0.1	1986.6	0.4

注：原始资料中中方协议投资额单位为百万美元，调整为亿美元后，比重数据小数点后发生变化，此处比重沿用原始资料中的数据，表6相同。

资料来源：广州市商务局。

2. 对外投资领域制造业与服务业并重

在"产业第一、制造业立市"政策指引下，近年来广州企业拓展海外市场从以服务业为主逐渐转向制造业与服务业并重。2023年，近一半的中方协议投资额投向制造业，占比达48.1%，较2022年大幅增长38.1个百分点，新增企业（机构）34家，平均单个企业对外投资规模显著高于其他行业。在第三产业领域，2023年中方协议投资额为10.2亿美元，占比为51.5%，较2022年降低36.3个百分点，新增企业（机构）258家（见表6）。其中，批发和零售业中方协议投资额增长较快，从新增企业（机构）数来看，新增127家，较2022年增加14家；中方协议投资额较2022年增长了17倍，主要原因是2022年基数相对较小。

表6　2023年广州市对外投资主要行业分布情况

主要行业	新增企业(机构)数(家)	中方协议投资额		
		金额(亿美元)	同比增长(%)	比重(%)
合计	295	19.8	19.6	100.0
第一产业	1	0.01	-96.6	0.1
第二产业	36	9.6	478.5	48.5
制造业	34	9.5	474.7	48.1
第三产业	258	10.2	-29.9	51.5
批发和零售业	127	2.8	1799.7	13.9
信息传输、软件和信息技术服务业	39	2.4	118.3	12.1
交通运输、仓储和邮政业	6	1.4	106.4	7.0
金融业	2	1.1	—	5.6
科学研究和技术服务业	28	0.9	51.3	4.4
租赁和商务服务业	23	0.4	-96.7	1.8

资料来源：广州市商务局。

3. 对外投资合作管理服务水平进一步提高

国家级综合服务平台正式落地，为广州企业"走出去"增添了重要推动力量。2023年10月，中国企业"走出去"综合服务基地（以下简称"'走出去'基地"）正式启动，该基地建设被列入第三届"一带一路"国际合作高峰论坛务实合作项目清单，该基地落户广州南沙以实体化运营的方式为中国企业"走出去"提供全链条、一站式服务。在国家发展改革委指导下，广东建立了省市联合工作专班，联合港澳机构推动专业服务资源在南沙集聚，为"走出去"基地协同港澳服务资源建设企业跨境投融资一体化服务平台提供了坚实保障。面向重点投资区域，广州充分发挥"侨"的优势助力本地企业"走出去"。广州市侨联依托侨创基地、新侨联谊会等平台，充分发挥侨商、侨企的桥梁纽带作用，以侨为"桥"组织交流活动，向有意开拓东南亚国家市场的本地企业提供国别投资咨询、产业发展机遇、联络渠道资源等，服务本地企业深耕东南亚国家市场。2023年，广州获批新一批国家对外文化贸易基地，在政策优势的支持下，广州以"政府主导+企业运营"的管理模式，以市场化运作的方式，以中国·马来西亚文化产业园、中韩（广州）文化产业示范园等

"两大国际园区"为依托，以汇聚金融、法律、咨询等资源的综合服务平台为抓手，构建对外文化贸易生态圈，推动本地优势文化企业高效"出海"。

（五）国际综合交通枢纽建设再提速，辐射全球能力进一步增强

2023年，广州持续推动空、海、陆交通枢纽重点基础设施建设，辐射全球的立体化国际综合交通枢纽为全球要素资源在广州集聚、扩散提供了坚定的支撑。广州白云国际机场（以下简称"白云机场"）全方位门户复合型国际航空枢纽建设加速推进，重点项目建设完成预期目标，使广州拥有了全球最大单体航站楼。广州港通达全球的航线网络布局持续拓展，港口承载能力稳居全球前列。世界级铁路枢纽建设取得新突破，广州白云站正式建成通车，拉开了广州"高铁进城"建设的序幕。

1. 国际航空枢纽承载能力稳居全国首位

在机场基础设施建设方面，2023年底白云机场东四、西四指廊工程正式投入运营，三期扩建工程取得重大进展，实现了T1、T2两座航站楼的贯通，全球最大单体航站楼诞生，为机场航线业务增量扩充、旅客出行体验优化提供了坚实的基础设施保障。三期扩建工程完工之后，白云机场总机位数将由现在的281个增加至480个，航站楼面积扩大至159.1万平方米，成为中国民航航站楼总面积最大的机场，形成"路、轨、空"一体化综合交通枢纽，轨道交通分担率达到55%以上，将成为我国具有领先水平的综合交通枢纽标杆机场。在全力恢复客运能力方面，2023年白云机场累计旅客吞吐量突破6300万人次（见表7），位居国内机场之首，实现国内机场旅客吞吐量"四连冠"；全年单日平均接送旅客22.4万人次，成为2023年国内机场单日客流第一。截至2023年末，白云机场已携手航空公司恢复、新增、加密国际客运航线超100条，每周国际及地区客运航班超1000架次。多家航空公司新增或加密了广州出发航线，白云机场国内航班业务已全面超过2019年水平。在持续提升货运承载能力方面，2023年白云机场新增7家运营国际货运航线的承运人，新开广州往返金奈、纽约、马德里、米兰等15条国际货运航线。目前，广州已拥有超60条货运航线，通达全球超过230

个通航点。截至2023年底，白云机场累计货邮吞吐量超200万吨（见表8），连续第四年在国内机场中排名第二，超过2019年的192万吨。

表7　2023年旅客吞吐量全国排名前10的机场

单位：万人次，%

排名（2022年排名）	机场	旅客吞吐量	同比增长
1(1)	广州/白云	6316.8	142.0
2(8)	上海/浦东	5447.6	284.2
3(11)	北京/首都	5287.9	316.3
4(3)	深圳/宝安	5273.5	144.6
5(10)	成都/天府	4478.6	237.3
6(2)	重庆/江北	4465.7	106.0
7(7)	上海/虹桥	4249.3	188.8
8(4)	昆明/长水	4203.3	97.9
9(9)	西安/咸阳	4137.1	205.1
10(5)	杭州/萧山	4117.0	105.5

资料来源：中国民用航空局《2023年全国民用运输机场生产统计公报》。

表8　2023年货邮吞吐量全国排名前10的机场

单位：万吨，%

排名（2022年排名）	机场	货邮吞吐量	同比增长
1(1)	上海/浦东	344.0	10.4
2(2)	广州/白云	203.1	7.8
3(3)	深圳/宝安	160.0	6.2
4(4)	北京/首都	111.6	12.8
5(5)	杭州/萧山	81.0	-2.4
6(6)	郑州/新郑	60.8	-2.7
7(7)	成都/双流	52.7	-0.6
8(8)	重庆/江北	38.8	-6.5
9(9)	南京/禄口	38.3	1.3
10(15)	上海/虹桥	36.3	97.3

资料来源：中国民用航空局《2023年全国民用运输机场生产统计公报》。

2.国际航运枢纽能级持续巩固

2023年，广州港完成货物吞吐量约6.8亿吨，同比增长2.9%；集装箱吞吐量2541万标准箱，同比增长2.2%，吞吐量分别位居全球第5和第6（见表9、表10）。2023年新华·波罗的海国际航运中心发展指数中，广州排名保持全球第13。2023年，世界银行等联合发布的全球集装箱港口绩效指数排名中，广州港在全球货物吞吐量排名前10的港口中位列第三。2023年，中国经济信息社发布的国际都市游船活力指数中，广州排名全国第一、全球第二。南沙作为推动粤港澳大湾区建设的重大平台，是广州国际航运枢纽核心承载区，《南沙方案》出台以来，广州加快世界一流港口的建设步伐。广州南沙国际物流中心作为华南通往共建"一带一路"国家海运航线最多的港口之一，充分运用南沙高质量航运物流枢纽的优势，在提升货物周转效率上效果非常明显。南沙港目前已开通国际班轮航线超150条，其中"一带一路"方向超120条，运行珠江驳运支线70多条，南沙港铁路常态化开行省际、城际和中欧（亚）班列，港区铁路直通华南、中南、西南等地30多个内陆无水港、办事处，形成航运物流大枢纽、大通道，构建立足南沙、协同湾区、联通全球的港口综合物流体系。

表9 2023年港口货物吞吐量全球排名前10的港口

单位：亿吨，%

全球排名	国家	港口	货物吞吐量	同比增长
1	中国	宁波舟山港	13.24	4.8
2	中国	上海港	8.43	15.1
3	中国	唐山港	8.42	9.5
4	中国	青岛港	7.00	7.7
5	中国	广州港	6.75	2.9
6	中国	苏州港	5.93	2.8
7	新加坡	新加坡港	5.92	2.3
8	中国	天津港	5.59	1.8
9	中国	日照港	5.22	4.1
10	中国	烟台港	4.24	4.8

注：根据山东港口集团发布的公告，2023年12月26日集团所属青岛港口货物吞吐量超过7亿吨，此处数据仅用作排名，不代表实际货物吞吐量。

资料来源：课题组综合各地政府统计公报、港口管理部门发布的统计数据及媒体公开报道，制作此表。

表10　2023年港口集装箱吞吐量全球排名前10的港口

单位：万标准箱，%

全球排名	国家	港口	集装箱吞吐量	同比增长
1	中国	上海港	4916	3.9
2	新加坡	新加坡港	3901	4.6
3	中国	宁波舟山港	3530	5.9
4	中国	深圳港	2988	-0.5
5	中国	青岛港	2875	12.0
6	中国	广州港	2541	2.2
7	韩国	釜山港	2275	3.1
8	中国	天津港	2219	5.6
9	阿联酋	杰贝阿里港	1447	3.6
10	中国	香港港	1434	-14.0

资料来源：课题组综合各地政府统计公报、港口管理部门发布的统计数据及媒体公开报道，制作此表。

3. 世界级铁路枢纽建设取得新突破

2023年，广州持续增强综合交通枢纽功能，推动"四面八方、四通八达"的世界级铁路枢纽建设提速，致力于构建"五主四辅"铁路客运枢纽布局。铁路枢纽辐射能级的提升，不仅需要打通广州与粤港澳大湾区城市以及全国主要城市之间的运输"大动脉"，还需要建设连接广州市内主要站点及广州与周边城市之间的联络线，打通交通运输的"毛细血管"。作为广州"五主四辅"铁路客运枢纽主要客站的广州白云站于2023年底正式开通运营，拉开了广州"高铁进城"建设的序幕。广州白云站开通运营之后，将承接广州站、广州东站的全部普速列车，为广州站、广州东站全面进行高铁化升级改造创造条件。此前，广州站至广州南站联络线正在加紧建设，该线路建成后京广铁路、京广高铁的功能将得到进一步增强，香港客流经由深圳、澳门客流经由珠海可以快速汇入主干线路，并经由多元、便捷的联络通道快速抵达广州中心城区。预计，该线路建成之后，"轨道上的大湾区"布局进一步完善，从广州火车站15分钟可达广州南站，香港西九龙与广州中心城区通勤时间可压缩至1小时以内，为粤港澳大湾区的内联外通注入新的动力。

（六）服务"国之大者"有新作为，主场外交集聚世界关注

广州坚持以习近平外交思想为指导，强化党领导对外工作的体制机制，服务中国特色大国外交，彰显新担当、新作为。2023年，多国政要访穗，广州以实际行动展现地方外事活力，迎来历史高光时刻。

1.圆满完成元首外交保障任务

应国家主席习近平邀请，法国总统马克龙于2023年4月5~7日对中国进行国事访问。4月7日下午，习近平主席在广州市松园同马克龙总统举行非正式会晤。为了圆满完成本次元首外交保障任务，广州迅速搭建了重要外事专项任务保障工作专班，组建了专业化国际化重大国事外交活动服务保障团队，提升重大外事活动保障能力水平。根据元首外交、多边外交、公共外交等不同参访主题特点，广州初步梳理出外事参访点，为进一步打造涉外资源标准化供给平台打下了良好的基础。广州还积极优化松园宾馆周边环境，挖掘山庄旅舍、温泉宾馆等安全优质资源，打造服务国际交往的"城市会客厅"。中法两国元首在现代岭南建筑中以庭园散步、观景品茗等形式加强交流，增进两国元首与人民之间的相互理解和友好感情，推动岭南文化借助高规格外事活动走向世界。

2."国际会客厅"集中吸引世界目光

2023年，多国政要相继到访广州，使广州成为大国外交的前沿阵地、集聚世界关注的"国际会客厅"，广州制定的特色参访路线受到外国政要青睐。广州国际生物岛、中新广州知识城等代表了广州科技发展高地，新加坡总理李显龙于3月底参访，在科技成果合作、文化遗产保护等方面开展调研交流。李显龙在社交平台发文表示："我上一次访问中新广州知识城是在2014年。如今，这里已迅速发展为广东一个充满活力的创新枢纽，也是新加坡企业进入粤港澳大湾区的重要平台。"中山纪念堂、广州塔、珠江等是广州历史文化与现代都市融合的代表性地标。菲律宾前总统、众议院高级副众议长阿罗约3月底率菲青年学生代表团一行20人访问广州时，参观了广交会展馆、中山纪念堂，登顶广州塔，乘船游珠江，充分感受"花城"的魅力。广州积极推动中医药传承发展与人才培养，形成具有广州特色的中医药参访路线。6月，泰国公主诗琳通到访广州中医药大学、参观广东中医药博物馆，为中泰中医药、教育科技、文化旅游等方面的友好交流合作注入新动能。此外，所罗门群岛总理索加瓦雷、埃塞俄比亚副总理德梅克、德国前总理施罗德等都在2023年抵穗参访，广州服务国家总体外交大局的能力显著提升。

3. 积极推进与发展中国家合作

广州积极配合政党外交、多边外交，持续深化面向发展中国家的务实交往合作。2023年3月3日，巴西劳工党一行访穗，到访华南农业大学等机构并进行沟通交流。华南农业大学于2020年12月牵头成立中国—拉丁美洲农业教育科技创新联盟（以下简称"中拉联盟"），积极深化与拉美高校、科研机构和企业的联系与合作，目前中拉联盟成员覆盖了包括巴西在内的拉美14国68个机构，签订了近50份校际合作协议，合作涉及农业、化学、食品安全等领域。2023年6月29日，越南河内市外务厅、河内市委组织部等组团访问广州，与广州市外办就中越两国合作及广州与河内结为友好城市等合作事宜进行交流。翌日，代表团到访华南理工大学，就广州与河内高校合作、河内干部来穗培训等议题展开座谈。在广州与河内签署的加强友好城市合作交流备忘录及华南理工大学与河内高校开展合作的背景下，9月19~25日河内后备干部培训班在华南理工大学大学城校区举办，进一步探索建立广州与河内的长效合作机制，开创人员交流、教育交流新局面。2023年，广州还赴吉尔吉斯斯坦、乌兹别克斯坦、土耳其等国开展地方人大、议会交流，选派医护人员赴赤道几内亚执行医疗援外任务，推动与斐济在电子商务、远洋渔业等领域加强交流合作等，在开放合作中推动实现互利共赢。

（七）夯实多边合作平台基础，城市国际影响力稳步提升

广州以举办高端国际会议、参与国际组织、促进国际会展合作等为抓

手,搭建国际交往对话的多边平台,助力高水平对外开放凸显新优势,赋能高质量发展展现新举措,城市国际影响力不断向外延伸。

1.高规格国际会议展示中国式现代化的广州实践

广州持续举办高端国际会议,与世界开放、平等对话,充分展示高质量发展的城市使命与担当。2023年,广州举办了"读懂中国"国际会议(广州)、从都国际论坛、世界媒体峰会、大湾区科学论坛、《财富》世界500强峰会、亚洲青年领袖论坛等重要国际会议65场,借助"外媒""外嘴"展示中国式现代化的广州实践成果。2023年10月,位于广州南沙的国际金融论坛(IFF)永久会址正式交付使用,以举办国际金融论坛20周年全球年会为起点,邀请全球50多个国家的政商学界代表及国际金融机构负责人,围绕国际社会普遍关注的重大议题展开研讨。2023年12月2日,"读懂中国"国际会议(广州)举办,习近平主席致贺信。12月3日,第五届世界媒体峰会开幕,来自世界101个国家和地区的197家主流媒体、智库、政府机构、驻华使领馆以及联合国机构和国际组织的450余名代表出席峰会。本届峰会以"提振全球信心 共促媒体发展"为主题,促进世界传媒业进一步了解中国,向全球推广中国式现代化的伟大实践与成功案例。12月8日,2023年全球市长论坛暨第六届广州国际城市创新奖(以下简称"广州奖")系列活动在穗开幕,来自54个国家193个城市和地方政府的274个创新项目角逐"广州奖",参评城市和项目数量再创新高,最终获奖城市为哥伦比亚波哥大、希腊哈兰德里、韩国光州、乌干达坎帕拉及中国咸宁。"广州奖"系列活动举办以来,六届累计收录101个国家653个城市和地方政府的1635个城市创新案例,成为全球地方政府间治理创新、交流互鉴的重要公共产品。

2.创新参与国际组织合作机制

广州继续扮演国际组织领头羊角色,提升全球城市治理创新力、协调力。2023年,广州成功连任世界大都市协会、世界城地组织亚太区联合主席城市,为世界城市发展贡献广州引领力量。联合国减灾署、宜可城—地方可持续发展协会与广州共同举办"创建韧性城市2030"——韧性城市能力建设国际研讨会,40余名国内外相关领域专家学者参会,共商共享防灾减灾及韧性城市建设的理论、工具和全球经验，助力探索世界超大型城市治理创新之路。参加城市气候领导联盟（C40）"绿色航运走廊"相关会议，积极投身全球港口绿色发展与治理。"中国可持续发展城市降温项目"广州试点成果报告在世界银行官网发布，为各国城市可持续发展提供广州经验。在第45届世界遗产大会交流边会及联合国南南合作办公室组织的国际会议上分享广州历史文化名城保护相关做法，"广州记忆"：历史文化名城数字平台建设项目、街区"再声"计划——广州"名城守护官"志愿者遗产教育实践分别获得全球世界遗产教育创新案例奖"卓越之星奖""探索之星奖"，在推动遗产地创新可持续发展方面具有较强的全球示范意义。广州开放大学代表广州成功入选联合国教科文组织城市社区学习中心（CLC）能力建设项目第二期实验点。

3. "全球会展之都"出新出彩

广州稳定发力搭建国际会展平台，举办2023世界超高清视频产业发展大会、中国国际中小企业博览会、中小企业国际合作高峰论坛等活动，外事资源联动国际展会活动53场次，为打造"全球会展之都"再添溢彩。2023年，第133届、第134届广交会全面恢复线下展览，这两届广交会出口成交额达440亿美元，展览面积、参展企业数量创历史新高，共建"一带一路"国家采购商到会人数占比增至58.1%。与国际顶级媒体合作举办第九届中国广州国际投资年会暨福布斯中国创投高峰论坛，本届投资年会首次与广交会实现"双向融合"，设1个大会主论坛、18场平行分会，并在美国硅谷、德国柏林与法兰克福、新加坡等国家和地区举办8场境外分会，共吸引19个国家和地区超过1200家企业和机构，共2000多名工商界代表出席。高规格举办穗港交流会以及对英国、法国、日本、韩国等重点国家的经贸合作圆桌对话会，推动企业加快在穗投资布局和拓展业务，深化与欧洲、《区域全面经济伙伴关系协定》（RCEP）国家等对象的经贸合作。2023广东21世纪海上丝绸之路国际博览会（以下简称"海丝博览会"）期间，沙特阿拉伯、英国、科特迪瓦等3个国家首次设立国家形象展区，推动共建"一带一路"国家高质量发展。

（八）筑牢对外友好交流根基，民间交往释放强大活力

中外友好合作是人心所向、民意所在，为推动中国特色大国外交奠定扎实基础。广州以友好城市、驻穗领馆、华侨华人和国际友人等为联系纽带，全方位推进对外友好交流对话，让地方外事与民间交往迸发强劲动力。

1. 深化拓展"一带一路"友好城市脉络

广州在实现"百城计划"目标的基础上，与老挝阿速坡省、越南河内、塞浦路斯利马索市、牙买加金斯顿签署加强交流合作备忘录，截至2023年12月缔结友好关系的城市增至105个、友好城区50个、友好港口55个，共建"一带一路"国家的友好合作伙伴数量显著增长。密切友好城市人文交流，以市长名义向国际友好城市致信致函及视频致辞96次，与友好城市互访160余次，举办友好城市结好逢五逢十周年庆、"友好之夜"、"儿童环保绘画展"等10场交流活动，广州友城艺术团、广州青年交响乐团受邀出国巡演，推动文明交流互鉴。在广州与澳大利亚达尔文建立国际友好城市关系5周年之际，广州（南沙）龙舟队受邀参加首届达尔文国际龙舟节并勇夺冠军，借民俗活动促进中澳城市友好交流。在广州、里昂两市缔结友好城市35周年之际，2023年中法"两国五城"青少年国际象棋友谊赛线上线下同步举办，两国青少年"以棋会友"增进友谊。此外，《广州日报》与意大利巴里市《南意大利报》于2023年3月正式建立友好报纸互动机制，这是广州媒体首次与友好城市媒体签署合作备忘录，开启双方纸媒之间的互利双边合作新模式，架起中意友好城市对话的新桥梁。

2. 驻穗领馆携手推动人文交流

广州政府、企业等主体与驻穗领馆广泛开展经贸、文化交流活动，合作互访日益紧密。2023年4月，广州南沙迎来首个外国领馆——瓦努阿图共和国驻广州总领事馆进驻，截至2023年12月外国驻穗领馆共计68个，广泛开展经贸、文化交流活动，领馆与政府、企业等主体间的合作互访日益紧密。2023年3月10日，20多个外国驻穗总领事馆官员前往海珠湖和广州水

投集团沥滘净水厂进行参观考察，近距离了解水生态环保基础设施，亲身感受"绿美广州"建设成果。5月5日，"粤丹友约"绿色广州骑行活动成功举行，来自丹麦驻广州总领事馆等约60名代表参加活动，通过在二沙岛骑行宣传低碳环保理念，助力可持续发展。5月16日，20个国家驻穗总领事馆的38名领馆官员及家属走进花都，在"读懂花都"的过程中见证了乡村振兴与"航空枢纽+"的发展成果、广州北部增长极的建设成果。驻穗领馆还与在穗文化机构密切往来合作，包括比利时、西班牙、意大利、韩国、葡萄牙、智利等国在内的驻广州总领事馆与广州图书馆联合办展，巴西驻广州总领事馆向广州少年儿童图书馆赠送童书，越南驻广州总领事馆到访广东革命历史博物馆等，共同推动中外人文交流互动。

3. 优化服务，打造国际友好型环境

广州用好侨乡资源及国际人脉网络，厚植民间对外友好交往根基。聘任62个国家和地区166名侨界代表人士为广州海外联谊会理事会成员，加拿大广府人联谊总会组团到访番禺，发挥侨团联系纽带作用。举行"亲情中华·风韵南粤"第九届（广州）华人文化艺术节，以同源文化感召海外侨胞。精心举办2023"中国寻根之旅·风韵南粤"夏令营、国际青年"湾区夜话"、"外企高管看中国·广州"等交流活动，共探广州发展之路。激活国际化街区社交功能，花都区空港商贸区街区利用侨商资源打造拉丁美洲商务馆，亚太美妆考察团走进白云区广州设计之都街区，南沙区蕉门河街区组建"国际人才服务官"团队，累计约2400人次参加街区中外交流活动。持续优化国际化服务环境，越秀区持续推进外国人社会工作专项服务，荔湾区着力打造沙面国际化街区研学示范基地，番禺区祈福新邨街区成立全市首家国际化街区金融服务中心，国际化治理水平稳步提升（见表11）。广州建立全市涉外法律服务联席会议制度、出台首部涉外领域法规《广州市公共场所外语标识管理规定》、开设960169多语种服务热线等，形成语言服务特色品牌链，为城市国际化建设赋能。

表11　广州市国际化街区（试点）

序号	区属	街区
1	越秀区	二沙岛街区
2	海珠区	广州塔街区
3	荔湾区	沙面街区
4	天河区	猎德街区
5	白云区	广州设计之都街区
6	黄埔区	龙湖街区
7	花都区	空港商贸区街区
8		广州融创文旅城街区
9	番禺区	祈福新邨街区
10	南沙区	蕉门河街区
11	从化区	流溪温泉旅游度假区街区
12	增城区	凤凰城街区

（九）城市故事广泛传播，打造世界读懂中国式现代化窗口

广州立足粤港澳大湾区，健全国际传播机制，多角度塑造城市形象品牌，奋力讲好中国故事、广州故事，对外展示真实、立体、全面的广州形象，城市知名度、美誉度、显示度日益提升。

1. 聚焦城市品牌，塑造立体城市形象

广州持续擦亮"千年商都""四季花城""美食之都""门户城市"等城市品牌，向世界展示生动鲜活的城市形象。举办第三届直播电商节、广州夜间消费节、首届广州国际美妆周、广州国际购物节、国际时尚产业大会等品牌推介活动，策划夜间经济高质量发展主题宣传，全年全网推出涉消费相关报道超10.9万条，为加快建设国家消费中心城市增添新动能。举办"广州过年　花城看花""广州欢迎您"城市品牌推广活动，发起"广韵图鉴·共赏年俗"专题活动，制作传播《花城争春》《星辰大海》城市宣传片，打造海心沙、花城广场、云台花园、水上花市、西湖花市等网红赏花打卡地，为"花城"口碑建设增光添彩。推动粤菜产业发展，成功举办广州国际美食节、首届广州精品美食

周，结合60余场高端国际展会配套举办广州美食品鉴活动，擦亮"美食之都"金色名片。聚焦国际交往中心城市建设，大力推介广州国际航空航运枢纽、世界级铁路轨道枢纽、国际信息枢纽等区位优势，宣传广深港、广珠澳科技创新走廊建设等科技发展潜力，助力提升广州"门户城市"枢纽效能。

2. 讲好粤港澳大湾区"世界故事"

广州利用南沙窗口优势，大力实施湾区传播工程，提炼传播湾区"世界语言"。举办"高质量发展调研行"主题采访活动，开展香港媒体高层交流团、外国驻港领团、粤港澳百人媒体团、"一带一路"国家媒体团等南沙集中采访活动，精心策划《南沙方案》一周年主题宣传，累计推出报道5.5万余条，为南沙发展、湾区建设营造积极舆论氛围。策划举办"羊城嬗变·广州百年百栋建筑看变迁""世界因你而美丽·广州"等主题摄影创作活动并在广州、香港等地展览，以国际视角记录广州百年变迁。举办粤港澳大湾区国际传播论坛，启动运营大湾区（南沙）国际传播中心，35家境内外媒体入驻，积极打造湾区国际传播"新旗舰"。粤港澳大湾区国际传播研究院运行步入正轨，广州市广播电视台在澳门设立记者站，《湾区全媒睇》在港开设"湾区全媒学堂"并入选首届全国广播电视新闻"百佳"推优"优秀电视新闻栏目"，广州日报《粤韵周刊》借助海外华文媒体广为传播，形成合力推动湾区故事走向世界。

3. 国际传播机制建设再上新台阶

广州不断加强国际传播能力建设，有效畅通城市故事传播渠道。以新闻发布为抓手，融合发布会与故事会、通气会、访谈会、参观采访等多元新闻发布方式，深度策划24场中外友人故事分享会、媒体访谈会，从民间声音、新闻发布等视角全方位讲好广州故事。作为广东文化欧洲行的系列活动，"文明互鉴 民心相连——中意友好交流故事会"于2023年11月16日在意大利罗马精彩上演，来自中国广州和意大利的嘉宾讲述双城故事，向世界呈现"千年商都"与"永恒之城"跨越时空的对话。11月20日，"中希友好交流故事会"时隔四年再次来到希腊雅典，为中希文明交流互鉴、共建"一带一路"续写新篇。广州持续打造海外社交媒体传

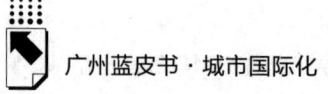

播矩阵，黄埔区融媒体中心入选新华社2023年度"全国融媒体中心能力建设十佳典型事例"，继"Yes，Huangpu！"海外社交媒体号获"优秀国际传播奖"后再添新荣誉。黄埔区成功创建国家对外文化贸易基地，分片、分区域打造广州（国际）对外文化和旅游贸易人才基地、广州（国际）对外数字文化产业基地等五大基地，天河区、番禺区国家文化出口基地助力文化"广货"破圈出海。

（十）"一带一路"文化交流走实，促进共建国家"心相通"

以共建"一带一路"十周年为契机，广州大力开展相关主题的人文交流合作，发挥海丝申遗牵头城市作用，加快世界旅游城市、世界体育名城、粤港澳大湾区教育文化中心等建设，以丰富多元的文化交流实践助力"一带一路"民心相通。

1. 海丝文化交流之旅再起航

在"一带一路"倡议提出五年之际，广州首度开启"丝路花语"文化之旅，旨在建立清晰的海丝品牌标识、推动海丝文化交流。2023年10月，"丝路花语——海上丝绸之路文化之旅"重新起航，前往印度尼西亚井里汶、新加坡、马来西亚马六甲三个海丝沿线城市，开展为期9天的文化之旅活动。作为海上丝绸之路保护和联合申报世界文化遗产城市联盟（以下简称"海丝申遗联盟"）牵头城市，广州与马来西亚等国签署合作备忘录，联合推进申遗及保护工作。海丝申遗联盟现已有广州、香港、澳门、上海等34个成员，制定实施《海上丝绸之路保护和联合申报世界文化遗产三年行动计划（2023—2025年）》，带动各地方政府积极参与共建"一带一路"。广州还举办了"帆起南越 丝语千年"海丝文化节等主题活动，第二十届中国（广州）国际纪录片节共吸引58个共建"一带一路"国家的3234部作品参展，达到参展作品总数近半，彰显广州国际文化软实力与辐射力。

2. 入境旅游踏上复苏"快车道"

2023年以来，广州文旅产业强势复苏，入境游发展态势逐渐回暖。2023年12月1日起，中国对法国、德国、意大利、荷兰、西班牙、马来西亚六国持普通护照人员实施入境免签政策，提升入境游客便利程度。"六国免签"政策实施以来，入境游客增长明显，在白云机场口岸享受该政策的相关国家人员达1.7万人次，有效释放了国际旅游业效能。旅游国际合作水平加速提升，广州参加联合国开发计划署与世界旅游城市联合会举办的城市案例征集活动，出席第38届亚太城市旅游振兴机构执行委员会线上会议、第10届亚太城市旅游振兴机构总会等国际会议，推动世界旅游城市建设提速增效。搭建国际旅游行业推介平台，举办2023广州文化旅游推介大会、广州园林博览会、广州国际艺术博览会、中国国际漫画节等活动，邀请首届"兰花奖"获奖外国友人走访广州地区岭南文化地标，沉浸式体验广州历史文脉与当代文化传承。第31届广州国际旅游展览会国际展商占比达到68%，其中沙特阿拉伯旅游局是首次在中国参加旅游展览会，借助沙特阿拉伯航空直飞广州和利雅得/吉达之间的航班开展旅游推广。

3. 强化"一带一路"职业教育培训

广州多层次、宽领域开展国际教育合作，截至2023年底国际姊妹学校增至121对，穗港澳姊妹学校（园）389对，市属高校和普通高中有内地与香港合作办学机构1个、中外合作办学项目23个。2023年，与教育部共建中外人文交流广州（黄埔）教育创新区，成立广州开放大学华侨学院，广州市幼儿师范学校与印度尼西亚华文教育联合会签署华文教育合作协议。积极推进广东省"一带一路"职业教育联盟和华南"一带一路"轨道交通产教融合联盟建设，制定职业教育国际标准。广州市属职业院校在巴基斯坦、泰国、菲律宾等共建"一带一路"国家设立海外分院或合作办学，推动职业教育"走出去"。服务"一带一路"开展职业技能培训，广州番禺职业技术学院建有国（境）外职业技能培训中心2个，培训量2798人次，广州市工贸技师学院、广州市轻工技师学院共举办国际培训交流活动11期，广州市机电技师学院与中国—上海合作组织技术转移中心共建国际职业学院，广州市旅游商务职业学校推出全球首个"中华茶艺师资格认证"服务，广州市轻工职业学校参与制定乍得国家职业教育标准，广州"五行汉语'一带一路'沿线国家职场汉语人才培育项目"列入第三届

"一带一路"国际合作高峰论坛项目清单，为深化"一带一路"合作提供职业人才支撑。

4. 加快建设世界体育名城

2023年，广州建设世界体育名城迎来关键之年，成功举办广州国际女子网球公开赛、广州马拉松赛等重大赛事13项，通过体育赛事热络民间友好交往。广州国际龙舟邀请赛作为全国龙舟赛事参赛人数最多的比赛，2023年共有125支龙舟近5000名运动员报名参赛，选手分别来自粤港澳大湾区、驻穗使领馆、在穗商会、高校、兄弟城市、对口帮扶城市及广州各区，打造龙舟民俗文化对外展示的平台窗口。5月20~21日，广州地区第十二届中外友人运动会成功举行，来自70多个国家和地区的驻穗领馆官员、高校外籍留学生等近500名在穗国际友好人士在各项赛事中展开角逐。加强青少年体育国际交流，广州代表团参加第十六届韩国国际芭蕾舞比赛荣获2项金奖，广州市第一中学随教育部组团在2023年U15世界中学生夏季运动会中获1金1银4铜，来自花都区的中国跳绳国家队队员在2023年美国科罗拉多世界跳绳锦标赛上夺得14金8银3铜并打破2项世界纪录，向世界展现广州健儿风采。广州还承接了杭州亚运会主题中外人文交流系列活动、"2023年粤港澳大湾区交流营·港协暨奥委会大湾区青年运动员交流计划"，举行了中俄"两国六城"青少年线上国际象棋赛等，全力营造竞技体育、群众体育、体育产业等融合发展的运动氛围。

二 2023年广州在世界城市体系中的表现

（一）广州在主要全球城市评价中的表现

2023年，广州在主要全球城市评价中的表现总体稳定。在全球化与世界城市研究网络（GaWC）世界城市分级中的排名保持靠前，在科尔尼全球城市系列指数中的排名有所上升，在《机遇之城2023》、全球金融中心指数、全球创新指数创新集群中的排名则保持稳定（见表12）。

2023年广州城市国际化发展状况与2024年形势分析

表12　2019~2023年广州在主要全球城市评价中的排名情况

机构	主要全球城市评价	2019年	2020年	2021年	2022年	2023年	排名意义
GaWC	世界城市分级	—	Alpha-（34）	—	Alpha-（34）	—	稳居世界一线城市方阵
科尔尼	全球城市指数	71	63	60	56	55	稳步提升
	全球潜力城市指数	65	54	34	26	57	有所回落
普华永道中国与中国发展研究基金会	机遇之城	4	3	4	4	4	保持中国城市第四
Z/Yen（一年两次）	全球金融中心指数	24/23	19/21	22/32	24/25	34/29	排名稳定
世界知识产权组织	全球创新指数创新集群	21	2	2	2	2	深圳—香港—广州集群保持全球第二

资料来源：2019~2023年《全球城市指数报告》、2019~2023年《机遇之城》、第25~34期《全球金融中心指数》报告、2019~2023年《全球创新指数报告》。

1. 在GaWC世界城市分级中的排名保持前列

2023年7月，GaWC更新世界城市分级2022（The Word According to GaWC 2022），通过测算城市生产性服务业的全球联系度来反映城市在全球城市体系中的位次，其因方法的科学权威性、发起组织的非营利性和历史地位而受到学界的普遍认可。后疫情时代，"疤痕效应"仍然存在，经济复苏缓慢而不均衡，全球城市经济联系网络的活跃程度仍低于疫情前水平，为此世界城市分级大幅缩减入选城市，上榜城市从394个缩减至343个。广州本期排名全球第34，维持上期排名不变。从地域联系上看，广州与欧美核心全球城市以及亚太主要经济中心的联系度上升显著，而与其他欧美城市的联系度有所下降。从行业细分上看，广州金融业联系度排名最高，而法律咨询业、管理咨询业的联系度贡献相当有限，在一定程度上限制了广州进一步吸引高科技等知识密集型产业的能力。

2. 在全球城市指数中的排名连续4年上升

2023年，国际知名管理咨询公司科尔尼发布的《2023年全球城市指数报告》中,公布了全球城市指数(Global Cities Index,GCI)和全球潜力城市指数(Global Cities Outlook,GCO)分别对城市发展的现状与城市未来发展前景进行评估,聚焦全球连通性最强、影响力最大的城市,探究其过去一年发展轨迹影响最深刻的动态和趋势。报告认为,全球信息、资本、贸易和人员的流动已经接近疫情前的水平,全球地缘政治分歧加剧,使未来发展机会的分布更加分散,更多的地区和城市将获得发展机遇。新冠疫情发生后,全球大多数城市得分呈现不同程度的下降,而中国城市的排名相对变化较小。在向常态化回归的过程中,商业活动的复苏乏力是拉低城市得分的主要因素。广州排名继续逆势上升,在GCI中上升1名,排名第55,主要得益于商业活动的增多和人力资源规模的持续增长。会展业的强劲复苏及其产生的旅游业等人员流动和消费"溢出效应"使广州在经济复苏中取得先机。独角兽企业的成熟和企业活动的带动则使广州获得更持久的复苏动力。报告观测期内,广州是独角兽企业数量增长最快的中国城市。

3. 在《机遇之城》报告中的排名保持领先地位

《机遇之城》报告是普华永道中国与中国发展研究基金会共同发布的观察中国城市发展历程和机遇的系列研究。自2014年开始历经十年的观察,中国城市完成城镇化的初步目标,进入全新的高质量发展阶段。"机遇之城"观察体系也跟随社会经济的发展进行了适度调整。2023年的报告在观察维度保持不变的情况下,对部分指标设计作出改变,更加突出绿色低碳发展、数字化转型等重点关注方向。城市样本扩大至51个,广州总排名保持第四。依托雄厚的数字化基础与创新竞争优势,广州在创新能力相关维度表现突出,在智力资本维度排名第一,主要得益于高等教育规模指标排名上升至第一以及企业R&D经费指标排名的上升;在技术与创新维度排名保持第二,尤其是城市治理数字化应用和数字经济指标表现不俗。广州作为区域的门户枢纽,引领辐射带动能力的水平持续领先,在区域重要城市维度排名保持第二,货运总量、会展经济与飞机起降航班指标均排名第三。广州在可持续发展维度排名第三,在宜商环境维度中的快递物流指标排名第一。作为超大体量的国际大都市,广州在有限的资源中仍为居民营造宜业、宜居、宜游、宜养、宜学的发展环境。作为国家中心城市和综合性门户城市,广州还需全力推动城市枢纽能级提升,把区域枢纽优势转化为集聚辐射优势,赋能粤港澳大湾区世界级城市群建设。

4. 在全球金融中心指数中的排名小幅回升

2023年,全球金融中心指数(Global Financial Centers Index,GFCI)发布第33期、第34期报告,从营商环境、人力资本、基础设施、金融业发展水平、声誉等方面对全球主要金融中心进行了评价和排名,呈现在新的经济金融环境下,全球金融中心发展的新特征和新动向。其中,第33期有119个城市入选榜单,第34期观察城市范围小幅扩大,共有121个城市入选榜单;广州在第33期报告中排名全球第34,在第34期报告中排名全球第29(见表13)。

表13 2019~2023年广州在全球金融中心指数中的表现

单位:份,分

年份	报告	排名	问卷反馈	指标得分
2019	第25期	24	438	708
	第26期	23	849	711
2020	第27期	19	1309	714
	第28期	21	1903	710
2021	第29期	22	1919	794
	第30期	32	1535	677
2022	第31期	24	1544	681
	第32期	25	1331	704
2023	第33期	34	1487	779
	第34期	29	1717	806

资料来源:第25~34期《全球金融中心指数》报告。

广州金融业发展稳健,在整体经济中能级不断提升。第34期报告将广州继续归于"国际专业性中心"(International Specialists)类别,位于"稳定发展的金融中心"行列。中国城市中仅有香港、广州、深圳位于"稳定发展的金融中心"行列。2023年,广州市金融业增加值2736.74亿元,同比增长 7.5%①，成为全市第四大支柱产业；增加值规模排名全国第四，增速在北上广深津渝六大城市中排名第一。在全球前 15 个声誉优势中心城市中，广州排名从 2022 年第 32 期的第九上升到 2023 年第 34 期的第三，可见近几年广州活跃的国际金融交流取得良好成效，国际金融领域从业者对广州金融中心的发展信心得到较大提升。但广州在金融科技中心的全球排名降至第 19，主要源于相应得分增速不及其他的中美领先城市，金融科技前沿优势正在逐步消失。

5. 深圳—香港—广州集群在创新集群排名中领先优势扩大

世界知识产权组织发布的《2023 年全球创新指数报告》（GII 2023）在疫情后经济复苏缓慢、高利率和地缘政治冲突造成的不确定性背景下，对全球创新趋势进行了追踪，更新了全球创新趋势和 132 个经济体的创新表现。中国创新能力综合排名第 12，位居 33 个中高收入经济体之首，继续保持全球创新强国的地位。在地方层面，创新集群排名前 10 不变，东京—横滨集群排名保持第一，深圳—香港—广州集群排名保持第二，上海—苏州集群排名上升至第五，全球排名前 5 的创新集群全部来自东亚。

深圳—香港—广州集群与东京—横滨集群的差距进一步缩小。深圳—香港—广州集群无论是在 PCT 专利申请总量中的份额上还是在出版物总量中的份额上都呈逐年扩大的趋势，东京—横滨集群则持续下降。本期深圳—香港—广州集群在出版物总量中的份额进一步扩大，而东京—横滨集群在 PCT 专利申请总量中的份额则出现较大降幅，将总分差距缩小至 1 分以内（见表 14）。GII 2023 分析，由于通胀和高利率的影响，风险投资价值相对降低，打击了大多数国家科技创新投资信心，也导致在 PCT 专利申请总量中的份额有所下降。我国创新集群要想保持增速，就需要密切关注和主动减少宏观经济形势对创新投资投入的负面影响。

---

① 《广州：推动设立上市公司高质量发展基金，力争新增上市公司 15 家》，"广州日报"百家号，2024 年 2 月 23 日，https：//baijiahao.baidu.com/s？id＝1791672166271113178&wfr＝spider&for＝pc。

表14 2021~2023年东京—横滨集群与深圳—香港—广州集群创新指标对比

单位：%，分

年份	东京—横滨			深圳—香港—广州		
	在PCT专利申请总量中的份额	在出版物总量中的份额	得分共计	在PCT专利申请总量中的份额	在出版物总量中的份额	得分共计
2021	10.78	1.61	12.40	7.79	1.51	9.30
2022	10.70	1.60	12.30	8.20	1.90	10.10
2023	10.10	1.50	11.7	9.00	2.10	11.10

（二）广州在主要全球城市评价中所表现出的亮点

主要全球城市评价排名结果显示，科技创新成为广州在全球城市竞争中的重要发力点，商贸活动的创新和率先复苏有效激发了城市活力，国际化宜商、宜居环境使更多国内外人才选择广州，形成高质量发展的重要聚力。

1. 数字化新业态表现助力排名上升

主要全球城市评价排名变化显示，商业复苏较快的城市相对排名明显上升。会展活动、文化节庆等重大活动带动的商务旅游、休闲旅游促进了人流的聚集，创造了大量的商业机会。凭借率先回暖的会展业，广州收获了本轮经济复苏的红利。继北京、上海之后，广州成为全国社会商品零售总额和外贸进出口总额双双破万亿元的第三城。而广州商业的强势复苏，不仅因为站上了疫后复苏的"风口"，还因为商业创新抓住了发展的主动权。广州基于数字产业特征与技术平台优势，锚定"数产融合的全球标杆城市"，加快推动数字产业化与产业数字化，力求将数字经济打造为经济发展新引擎。商业数字化转型带来全方位、多层次的变化，元宇宙、沉浸式互动体验、直播电商等消费新场景、新业态丰富产品服务供给，网络社交平台信息获取和分享导流加持，将巨量人流导入消费领域，激发新的消费活力。2023年，限上批发零售业实物商品网上零售额在连续多年较快增长的基础上继续保持较好增势，同比增长8.9%。① 广州文化装备制造业全国领先，数字文化产业规模超千亿级，全市共有国家级文化产业园区（基地）22个。② 2015年以来，广州市跨境电商进口规模已连续9年保持全国首位。2023年2月，广州协同国家及行业商协会创立全球跨境电商"三中心"，为广大企业一站式对接全球顶尖资源提供优质平台，吸引大量电商企业来广州发展。

2. 科技创新优势突出巩固竞争力

广州以"一区三城"为核心，构建以"一轴四核多点"为主的科技创新空间功能布局，筑牢高质量发展的科技创新矩阵。习近平总书记强调，加强基础研究，是实现高水平科技自立自强的迫切要求，是建设世界科技强国的必由之路。③ 党的二十大报告提出，要以国家战略需求为导向，集聚力量进行原创性引领性科技攻关。原始创新是科技创新的"深蹲助跑"，蹲得深，爆发力才能更强，助跑充分，才能跳得更远。在基础前沿领域，广州系统谋划国家战略科技力量建设，构建以生物安全三级实验室、粤港澳大湾区国家技术创新中心、冷泉生态系统、人类细胞谱系等国家重点创新研发平台与科技基础设施为核心的"2+2+N"科技创新平台体系，充分利用以中山大学、华南理工大学等高校为中心的基础研发网络，推动创新链、产业链、人才链一体部署。循着"科学技术化、技术产品化、产品产业化、产业资本化"路径，广州坚持"搭平台""优机制""重人才"多管齐下，充分发挥政产学研用战略联盟的强大合力，在"从0到1"原始创新的坚实基础上，加快推进"从1到100"的科技成果转化，以"科研城市"支撑"科技强市"，以颠覆性技术和前沿技术催生新产业、新模式、新动能，独角兽企业增长数量位居全国第一，大力推动科技创新"变量"

---

① 《2023年广州经济运行情况》，广州市统计局网站，2024年1月25日，http://tjj.gz.gov.cn/stats_newtjyw/sjjd/content/post_9458471.html。
② 《广州数字文化产业规模超千亿》，《南方都市报》2023年12月3日。
③ 《习近平：加强基础研究 实现高水平科技自立自强》，中国政府网，2023年7月31日，https://www.gov.cn/yaowen/liebiao/202307/content_6895642.htm。

转化为高质量发展"增量"。广州在世界知识产权组织的全球创新指数中表现突出，在"2023自然指数-科研城市"的排名也持续提升，进一步上升2位至第8。

3."人才引擎"积蓄持续进步潜能

人才资源作为推动经济社会发展的核心力量，是全面建设社会主义现代化国家的基础性、战略性支撑。综合国力竞争归根到底是人才竞争。为了赢得国际竞争主动权，世界各国都在积极实施高端人才引进政策。全球潜力城市指数研究显示，城市国际化程度高、创新环境开放包容、文化兼容性强、发展前景广阔的重点区域对高层次人才更具吸引力。随着全球城市多元化、碎片化趋势逐渐显现，全球城市的影响力正在持续转移，传统的"超级明星城市"不再是高度专业化人才和资本的独宠，具有文化底蕴、宜居程度较高等非经济优势的城市开始吸引越来越多的全球流动人才。根据"魅力中国城市"主题活动发布的中国城市外籍人才吸引力指数，广州位列第三，仅次于北京、上海。广州持续深化政务服务领域改革，稳步推进国际化社区建设，提供境外人士服务站、中外居民文化交流融情站、涉外志愿服务站、涉外人才服务站、中外居民共商共治议事厅"四站一厅"服务，大力推广"一窗办理、并行受理"模式，为外国人就近办理工作许可业务打通"最后一公里"。深厚的人文底蕴与较高的生活便利度等也是广州人才吸引力加分项，这不仅使得广州在《机遇之城2023》中国城市的智力资本维度排名第一，也使得其在《中国城市人才吸引力排名：2023》中稳居第四。目前，强劲的人才虹吸能力已经成为广州持续稳定发展的主要驱动因素，对广州长期强化城市国际竞争力形成了强有力的支撑。

三 2024年广州城市国际化发展的背景与形势分析

（一）百年变局加速演进，全球动荡变革稳中有机

近年来，世界局势持续震荡，地区冲突此起彼伏。同时，新一轮科技革

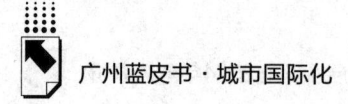

命的主题不断更新、产业变革深入发展，国际力量对比不均衡加剧。国际秩序重塑过程曲折多变、世界经济增长动能不足等诸多因素，让2024年继续充满不确定性。

1. 世界经济温和复苏，亚洲成为主要增长引擎

全球经济饱经挫折但呈现温和复苏态势。2023年，世界实际GDP增速小幅超过年初预期，这得益于全球通胀数值从高位回落，大宗商品和粮食价格有所下降，货币政策收紧的影响逐步显现，全球主要央行将更多地在增长和通胀之间进行权衡。此外，尽管疫情期间受挫的国际贸易仍在下滑，但旅游等服务贸易稳步恢复。几乎所有主要经济体都实现正增长，新兴市场和发展中经济体的表现更加亮眼，发挥更强的拉动引擎作用。

各方对2024年全球经济增长的展望仍保持相对谨慎的态度。摩根士丹利全球首席经济学家塞斯·卡朋特团队认为，全球经济增长将放缓，但大多数发达经济体不会出现衰退，通胀随着充分就业将有所下降，实际收入保持坚挺，从而能保障消费韧性，即使出现衰退也会较为轻微。大多数机构预测，受美联储11次加息等影响，2024年美国经济增速将放缓至1.4%~2.1%，表现不容乐观。在全球经济层面，虽然经济增速可能会有所回落，但质量和效益成为更加重要的目标。亚洲仍然是全球经济增长的重要动力，有望在全球经济低速恢复的背景下继续扮演引擎角色。世界主要机构预测印度2024年经济增速将高达6.2%~6.5%（见表15），分析认为这是由于印度国内需求强劲、公共基础设施投资增加、金融部门得到加强等因素。根据经济观察报向25位国内外知名金融机构、企业的首席经济学家发放问卷的结果，近七成受访者认为中国2024年经济增速会在4.5%~5.0%，与世界主要机构预测一致。[①] 这一预测既体现了对中国经济韧性的信心，也反映了对当前经济形势下行的清醒认识。

---

① 《首席经济学家预判2024：改革可期+双重风险预警》，《经济观察报》2024年2月15日。

表15 2023~2024年世界及主要经济体增速预测

单位：%

国家（地区）	联合国经社理事会		世界银行		国际货币基金组织	
	2023年	2024年	2023年	2024年	2023年	2024年
世界	2.7	2.4	2.6	2.4	3.1	3.1
发达经济体	1.6	1.3	1.5	1.2	1.6	1.5
美国	2.5	1.4	2.5	1.6	2.5	2.1
欧元区	0.6	1.1	0.4	0.7	0.5	0.9
新兴市场和发展中经济体	4.1	4.0	4.0	3.9	4.1	4.1
中国	5.3	4.7	5.2	4.5	5.2	4.6
印度	6.3	6.2	6.3	6.4	6.7	6.5
俄罗斯	2.7	1.3	2.6	1.3	3.0	2.6
巴西	3.1	1.6	3.1	1.5	3.1	1.7
南非	1.6	2.3	0.7	1.3	0.6	1.0

资料来源：联合国经社理事会《世界经济形势与展望》（2024年1月）、世界银行《全球经济展望》（2024年1月）、国际货币基金组织《世界经济展望报告》（2024年1月）。

2. "金砖国家"再度扩容，"全球南方"国际瞩目

发展中国家越来越多地参与全球治理，对国际秩序的影响力和塑造力进一步增强。伊朗成为上海合作组织正式成员国，进一步壮大了这个主要由发展中国家构成的组织。沙特阿拉伯、埃及、阿联酋、阿根廷、伊朗、埃塞俄比亚加入金砖合作机制，并于2024年1月1日正式成为金砖成员，使金砖国家国土面积占世界领土面积的比重从26%升至32%，人口占比从42%升至47%，经济总量占比从26%升至29%，货物贸易总额占比从18%升至21%，还有数十个国家表达了未来加入的意愿。[①] 非洲联盟（非盟）成为二十国集团正式成员，是继欧盟后二十国集团的又一个区域组织成员，发展中国家在世界舞台上有了更多话语权。

---

① 《新闻背景：金砖大家庭6名新成员》，新华社，2023年8月25日，https://www.gov.cn/yaowen/liebiao/202308/content_6900019.htm；《地球局｜金砖从5到11，助推"全球南方"影响力再提升》，"齐鲁壹点"百家号，2023年9月2日，https://baijiahao.baidu.com/s?id=1775899659812215427&wfr=spider&for=pc。

上海合作组织、金砖国家及二十国集团扩员充分展示了"全球南方"的影响力，发展中国家凝聚在一起将提升新兴市场和发展中国家在国际事务中的代表性和发言权，推动全球治理体系朝着更加公正合理的方向发展。2023年，"全球南方"成为国际社会的焦点：第78届联合国大会着眼于"全球南方"对公正合理的国际秩序的需求；《联合国气候变化框架公约》第二十八次缔约方大会积极回应"全球南方"的气候诉求，加强多边合作应对气候变化。欧盟、七国集团等开始关注这一上升的新力量：慕尼黑安全会议邀请众多发展中国家代表参会，其议题之一是调整南北合作罗盘；在日本召开的七国集团峰会专门设定"加强与全球南方的联系"议程等。中国作为典型的"全球南方"国家，在新兴市场拓展和发展中国家崛起的过程中将继续发挥作用，共同打造全球治理的伙伴关系。

3. 非传统安全挑战增多，新兴技术赋能全球治理

非传统安全叠加动荡的世界局势，使全球产生更多潜在风险。极端天气和气候衍生的相关灾难已经对人居环境和经济社会造成显著影响。受严重的洪水、热带气旋、干旱以及山火等影响，世界各地的农业生产、民生财产和基础设施都有可能遭受损失。气候问题也加剧了不平等危机，粮食安全挑战、人口流离失所以及弱势人群首当其冲，使贫困、饥饿、公共卫生危机等影响可持续发展的问题死灰复燃。

与此同时，前沿技术进步对传统科技体系产生重大冲击，也对人类社会产生深刻影响，世界进入了以新兴技术为核心的战略竞争时代。全球人工智能技术发展进入新阶段，人机交互出现新范式，生成式人工智能在多项人类测试中不断刷新纪录，并在各领域产生空前的影响。一些颠覆性技术趋于成熟并被应用，如无人驾驶开始商业运营、氢动力飞机和水下航行器试航等。2024年，全球智能科技革命将继续快速迭代演进，科技变革与大国博弈相互交织，全球技术权力争夺和秩序构建会呈现更加复杂的态势。各主要经济体将前沿技术发展视为国家实力的重要基石，必将强化战略部署、加大资金投入，抢抓新一轮科技革命和产业变革机遇。

（二）中国外交勇毅前行，发展韧性进一步增强

在全球治理体系持续面临变革挑战的背景下，中国通过积极落实"三大倡议"推动构建人类命运共同体，中国特色大国外交迎难而上，为全球发展事业、安全共识、文明互鉴贡献力量，充分展现中国共产党胸怀天下的使命担当和为人类谋进步的历史主动精神，成为世界变乱交织时期关键的稳定力量。

1.元首外交展现中国特色，人类命运共同体构建扎实推进

2023年，习近平主席主持两大主场外交，出席三场多边峰会，开展四次重要出访，举行百余场会见、通话，以大党大国领袖的襟怀气度同各方共话友好合作、共商天下大计。习近平主席以访问俄罗斯拉开元首外交序幕，中俄之间就长期友好关系与和平发展理念展开交流。中方促成沙特阿拉伯和伊朗签订复交协定，促进国际地区和平与安全。此后，习近平主席先后同法国总统和欧盟领导人举行会晤，双方聚焦战略互信和共赢合作，就共同关心的国际地区问题深入交换意见。中美元首会晤在旧金山举行，此次会晤取得重要进展，两国同意恢复高层军事交流，并努力弥合分歧，寻求合作空间。

无论是致力于维护和平、促进发展，还是应对全球性风险挑战、推进全球治理体系改革，中国外交都基于人类同处地球家园、世界各国命运与共的根本认知，致力于构建人类命运共同体。2023年正值构建人类命运共同体提出十周年之际，中国在践行多边命运共同体方面取得一系列进展。一是在东亚实现命运共同体战略覆盖，与柬埔寨、老挝打造命运共同体新一轮五年行动计划，同马来西亚达成共建命运共同体共识，宣布与越南构建中越命运共同体。二是中非关系进入共筑命运共同体的新阶段，习近平主席访问南非期间，同拉马福萨总统宣布携手构建高水平中南命运共同体。构建人类命运共同体从中国倡议扩大为国际共识，连续7年写入联大决议，成为引领世界和平、稳定、进步的"强心剂"。

2. 第三届"一带一路"国际合作高峰论坛召开，十周年合作成果卓著

共建"一带一路"倡议十年成果卓著，得到国际社会积极广泛响应，给共建国家带来了切实普惠的利益。我国持续深化与共建国家的经贸务实合作，2013~2022年与共建国家的货物贸易规模累计达到19.1万亿美元，年均增速6.4%，高于同期我国外贸整体增速；与共建国家的双向投资累计超过3800亿美元，其中对共建国家的直接投资超过2400亿美元，涵盖经济社会多个发展领域；与150多个国家、30多个国际组织签署了200多份合作文件，达成3000多个合作项目，为共建国家创造42万个工作岗位，让近4000万人摆脱贫困，为推进经济全球化作出重要贡献。①

2023年10月18日，第三届"一带一路"国际合作高峰论坛开幕式在北京举行，有150多个国家参与，达成总金额972亿美元的项目合作协议。本次论坛的焦点是团结合作、互利共赢，展示中国和平发展的理念从未改变、中国与世界共建人类命运共同体的宏愿未曾改变。习近平主席在开幕式上的演讲强调了中方与世界各国和平发展的意愿，明确了推动共建"一带一路"进入高质量发展的新阶段，并宣布了中国支持高质量共建"一带一路"的八项行动。② 在这个日益动荡的世界环境中，中国坚定不移地推动合作，从不谋求独善其身的现代化，展望未来，中国将继续通过高质量建设"一带一路"打造推动各国共同发展的机制，为实现世界各国现代化不懈努力。

3. 自贸试验区制度创新不断深入，高水平对外开放持续推进

我国持续推进高水平对外开放，致力于推动政策创新、促进效率提升，旨在促进国内经济实现更高水平的动态平衡，并共同构建开放型世界经济。十年来，自贸试验区积极对接国际通行规则，推出了一批开创性改革开放举措，以服务区域重大战略和共建"一带一路"。2013年以来，我国分6批设

---

① 《在高质量共建"一带一路"中推进经贸合作走深走实》，求是网，2023年11月11日，http://www.qstheory.cn/dukan/qs/2023-11/01/c_1129947109.htm。
② 《习近平在第三届"一带一路"国际合作高峰论坛开幕式上的主旨演讲（全文）》，中国政府网，2023年10月18日，https://www.gov.cn/yaowen/liebiao/202310/content_6909882.htm。

立了21个自贸试验区，覆盖东西南北中，串联沿海、内陆、沿边地区。自贸试验区在重点领域先行探索，形成了一批宝贵的创新经验，为高水平对外开放积累了实践案例，并向全国复制推广制度创新成果，不仅拓展了改革开放的深度和广度，也展现了中国坚持扩大对外开放的决心与信心。

制度性变革进一步推动高水平对外开放，对外开放向边境内延伸，促进经贸领域规则、标准等与国际水平对接。近50项全国首创性政策实施、70多个全国标志性项目落地、90多个功能性和服务型平台建立、50多项体制机制创新逐渐形成。① 根据2024年《政府工作报告》，我国将继续缩减外资准入负面清单，并且全面取消制造业领域外资准入限制措施。这将给产业调整升级带来新活力，为创造更好的营商环境提供新激励。

（三）广州推进中心型世界城市建设，打造中国式现代化示范窗口

2024年是新中国成立75周年，也是实现"十四五"规划目标任务的关键一年，广州将立足粤港澳大湾区"一点两地"的全新定位，以"十二个之进"推动高质量发展实现新跃升，以"二次创业"的奋进姿态释放新质生产力强大动能。

1. 强化面向2049的战略引领，迈向中心型世界城市

中共广州市委十二届七次全会暨市委经济工作会议强调，广州要朝着中心型世界城市奋进努力，要有新作为、创造新业绩、谱写新篇章。广州基于2000年、2009年两版战略规划"南拓、北优、东进、西联、中调"的"十字方针"，进一步提出《广州面向2049的城市发展战略规划》，持续贯彻面向湾区的"两洋南拓、两江东进、老城提质、极点示范"16字空间发展方针，同时开展城市全域规划，形成城市空间格局。围绕"国际商贸中心、全国先进制造业基地、全国综合性门户、国际科技创新中心重要承载地"四大核心功能，推动城市能级、辐射带动能力、对外开放水平全面提升，将

---

① 《国务院新闻办就深化国家服务业扩大开放综合示范区建设有关情况举行发布会》，中国政府网，2023年11月25日，https://www.gov.cn/zhengce/202311/content_6917488.htm。

广州建设成为中心型世界城市，使其在现代化城市中拥有一席之地。

广州提出要出新出彩打造中心型世界城市，以全面落实省委"1310"的具体部署和市委"1312"的思路举措，冀望从国际视野出发回答世界之问、时代之问。广州从世界、国家、湾区、省会4个层面，谋定建设"中心型世界城市、引领型国家中心城市、开放型大湾区核心引擎、高能级省会城市"的发展定位，并分阶段划分战略目标：至2027年，国家中心城市能级持续提升，大湾区发展核心引擎作用进一步凸显；至2035年，率先基本实现社会主义现代化，建成兼具经典魅力和时代活力的国际大都市。从高质量发展和人民群众需求两大方面谋划七大战略举措，提出建设"深度国际化的开放之城""高效畅达的枢纽之城"等"七个之城"。未来，广州国际枢纽门户城市和中心服务带动的作用将被充分激活，城市国际化建设踏上快车道。

2.《粤港澳大湾区发展规划纲要》实施五周年，"一点两地"的全新定位提供战略指引

2023年4月，习近平总书记在广东视察时强调，要使粤港澳大湾区成为新发展格局的战略支点、高质量发展的示范地、中国式现代化的引领地。[①] 2024年正值《粤港澳大湾区发展规划纲要》实施五周年，大湾区软硬联通进一步升级，不断探索协同融合，推动港澳服务国家发展大局，朝着建设国际一流湾区和世界级城市群的目标迈进。目前，大湾区研发投入强度超3.4%，研发经费投入、发明专利有效量、PCT国际专利申请量等主要科技指标均保持全国首位。"一点两地"的全新定位为粤港澳大湾区发展提供了战略指引，大湾区建设进入纵深推进的新阶段。

新形势、新使命下，作为"湾区之心"的广州南沙也迎来了新机遇，以推动落实政策改革创新为牵引，通过建设重大载体和搭建平台加强内外区域协同联动，进一步将自身的区位优势转化为产业优势和功能优势。一方面，从科技创新与产业、青年创业就业、高水平对外开放、营商环境建设以

---

① 《高质量高标准加快建成国际一流湾区》，求是网，2023年4月28日，http://www.qstheory.cn/dukan/hqwg/2023-04/28/c_1129576030.htm。

及城市建设五个方面加强与港澳协同，推动基础设施"硬联通"和规则制度"软联通"；另一方面，重点从打造融汇对接"一带一路"南向枢纽、市场化法治化国际化营商环境高地、全方位对外开放先行示范区、链接"双循环"战略枢纽节点以及数字经济创新发展新高地等方面加强南沙面向世界定位的建设，将南沙建设成立足湾区、协同港澳的重大战略性平台，引领大湾区"一点两地"的全新定位。广州更将发力推动南沙跨越式发展，以南沙开发开放之进，推动全面深化改革开放实现新跃升。

3. 以新质生产力为支撑，高质量发展再谱新章

习近平总书记在黑龙江考察时提到，引领发展战略性新兴产业和未来产业，加快形成新质生产力。[①] 2024年1月31日在中共中央政治局第十一次集体学习时，习近平总书记强调加快发展新质生产力，扎实推进高质量发展，强调高质量发展需要新的生产力理论来指导，而新质生产力已经在实践中形成并展示出对高质量发展的强劲推动力、支撑力。[②] 加快发展新质生产力，是新时代新征程解放和发展生产力的客观要求，是推动生产力迭代升级、实现现代化的必然选择。各地区把握自身在全国大局中的战略定位，立足本地的资源禀赋与基础条件，因地制宜、分类指导，推动新产业、新模式、新动能发展，也是使高质量发展在新质生产力的支撑下取得新成就的必然要求。

2024年是"大干十二年、再造新广州"的开局之年。中共广州市委十二届七次全会暨市委经济工作会议提出，要以新质生产力加快形成之进推动现代化产业体系实现新跃升。2024年2月19日，广州市高质量发展大会锚定"排头兵、领头羊、火车头"标高追求，探索推动以新质生产力为支撑的高质量发展，围绕新质生产力、产业新空间等关键词，绘制高质量发展"施工图"，铆足干劲开新局。近年来，广州先进制造业发展不断加快，战

[①]《加快形成新质生产力》，《人民日报》2023年11月9日。
[②]《习近平在中共中央政治局第十一次集体学习时强调：加快发展新质生产力 扎实推进高质量发展》，中国政府网，2024年2月1日，https://www.gov.cn/yaowen/liebiao/202402/content_6929446.htm。

略性新兴产业加快发展，新能源汽车、工业机器人、低空航空器等高技术产品接连问世，为新质生产力大发展打下了深厚的基础。站在新起点上，广州深刻领会习近平总书记、党中央关于因地制宜发展新质生产力的重要要求。以科技创新推动产业创新，以颠覆性技术和前沿技术催生新产业、新业态、新模式、新动能，统筹推进传统产业升级、新兴产业壮大、未来产业培育的新质生产力发展路径日益清晰。

四 2024年广州城市国际化发展的对策建议

党的二十大报告指出要推进更高水平对外开放，稳步扩大制度型开放。改革开放四十多年来，广州城市国际化基础设施日臻完善，对外交往功能运转良好，世界一线城市地位得到越来越广泛的认可。面向第二个百年奋斗目标，广州提出"二次创业"再出发，朝着中心型世界城市大步迈进。"百尺竿头更进一步"，对标中心型世界城市，广州需要以精益求精的态度审视和提升国际化水平、以发起和参与国际规则机制衔接促进双向奔赴、以优化国际化服务供给促进全球要素流通、以营造提升国际化环境赋能全球人才发展、以主动参与国际交流合作带动全球共赢，共同奔赴构建人类命运共同体的新局面。

（一）以国际规则机制衔接之进，增强中心型世界城市的要素聚合力

2024年初，两份支持南沙重大发展平台建设的重要文件《国家发展改革委 商务部 市场监管总局关于支持广州南沙放宽市场准入与加强监管体制改革的意见》（以下简称《南沙意见》）、《南沙深化面向世界的粤港澳全面合作条例》（以下简称《南沙条例》）先后出台，将南沙先行先试功能提升到更高层级，广州实现规则机制国际化的新突破迎来了前所未有的机遇。要把握中央经济工作会议提出的"先破后立"要求，用好《南沙意见》《南沙条例》赋予的改革事权，进一步释放广州经济社会优势要素国际化活力，打通以粤港澳大湾区为中心，以经贸友好伙伴为重点，并向全球延伸的要素无障碍流通路径，形成聚合全球要素的广州优势。

1. 确立协同港澳、融贯 RCEP、链接全球的国际衔接战略步骤

聚焦南沙与港澳制度衔接的关键领域集中突破，强化扩大政务、青创、医疗民生等公共服务机制的衔接和整合，建立跨境信用合作机制，加快和深化职业资格认可、工作执业、居留停留、社会保障的衔接，面向科研、金融、财税、法律、知识产权等专业服务探索数据跨境流通和交易，吸引更多先进生产要素向粤港澳大湾区聚集。聚焦 RCEP 机制框架，与各成员国技术机构、行业企业开展多层次交流合作，以粤港澳大湾区优势产业为先导探讨推进重点产业商品服务的市场准入、评定互认，加强通关便利化联网后台技术建设，共同制定跨境电子商务数据流动规制和保障制度，推动构建特色优势跨境产业链，促进区域自由化和协同力的增强。面向全球，在全球化最重要的影响要素如创新、数据和人才等流动的国际规则衔接上下功夫，进一步优化先进技术应用市场环境、协同创新环境，大力提升关键核心技术原创能力和科技成果转移转化能力；健全数据跨境流通机制，加快建设南沙（粤港澳）数据服务试验区试点，开展离岸数据服务，增强"粤新通"对中新双边提升贸易投资规模的数据支撑功能及推广；实行更为便利的专业人才跨境流动与执业制度，制定跨境执业清单并实行动态调整管理，准许贸易、投资、知识产权和相关领域专业服务人才在南沙进行境外标的服务，构建更加便利的跨境发展环境。

2. 深化市场开放的机制性改革，拥抱全球优质企业

以营造市场化法治化国际化一流营商环境为目标，逐条落实《南沙条例》《南沙意见》，对标 DEPA、CPTPP、RCEP 等高水平国际经贸规则，立足开放合作的实际需要，提高要素跨境便捷流动和优化配置的制度设计水平，加快打造高水平对外开放高地。在市场准入方面，探索实行商事登记确认制，落实外商投资准入负面清单，全面清理歧视、排除外商投资企业产品或服务的市场准入、消费补贴等政策，落实自贸试验区外资准入负面清单制造业条目清零政策，用足用好广州服务业扩大开放综合试点政策，推动放开专业服务、健康医疗服务、电信服务等重点领域准入限制，引导更多外资投

向高技术产业和高端服务业。同时,将开放重心向管理体系、技术标准以及公平竞争环境等边境后措施延伸。营造公平科学的市场监管环境,健全市场主体准入和退出机制,灵活运用信用监管、行业监管、"互联网+"监管与触发式监管等监管模式与工具,利用信息技术手段全面提升监测感知能力,实现监管"无事不扰""无处不在"。以南沙为引领开展检验检测、认证结果采信等监管环节改革创新,支持外商投资企业依法平等参与标准制定工作,破除市场流通隐性壁垒。加快落实《国务院关于进一步优化外商投资环境 加大吸引外商投资力度的意见》,确保外商投资企业平等享受支持政策,保障外商投资企业依法参与政府采购活动。深化落实自贸试验区提升战略,结合广州实际对标自由贸易港探索更大力度的开放制度建设。

3. 参与国际标准制定,高位嵌入国际市场

以标准先行和场景开放配合产业国际化步伐,一方面提高我国产业在国际竞争中的话语权;另一方面为带动国际高端产业集聚广州营造更健康开放的发展环境。推动先行领域、优质企业参与国际规则和行业标准制定,鼓励广州具有行业优势的新能源汽车、医药检测、跨境电商、文化创意、中医药、绿色低碳等领域企业,重点面向共建"一带一路"国家,在拓展海外市场的同时开展技术标准、行业规则等国际化合作项目,以企业"走出去"带动"中国标准""中国规则"走出去。在新技术、新产业、新场景等领域直接建立与国际标准相适应的规则制度,或推动制定国际标准,在国际主体发展中发挥引领培育作用,提高国际声望。例如,参与制定并推动实施海陆空等各类空间的无人体系、跨境电子商务交易及数据管理、工业机器人、海洋科技等领域技术标准,积极引入并推动自主建立相关国际标准认证组织,鼓励支持企业主体与其他国际主体联合开展底层数据体系和开放服务应用平台建设,构建与技术发展适配的安全标准及管理规则,引领制定先进标准,打造一流市场环境。

(二)以国际化服务优化之进,提升中心型世界城市的开放联通力

国际化服务供给是市场主体对城市国际化水平最直观感受的媒介。高质

量的国际化服务不仅能充分发挥国际化硬件的承载能力，还能有效弥补国际化建设的不足，提高国际化资源供给的效益，塑造中心型世界城市的良好声誉。

1. 着眼全要素完善跨境流动便利化服务

对接国际的便利化服务是国际印象形成的"第一窗口"，必须坚定不移地持续深化和扩大便利化服务供给。持续推进通关便利化改革，对标国际先进水平完善国际贸易单一窗口功能，拓宽海关跨境合作领域，探索多式联运"一单制"模式，优化贸易通道，提升通关效率，持续降低进出口流通成本。推动促进科技创新、外贸新动能的产业跨境便利化，如实施财政科研资金跨境使用的便利化措施，简化研发用途设备和样本样品进出口手续及环节，开展跨境科研用的物资正面清单、生物医药研发用物品进口白名单制度试点，简化跨境电商、保税物流等货物报关流程，提升跨境金融及结算服务效率，等等。提高人员往来的便利化水平，推动在南沙实施外国人144小时过境免签、邮轮免签政策及试行口岸个人签证预受理模式，探索更加便利的境外人员在穗工作许可政策。全方位提升企业和社会公众的便利化体验，要对各领域跨境流动管理运行机制进行全面的体验式调研，推进智慧城市建设向便利化环节全面铺设，如企业及个人贸易投资工作居留等相关证书电子化共享和联网核查、探索开展远程监管和审批，扫清不必要的便利化技术性壁垒。

2. 探索对外投融资服务创新

在中国企业"走出去"综合服务基地设立境外投资备案"一口受理"窗口，探索建立发改、商务部门后台协同机制，设立境外投资相关政务事项的服务窗口，优化集成备案环节，为企业提供对外投资"一站式"政务服务。以中国企业"走出去"综合服务基地建设为抓手，优化驻海外经贸办事机构区域布局，整合海外侨商联合会、贸易促进代表机构、广州港驻海外办事处等对外联络资源，加强与外国及地区法定投资促进机构、境外跨国企业、商协会的对接联系，织密海外投资服务网络。用好用足南沙政策叠加优势，争取中央层面支持，创新大湾区跨境理财和资管中心功能，在资金跨境流动与监管方面先行先试,探索实行资金"电子围栏"监管模式,为我国企业"走出去"构建便捷程度介于内地与港澳之间的便利化投融资安排,推动对外投资资本流动创新。强化对外投资合作风险防范,指导企业加强合规建设,完善合规体系,督促企业规范海外经营行为。

3.提升专业服务业全球综合保障能力

通过布局合理、服务一流、协同联动的跨国经营综合服务体系,更好地满足企业深度参与全球产业分工合作新需求。对接港澳跨境专业服务规则,以建设广州中国企业"走出去"综合服务基地、"一带一路"法律服务集聚区为聚合点,推动包括金融、律师、仲裁、公证、司法鉴定、商事调解、检验检测、跨境物流、合规经营、人力资源等领域在内的专业服务人才及机构在南沙集聚,向企业跨国投资经营提供国际投资咨询、合规经营、金融保险、应急避险等"一站式"专业咨询和服务。推进广州湾区中央法务区建设,以互联网仲裁"广州标准"、南沙国际仲裁中心的"3+N"仲裁模式的推广和广州仲裁委参加亚太经合组织网上争议解决机制(APEC-ODR机制)建设为抓手,带动国际商事纠纷选择广州作为仲裁、调解地,集聚相关服务商。高标准建设国家知识产权保护示范区,加强海外知识产权纠纷应对指导广州分中心建设。用好跨境电商"三中心"的服务整合能力,助力企业链接海外卖家和平台、司法认证、数据维护、仓储物流、融资结算等供应链专业服务,并将服务对象从跨境电商向外贸全品类拓展,助力制造业海外品牌的塑造和经营管理转型升级。鼓励出海国有企业参与提供海外贸易投资基本公共服务,如公共海外仓、产业链境外园区、广州商品展销中心、小额货品质押贷款等,成为中小企业出海的有力支点。

4.高标准发展跨境数字信息服务

巩固互联网门户地位,依托IPv6根服务器推广IPv6应用,加快互联网国际出入口带宽扩容,探索建设国际光缆登陆站,积极争取国家支持建设新型互联网交互中心。深化5G试点城市建设,推进骨干网和城域网扩容升级,建设跨境光缆和粤港澳国际互联网数据专用通道,开展智能电网、城市信息模型(CIM)平台试点,前瞻布局卫星互联网、量子通信网、6G等未来网络。积极争取试点推进跨境数据流动创新，试点探索形成可自由流动的一般数据清单，试点开展离岸数据业务，建设服务平台，提供数据跨境流动合规服务，打造"一带一路"重要信息通信节点、数据中心和国际信息港。鼓励企业开展智慧城市领域的国际合作，参与信息基础设施互联互通建设，推广数据安全和数据流动的"中国规则"，建设数字丝绸之路重要承载区。

5. 支持链接内外的承载性服务平台做强做大

做强做实各类载体性服务平台，形成开放交往主体的聚集和引育效应，为高水平对外开放打造更有针对性的制度试验场景，提供更高能级的专业服务支撑，更有力地培育开放发展新动能。持续擦亮中新广州知识城"新加坡企业来华首选地"品牌，推动落户一批高能级双边项目，重点引导资金布局生物医药、电子设备等高科技领域。以中沙产能合作园区建设为抓手推动双向投资加码提速，围绕绿色能源、石油化工、海洋风能装备等主导产业深化园区建设和国际合作。梳理整合各领域载体平台，高质量建设跨境电商国际枢纽城市，发挥南沙、黄埔进口贸易促进创新示范区带动作用，推进服务业扩大开放综合试点，争创国家服务贸易创新发展示范区，推进国家数字服务、文化出口、知识产权服务等特色出口基地建设，支持建设一批供应链管理、信息、检验检测等服务贸易公共平台，加快组建湾区科技金融服务中心，高水平推进汇丰全球培训中心、国际风险投资中心等具有国际化水平的金融平台项目建设，依托境外经贸合作区研究设立"五外联动"工作联络站点，为企业国际化匹配交流合作、要素交易和信息流通等全方位服务功能。

（三）以国际化环境提升之进，构建中心型世界城市的生态支撑力

中心型世界城市开放欢迎全球人才。国际化宜业、宜居环境是成为中心型世界城市的必备条件，也是施加世界城市影响的有效途径，尤其要重视对公共服务场景的全方位国际化，使到访广州的国际人士在出行、生活、交流等方方面面获得无障碍的轻松体验，使全球人才在潜移默化中接纳广州、留在广州、服务广州，形成人才资源可持续供给的良好生态。

1. 优化国际一流宜商兴业环境

以南沙区打造国际化营商环境先行区、广州开发区打造"中小企业能办大事"创新示范区为重点，聚焦营商环境最优城市目标定位，对标世界银行营商环境新评估体系，围绕市场主体关切，推动国家营商环境创新试点城市建设再上新台阶。营造公平科学的市场监管环境，运用大数据、云计算等技术探索高频事项跨区互认，健全市场主体准入和退出机制，强化事中、事后监管，实现监管"无事不扰""无处不在"。探索政务服务新生态，持续推进政务服务线下"进一窗"、线上"进一网"，政策兑现"一门式"办理等服务模式，开展"税直达"试点，精准响应企业诉求，提高跨境纳税服务便利度。实施更加便利的人才跨境流动和执业机制，优化实施外国人来华工作许可、外国人才签证等政策制度，携手港澳探索"居住在港澳、工作在广州""居住在广州、工作在湾区"等多样化引才用才模式。

2. 营造国际化的生活环境

以生活社区为核心，完善对接国际的公共服务和文化供给，更好展现广州的开放风、自豪感、国际范。一是全面推进国际化街区试点和国际语言环境建设，在相关区域内为外籍人士提供出入境、停居留、工作许可等事项的"一站式"政务服务，提供便捷网上办事的智慧街区服务，积极探索多方共治的国际化社区服务新模式。二是增强生活性服务供给的国际化。推动引进更多国际一流教育、医疗、社会保障等公共服务机构，鼓励有条件的公立学校接收国际人才子女，放宽医药和医疗器械市场准入限制，优化医疗服务与药品跨境流通体系，推动金融支付、邮政快递等生活性服务业国际化，营造与国际标准相衔接的公共服务和社会管理环境，提高与增强居民便利度和归属感、幸福感。三是构建与营造"类海外"的社会网络和文化体验环境，组织各种群体的中外文化交流和联谊活动，满足国际人才对学习、娱乐、交友、情感认同等方面的需求，帮助国际人才建立新的社会支持网络。

3. 提升国际综合交通枢纽的效能和品质

高水平建设国际航空枢纽、航运枢纽和世界级的铁路枢纽、轨道体系，让广州更好联通世界、链接全球。面向未来超前谋划广州白云国际机场三期、珠三角枢纽（广州新）机场的配套服务建设，恢复和进一步织密国际航线网络，提升"经广飞"服务精细化程度，提高商务航空服务水准，让各层次消费水平的国际旅客都能得到"宾至如归"的空乘体验。加强智慧港口建设，建立港航一体化数字平台，引进航运物流服务国际知名公司参与港区综合物流及供应链管理，通过自动化科学调度，提高港口综合通过和集散效率。提升邮轮市场营销水平，提高邮轮旅游品质，打造广州国际邮轮旅游品牌。充分发挥广州"海港"和"空港"物流枢纽双引擎优势，将广州东部公铁联运枢纽打造为粤港澳大湾区国际班列集结中心，着力形成以空铁、公铁联运为脉络的多式联运网络布局，形成汇聚全球资源进入湾区、湾区资源通达全球的国内国际循环双通道。

（四）以国际交流合作深化之进，锻造中心型世界城市的全球贡献力

中心型世界城市不仅是全球要素流通的服务者、枢纽站，也要更多地承担全球发展责任，主动参与全球治理，助力可持续发展，构建人类命运共同体。广州要加快建设国际交往中心城市，通过多层次、宽领域、多元化的国际交流与合作，与世界文明交流互鉴，推动世界奔赴共同未来。

1. 密切高端国际平台交往贡献"广州智慧"

健全重大外事活动运行保障机制，打造市场化、专业化、国际化重大国事外交活动服务保障团队，争取尽早承办多边主场外交活动。根据元首外交、多边外交、公共外交等不同参访主题特点，分门别类建立全市统一的外事参访点，打造涉外资源标准化供给平台，充分展示中国式现代化广州实践。推进广州白云国际会议中心、松园宾馆周边环境提升，挖掘山庄旅舍、温泉宾馆等安全优质资源，打造服务国际交往的"城市会客厅"。打造高端国际会议会展矩阵，办好"读懂中国"国际会议（广州）、从都国际论坛、大湾区科学论坛、国际金融论坛等国际会议，持续优化全球市长论坛举办机制,办好海丝博览会、广博会、文交会等重大品牌会展,扩大广州国际创新节、CNBC全球科技大会、官洲国际生物论坛、《财富》全球科技论坛、小蛮腰科技大会等科技创新品牌影响力,打造中国广州国际投资年会高端推介平台,支持金交会、海交会等会展的优化,培育国际时尚产业大会、国际购物节、直播电商节等名展名节,为国内外各界精英提供高层对话、双向投资促进等功能。

2. 推进国际科技创新合作走深走实

抓住科技创新的"牛鼻子",加强科技创新双向交流合作机制建设,实现与全球高端资源的有效对接,打造具有全球影响力的产业科技创新高地。推动中新合作取得更大突破,中以、中欧、中沙等国际合作不断深化,加快中国—乌克兰材料连接与先进制造"一带一路"联合实验室、中新国际联合研究院、中以生物产业孵化基地等高水平国际研发平台建设,吸引符合广州功能定位的共建"一带一路"国家高端创新机构、投资公司、跨国公司研发中心、国际科技组织来穗落户,支持各区因地制宜打造更多双边、多边科技合作平台,实现与全球高端资源的有效对接。深化低碳环保、新能源等领域的国际合作,支持建立"一带一路"绿色股权投资基金及绿色科技孵化器,共建绿色丝绸之路。通过国际合作设立研发中心、创新中心、海外孵化器等创新载体平台,创设科技创新资源对接和双向互动的长期机制,探索建设海外"人才飞地",促进创新资源双向流动,推动创新成果的批量转化,打造"海外孵化、广州落地"和"广州研发、海外转化"的国际创新双循环格局,建设国际技术转移网络重要节点。深入实施"广聚英才"人才工程,做深做实外籍"高精尖缺"人才认定标准试点,加快集聚战略科学家、一流科技领军人才和创新团队。

3. 筑牢多层次全球合作伙伴网络

积极参与联合国框架下的国际项目建设,以全球人道主义应急仓库和枢纽、全球学习型城市网络、世界生态设计大会联合国经社理事会"特别咨商地位"项目建设为抓手,推广广州社会治理方方面面的经验和思考,提高城市参与国际治理的能力。继续发挥在世界大都市协会、世界城地组织中的引领作用，提高"广州奖"国际声望，推动会员城市的互学互鉴。继续挖掘与宜可城、C40、国际港口协会、国际海事组织、世界城市文化论坛等各领域国际组织的交流合作机会，推动广州在各领域的国际对话和经验交流。稳步实施"百城+"计划，推动更多友好城市双边、多边资源共享和项目化务实合作，高质量推进新时代国际友好城市交往。继续推进广州友城国际文化艺术团、广州国际友城大学联盟、广州国际友城职业教育联盟等建设，推动缔结更多国际友好城市姊妹学校，探索友好城市民间对话平台。

4. 丰富民间人文交流与文化传播

创新推进国合中心、国合基金会、驻海外办事处建设运营，以"外事+"为牵引拉响民间人文交流主旋律。继续巩固提升"广州文交会""广州文化周""我们，广州"等对外文化交流品牌。推动基础教育、高等教育、职业教育全方位对外合作，支持香港科技大学（广州）建设世界一流研究型大学，加快华南理工大学广州国际校区建设，吸引更多"一带一路"高层次留学生来穗。做好华侨华人和外国政要、知名人士等重要人脉维护，用好海外国企、民间组织等资源，建立培养、推荐和支持广州人士担任国际组织机构职务的工作机制。注重对侨乡各类资源优势的挖掘和活化利用，夯实增城"侨梦苑"、黄埔"海归小镇"、广州华侨博物馆、广州海外联谊会等载体，织密扩展华侨华人信息网、侨社侨团合作网和侨商侨企服务网。做好"身边的国际社会"管理服务工作，办好中外友人运动会、中外文化交流进社区等活动，以民间交往促进中外民心相通。继续擦亮"广州故事会"品牌，实施"广州城市形象品牌传播提升行动计划"，为持续提升中心型世界城市影响力营造良好的国际舆论氛围。

参考文献

《推进中国式现代化需要处理好若干重大关系》，《求是》2023年第19期。

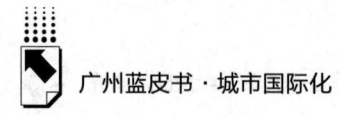

《习近平在广东考察时强调：坚定不移全面深化改革扩大高水平对外开放　在推进中国式现代化建设中走在前列》，《人民日报》2023年4月14日。

《深入贯彻中央外事工作会议精神　不断开创中国特色大国外交新局面》，《求是》2024年第2期。

《经济全球化走向与扩大高水平对外开放》，《学习时报》2024年3月1日。

《坚定不移推动高质量发展　在推进中国式现代化建设中走在前列》，《新华每日电讯》2024年3月8日。

《共建"一带一路"：构建人类命运共同体的重大实践》，《人民日报》2023年10月11日。

戴翔、马皓巍：《制度型开放促进出口"提质增效"了吗?》，《国际贸易》2024年第1期。

《坚定推进高水平对外开放》，《经济日报》2023年12月22日。

宁吉喆：《中国式现代化的方向路径和重点任务》，《管理世界》2023年第3期。

苑希、孟寒、祁欣：《共建"一带一路"十周年：成就、经验与展望》，《国际贸易》2023年第4期。

王健等：《国际秩序变动中的"全球南方"与中国角色》，《西亚非洲》2023年第6期。

徐秀军、沈陈：《"全球南方"崛起与世界格局演变》，《国际问题研究》2023年第4期。

周文、许凌云：《论新质生产力：内涵特征与重要着力点》，《改革》2023年第10期。

普华永道中国、中国发展研究基金会：《机遇之城2023》。

世界知识产权组织：《全球创新指数报告》，2017~2023。

A. T. Kearney, "Global Cities Report", 2008-2023.

Department of Economic and Social Affairs, United Nations, "World Economic Situation and Prospects Report", January 2024.

GaWC, "The World According to GaWC", 2000-2022.

International Monetary Fund, "World Economic Outlook", January 2024.

United Nations Conference on Trade and Development, "Global Trade Update", January 2024.

World Bank Group, "Global Economic Prospects", January 2024.

Z/Yen, China Development Institute (CDI), "The Global Financial Centers Index", 19th-34th edition.

迈向中心型世界城市篇

B.2 广州建设中心型世界城市的比较分析与对策

邹小华 覃 剑 黄颖敏*

摘　要： 中心型世界城市居于世界城市网络的核心，在网络中具备强大的引领和带动作用，是代表国家参与全球与区域竞争的重要门户节点。中心型世界城市兼具全球资源配置、高端现代服务、科技创新策源、高端产业引领、高端价值创造以及开放枢纽门户等多种核心功能。相较于当前中心型特征突出的世界城市，广州现代服务业全球联系度居前列、城市综合实力持续增强、创新资源与基础良好、城市绿色发展基础好、基础设施全球联系密切，但在产业高端化、创新全球策源能力、绿色发展水平等方面

---

* 邹小华，博士，广州市社会科学院区域研究所副研究员，研究方向为城市全球化与区域发展；覃剑，博士，广州市社会科学院区域研究所所长、研究员，研究方向为城市与区域经济；黄颖敏，博士，江西理工大学建筑与设计学院副教授，研究方向为产业集群与区域发展。

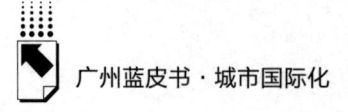

仍需进一步提升。未来，广州加快建设中心型世界城市，可进一步完善国际枢纽网络，提升全球资源配置能力；强化现代服务业对产业高端化发展的支撑；以外贸高质量发展引领国际枢纽门户建设；提升自主创新能力，强化科技策源新动能；重点聚焦"一带一路"，提升对外开放水平；深化生态绿色发展理念，建设宜居幸福城市。

关键词： 中心型世界城市　全球联系　资源配置　创新策源　对外开放

世界城市在世界经济体系中起到控制与协调作用，处于具备高度流动性与联结性、具有相互紧密联系的城市网络之中，是带动本地区与本国经济参与国际经济循环的空间实体，是国际资源、资金与人才在全球流动的对接点。随着全球化程度的不断提高，在现代信息化和交通运输技术革新的支持下，全球范围内城市间联系不断增强，世界城市网络持续拓展和强化，这也导致世界范围内城市的发展更多依赖于与其他城市间的相互联系。在此背景下，位于世界城市网络的中心、与其他城市保持紧密联系，并在网络中具备强大的引领和带动作用，成为世界城市保持其在全球范围内持续竞争力的关键。广州市政府在2024年政府工作报告中，首次提出广州着眼建设"中心型世界城市"的愿景，顺应了信息化与网络化背景下世界城市发展的潮流。广州作为一线世界城市，是中国改革开放前沿地以及综合性门户枢纽，同时是国家重要中心城市、省会城市、粤港澳大湾区核心引擎，在城市现代化水平、全球资源配置能力、产业高端化与现代化、科技创新、全球交往以及国际枢纽等方面已具备坚实基础。与此同时，相较于国际上一些中心型功能突出的世界城市，广州尚存在一定不足。因此，有必要开展比较研究，为广州高质量建设出新出彩的中心型世界城市提供思路借鉴。

一　中心型世界城市的内涵与核心功能

中心型世界城市相较于一般的世界城市，最大的特色体现在中心性上。

中心型世界城市首先是世界经济发展的中心，其自身巨大的经济体量和人口规模，是支持城市发展的基础。以科技创新驱动的高端产业配置，包括高度发达的现代服务业以及高端制造业，通过产业链的升级向全球价值链高端攀升，能够为城市经济高质量发展提供重要支撑。中心型世界城市同时是开放的门户枢纽城市，通过发达的全球基础设施网络和产业联系网络，集聚和配置全球资源，以支撑城市的可持续发展。具体来看，中心型世界城市的核心功能主要包括以下六个方面。

（一）全球资源配置功能

资源配置功能是世界城市迈向中心型世界城市这一更高发展阶段的核心功能之一。在全球化和信息化背景下，一座城市的全球资源配置能力，指的是在全球范围内整合、创新、决策、控制、分配和激活资源的用途、布局和流向的能力。全球资源配置能力既可以看作各个分项资源配置能力的结构组合和综合体现，也可以细分为对全球资本、贸易资源、创新资源、信息资源以及文化资源等的配置能力。全球资源配置能力直接决定了中心型世界城市的引领、集聚、辐射和带动能力，是影响中心型世界城市全球竞争力的关键要素。

（二）高端现代服务功能

中心型世界城市一般是全球性的金融及高端商务服务中心。作为重要的国际金融中心，中心型世界城市凭借实力雄厚的金融企业及其遍布全球的庞大分支机构网络，集聚和配置全球资本，发达的全球金融网络为中心型世界城市的生产部门及其在全球生产网络中地位的巩固提供了支撑，进一步增强了中心型世界城市在世界城市体系中的控制力。与金融服务相似，包括律师服务、会计服务、广告服务、管理咨询服务等在内的高端商务服务是中心型世界城市不可或缺的重要功能。一方面，高端商务服务业提供高端知识服务，本身位于价值链的高端；另一方面，高端商务服务业提供的专业知识服务，能够为现代化产业体系提供不可或缺的专业支持，

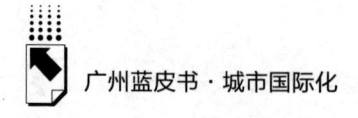

高端商务服务企业通过全球经营网络，汇聚全球创意资源和人才，为现代化产业体系提供不可或缺的专业支撑。

（三）科技创新策源功能

随着知识经济的全球勃兴以及创新驱动的深入推进，科技创新日益成为世界城市特别是中心型世界城市可持续发展和竞争力提升的关键因素。当前，科技创新推动城市发展方式的转变，靠的是知识的不断积累、技术的不断进步、劳动力素质的不断提高。科技创新策源的两大核心特征是"首次"和"源头"，因此，科技创新策源地作为创意源头、策划中心和中枢所在地，科技创新策源功能的强化必然伴随技术创新。科技创新策源能力在产业发展过程中发挥核心作用。人类社会正处在一个大发展大变革大调整时代，城市在世界城市体系中的地位高低和竞争力强弱将直接决定城市能否把握住新科技革命的发展趋势，以及能否强化科技创新策源能力。

（四）高端产业引领功能

中心型世界城市是以高端制造业为代表的实体经济为主体、以高新技术产业以及现代金融业等高端产业板块为龙头，强化产业高端引领功能的主体集聚体。中心型世界城市通过数字化、智能化、绿色化以及融合化发展，以行业龙头企业为引导，带动产业占据全球供应链、产业链高端。从当前世界城市发展路径来看，特别是以中国为代表的欠发达国家中世界城市快速崛起的经验证明，发展服务经济并不是世界城市经济发展的唯一选择。以制造业特别是高端制造业为主的第二产业，越来越多地成为世界城市经济发展的重要选择，中心型世界城市经济发展的新路径是通过制造业带动服务业，实现第二、第三产业融合发展。

（五）高端价值创造功能

一座城市在世界城市体系中的地位，很大程度上取决于其所处的价值链区段。全球资本配置在不同层级的世界城市之间传导，而中心型世界城市往往是价值的创造者和联系的发出者，位于全球产业价值链的高端。在全球生产网络中，从上到下可以将价值的分配分成三个等级，最高等级由跨国公司总部占据，此类总部构建的全球生产网络，在全球范围内拥有最大的资本支配权和收益权；价值链的高端环节聚集在功能中心和地方中心的中间层次，既包括跨国公司内部的功能中心和地区总部，也包括专业服务和金融服务企业的外部分支机构；最低层次则由一般的生产环节组成，这些环节的附加值较低。

（六）开放枢纽门户功能

在全球化与网络化背景下，中心型世界城市往往是世界城市网络的中心城市和开放城市。这些城市依托发达的交通基础设施而成为较高等级与能级的交通枢纽，是全球重要的航空枢纽、航运枢纽、铁路枢纽、物流枢纽和信息枢纽。中心型世界城市完善的基础设施全球联系网络，为其全球经济、贸易、创新、人文等联系提供了支撑，使其成为全球各种高端要素资源集聚地、"中转站"、"增值屋"和"调控室"。在城市内部，中心型世界城市通过空、海、陆多维立体交通网络的不断完善，不断畅通内联外通的枢纽网络体系，为城市集聚和配置全球资源提供必需的硬件联系网络。

二 广州建设中心型世界城市的全球比较

为进一步分析广州建设中心型世界城市存在的优势与短板，本文结合主要全球城市评价排名以及城市发展具体指标数据，从全球联系度、综合实力、产业发展、科技创新、绿色发展以及基础设施等方面，将广州与香港、上海、北京、深圳、纽约、伦敦、巴黎、东京、新加坡、洛杉矶等国内外主要全球城市进行对比分析。

（一）现代服务业全球联系度居前列，金融科技基础良好

根据全球知名城市评级机构全球化与世界城市研究网络（GaWC）基于

175家金融与高端商务服务企业在全球分支机构网络情况，对全球主要城市网络联系度进行的评价，并在此基础上进行等级划分。2016年，广州的全球联系度排名第40，在国内仅次于香港（Alpha+）、北京（Alpha+）、上海（Alpha+）和台北（Alpha-），首次进入世界一线城市的Alpha级别。2022年，广州的全球联系度排名第34，与2020年持平。2020~2022年，受新冠疫情影响，除个别全球主要城市外，其他全球主要城市的联系度绝对值均呈现不同程度下降，全球整体网络联系度下降了12.3%。2022年，广州的全球联系度绝对值较2020年下降了5474个基点，较大程度上低于伦敦、香港、纽约等领先的全球主要城市，11.12%的降幅也低于全球整体下降水平；2022年，广州的全球联系度相对值为43.4，与2020年相当（见表1）。广州对外联系的全球化程度值从2020年的0.8下降到2022年的0.56，但与国内城市之间的联系得到进一步强化。产生这一现象的主要原因在于：一方面，受新冠疫情影响，全球各个地区市场和要素联系度整体降低；另一方面，我国加快构建新发展格局，国内大循环得到进一步畅通，国内各城市和地区之间的联系更加紧密。

表1　GaWC部分Alpha级别城市及其排名

排名	城市	2020年全球联系度		城市	2022年全球联系度	
		绝对值	相对值		绝对值	相对值
1	伦敦	113344	100.0	伦敦	100825	100.0
2	纽约	97551	86.1	纽约	90944	90.2
3	香港	79705	70.3	香港	72796	72.2
4	新加坡	74080	65.4	北京	72292	71.7
5	上海	73359	64.7	上海	70779	70.2
6	北京	72655	64.1	迪拜	69872	69.3
7	迪拜	72087	63.6	新加坡	68863	68.3
8	巴黎	68654	60.6	巴黎	68158	67.6
9	东京	68403	60.3	东京	63520	63.0
10	悉尼	64897	57.3	米兰	60495	60.0
11	洛杉矶	62467	55.1	悉尼	59487	59.0
12	多伦多	62022	54.7	洛杉矶	56764	56.3

续表

排名	城市	2020年全球联系度		城市	2022年全球联系度	
		绝对值	相对值		绝对值	相对值
13	孟买	61450	54.2	圣保罗	55353	54.9
14	阿姆斯特丹	61133	53.9	孟买	54950	54.5
15	米兰	59789	52.8	芝加哥	54647	54.2
16	法兰克福	59207	52.2	法兰克福	53841	53.4
17	芝加哥	56685	50.0	马德里	53437	53.0
18	圣保罗	55810	49.2	多伦多	52530	52.1
19	吉隆坡	55672	49.1	华沙	52530	52.1
20	墨西哥城	55636	49.1	墨西哥城	52127	51.7
21	马德里	55282	48.8	吉隆坡	51824	51.4
22	莫斯科	55200	48.7	阿姆斯特丹	50211	49.8
23	雅加达	54950	48.5	伊斯坦布尔	49505	49.1
24	布鲁塞尔	54296	47.9	雅加达	49303	48.9
25	华沙	52491	46.3	首尔	49001	48.6
26	首尔	52320	46.2	卢森堡	48799	48.4
27	约翰内斯堡	51220	45.2	布鲁塞尔	48295	47.9
28	苏黎世	51081	45.1	布宜诺斯艾利斯	47085	46.7
29	墨尔本	50792	44.8	台北	45976	45.6
30	伊斯坦布尔	50382	44.5	约翰内斯堡	45674	45.3
31	曼谷	50175	44.3	波哥大	44464	44.1
32	斯德哥尔摩	49384	43.6	斯德哥尔摩	44161	43.8
33	维也纳	49372	43.6	苏黎世	44061	43.7
34	广州	49232	43.4	广州	43758	43.4
35	都柏林	49143	43.4	墨尔本	43556	43.2
36	旧金山	49012	43.2	维也纳	43052	42.7
37	台北	48174	42.5	里斯本	42548	42.2
38	布宜诺斯艾利斯	48044	42.4	利雅得	42347	42.0
39	慕尼黑	47676	42.1	曼谷	41943	41.6
40	卢森堡	47623	42.0	都柏林	41540	41.2

资料来源：广州市社会科学院与GaWC合作研究报告。

根据国家高端智库中国（深圳）综合开发研究院与英国智库Z/Yen集团在2023年3月发布的"全球金融中心指数"（GFCI）第33期榜单，广州排名第34，较上期下降了9位，在国内次于香港、上海、深圳和北京（见

表2）。广州在第24期榜单和第27期榜单的排名中曾进入全球前20，近年来排名有所波动，在一定程度上是全球宏观经济环境使然，但总体上对广州在"全球金融中心指数"榜单中的排名影响有限。广州在全球金融科技中心排名中较为突出，2023年排名第11，较大程度上高于其在"全球金融中心指数"榜单中的排名。

表2 2022~2023年广州及主要全球城市在"全球金融中心指数"榜单中的排名及得分变化

城市	2022年(第32期)		2023年(第33期)	
	排名	得分	排名	得分
纽约	1	760	1	760
伦敦	2	731	2	731
新加坡	3	726	3	723
香港	4	725	4	722
旧金山	5	724	5	721
洛杉矶	7	722	6	719
上海	6	723	7	717
芝加哥	12	717	8	716
波士顿	14	715	9	715
首尔	11	718	10	714
华盛顿	15	714	11	713
深圳	9	720	12	712
北京	8	721	13	711
广州	25	704	34	690

资料来源：中国（深圳）综合开发研究院与英国Z/Yen集团发布的"全球金融中心指数"第32期、第33期榜单。

（二）城市综合实力持续增强，产业高端化有待提升

根据科尔尼管理咨询公司发布的《2022年全球城市指数报告》，广州城市综合实力排名第56（见表3），在国内仅次于北京、香港、上海和台北。在基于居民幸福感、经济状况、创新和治理四个维度发布的2022年全球潜力城市指数排行榜中，广州排名第26，比2021年跃升8位（见表4），在国内仅次于台北和深圳。科尔尼管理咨询公司认为，广州独特的市民文化、有

竞争力的房价和性价比较高的居住环境，使其在人力资本和文化体验两个指标上优势明显。广州丰富的高等院校资源以及教育、医疗等公共配套资源，有利于其持续吸引人才，进而充实人力资本和丰富文化体验。

表3 2018~2022年广州与主要全球城市的全球城市指数排名情况

城市	2018年	2019年	2020年	2021年	2022年
纽 约	1	1	1	1	1
伦 敦	2	2	2	2	2
巴 黎	3	3	3	3	3
东 京	4	4	4	4	4
香 港	5	5	6	7	10
洛杉矶	6	7	7	5	6
新加坡	7	6	9	9	9
芝加哥	8	8	8	8	7
北 京	9	9	5	6	5
上 海	19	19	12	10	16
广 州	71	71	63	60	56
深 圳	79	79	75	74	73

资料来源：《2022年全球城市指数报告》。

表4 2018~2022年广州与主要全球城市的全球潜力城市指数排名情况

城市	2018年	2019年	2020年	2021年	2022年
纽 约	2	24	27	18	6
伦 敦	3	1	1	1	1
巴 黎	4	5	5	2	2
东 京	14	6	4	7	25
香 港	54	52	62	54	86
洛杉矶	30	43	52	62	55
新加坡	5	2	3	10	20
芝加哥	15	38	23	57	54
北 京	47	39	32	23	27
上 海	64	51	45	30	30
广 州	59	65	54	34	26
深 圳	52	49	41	26	15

资料来源：《2022年全球城市指数报告》。

城市经济总量方面，2021年广州市地区生产总值（GDP）为28231亿元，虽然只有纽约的40%左右，但高于新加坡、香港等城市；人均经济水平方面，2021年广州人均GDP为15.1210万元，仅为洛杉矶的11%和纽约的19%，与伦敦、巴黎和东京等顶级全球城市的差距也较大；地均产出方面，2021年广州地均GDP为3.7973亿元/平方千米，高于北京和巴黎，但与其他主要全球城市之间差距较大，仅为纽约的6.58%和洛杉矶的8.86%，与国内的香港、深圳和上海相比，分别只有其17.71%、24.74%和55.71%（见表5）。可见，作为城市经济体的广州，虽然经济规模已与世界中等发达国家相当，但人均GDP水平与国外标杆性城市相比，仍存在差距。

表5　2021年广州与主要全球城市的经济实力

城市	GDP（亿元）	人均GDP（万元）	地均GDP（亿元/平方千米）
纽　约	71160	79.6136	57.6910
伦　敦	42993	47.7700	27.2625
巴　黎	42548	38.6800	3.5457
东　京	66426	47.5831	30.8241
新加坡	25063	43.9702	34.3988
洛杉矶	52070	133.5128	42.8560
香　港	23740	32.0811	21.4453
上　海	43214	17.3760	6.8156
北　京	40269	18.3961	2.4538
广　州	28231	15.1210	3.7973
深　圳	30664	17.4624	15.3514

资料来源：根据国外各城市统计部门公布的数据以及国内城市统计年鉴数据计算。

从产业发展情况来看，广州生产性服务业占GDP比重较高，但高端生产性服务业与国内外标杆城市相比仍有差距。根据2023年《财富》世界500强榜单，广州拥有的世界500强企业数量为6家（见表6），相较于上一期榜单增加了2家，但与部分全球城市或国内一线城市相比，差距还比较明显。

表6　2023年部分全球城市高端生产性服务业情况

城市	世界500强企业（家）	总部企业联系度	全球金融中心指数
纽约	16	90.4	760
伦敦	9	100	731
巴黎	11	67.7	710
东京	29	62.8	703
洛杉矶	—	56.2	719
香港	6	72.5	722
上海	12	70.5	717
北京	53	72.1	711
广州	6	43.6	690
深圳	10	41.3	712

资料来源：2023年《财富》世界500强榜单、"全球金融中心指数"第33期榜单。

（三）创新资源与基础较好，创新全球策源能力待提升

英国《自然》增刊《2023自然指数-科研城市》显示，广州的排名已跃居世界第8。[①] 根据世界知识产权组织（WIPO）发布的《2022年全球创新指数报告》，深圳—香港—广州创新集群的创新指数连续三年位居全球第2，仅次于东京—横滨。中国科学技术信息研究所通过原始创新力、技术创新力、创新驱动力、成果转化力、创新治理力五个维度对城市创新能力进行评价，广州在其发布的《国家创新型城市创新能力评价报告2022》中位列第4。由此可见，广州已拥有丰富的创新资源，创新基础良好。从创新发展的具体维度指标得分来看，广州在产业变革全球驱动力方面领先洛杉矶、华盛顿和香港；在科学研究全球引领力方面仅领先深圳；在创新要素全球聚集力和技术创新全球策源力方面仅领先香港；在创新环境全球支撑力方面排主要全球城市的最后一位（见表7）。由此可见，广州与旧金山—圣何塞、纽约、东京、北京等全球创新核心枢纽均存在较大差距，创新能力仍需进一步提升。

---

① 《全球科研城市排名广州跃升第八》，《广州日报》2023年11月30日。

表7　广州与主要全球城市创新能力得分

城市	综合得分	具体维度指标得分				
		创新要素 全球聚集力	科学研究 全球引领力	技术创新 全球策源力	产业变革 全球驱动力	创新环境 全球支撑力
旧金山—圣何塞	100	100	97	100	100	94.7
纽约	95.6	95.3	92.8	93.7	91.8	100
东京	95	89.2	95.6	97.6	94.6	91.7
伦敦	94.8	93.8	95.8	90.2	91.2	99.2
北京	94.4	86.5	100	92.5	97.9	87.7
波士顿	94.3	97.9	94	91.4	90.4	92.4
巴黎	92.3	92.1	95.9	88.2	89	91.5
洛杉矶	88.8	93.4	91.7	86.3	79.8	89.5
上海	88.4	85	90.4	85.6	90.4	86.7
华盛顿	87.2	82.6	99.7	83.7	72	97.7
深圳	87.1	81.5	84.4	93.1	89.8	82.4
广州	82.6	78.4	86.1	81.1	84.5	80.5
香港	77.5	77.5	87.1	76	63.7	84.9

资料来源：WIPO发布的《2022年全球创新指数报告》、华东师范大学全球创新与发展研究院发布的《全球科技创新中心发展指数2022》。

根据2ThinKnow最新发布的《全球创新城市指数2023》，广州排名第100，较2022年回落了49位；从近5年平均排名来看，北京、上海、深圳和广州分别为第28、第32、第52和第85（见表8）。这表明近年来的新冠疫情全球大流行等外部因素对广州在全球创新体系中的排名影响较大，也在一定程度上反映了广州创新策源能力以及在全球创新体系中的韧性有待提升。

表8　广州及主要全球城市在全球创新体系中的得分及排名

城市	2023年排名	2023年得分	2022年排名	近5年平均排名
东京	1	59	1	1
伦敦	2	57	11	5
纽约	3	56	3	3
巴黎	4	55	10	7
新加坡	5	55	5	5

续表

城市	2023年排名	2023年得分	2022年排名	近5年平均排名
洛杉矶	6	55	20	9
波士顿	7	54	2	6
首尔	8	54	7	10
旧金山	9	53	12	8
休斯敦	10	53	8	13
北京	28	50	19	28
上海	46	48	15	32
深圳	74	46	26	52
广州	100	45	51	85

资料来源：历年《全球创新城市指数》。

（四）城市绿色发展基础好，绿色发展水平仍需提升

对2023年主要全球城市绿色发展水平的对比，主要从生态环境、绿色生活和绿色产业三个方面来进行（见表9）。生态环境方面，广州人均公园绿地面积为23.3平方米，仅低于香港、伦敦和新加坡，在主要全球城市中居于前列；广州森林覆盖率达到41.9%，仅低于新加坡、香港、北京和洛杉矶，且与北京和洛杉矶的差距仅在3个百分点以内，森林覆盖率总体较高；广州空气质量指数为34，空气质量优于北京、巴黎、新加坡，与洛杉矶持平，但与东京、香港和纽约等城市相比还有一定差距；根据2023年10月公布的数据，广州$PM_{2.5}$浓度为8毫克/立方米，低于新加坡、北京、巴黎等城市，与上海持平，且与伦敦、东京等城市差距不大，表明广州空气质量已处于较高水平。绿色生活方面，广州废物管理水平指数为46.08，仅高于纽约和北京，与新加坡、东京等城市仍有较大差距，在城市废物无害化处理方面，广州还有待进一步提升。绿色产业方面，广州绿色金融指数为530，在主要全球城市中仅高于香港，表明广州绿色产业发展的金融支持能力有待进一步提升。

表9　2023年主要全球城市绿色发展水平

城市	生态环境				绿色生活	绿色产业
	人均公园绿地面积（平方米）	森林覆盖率（%）	空气质量指数	$PM_{2.5}$浓度（毫克/立方米）	废物管理水平指数	绿色金融指数
纽约	13.6	24	17	10.7	43.86	578
伦敦	25.5	24.8	29	7.6	58.61	590
巴黎	16	27	61	18	50.92	543
东京	9	37.8	12	7	67.53	533
新加坡	25	70	48	49.2	76.38	541
洛杉矶	18	43.2	34	5.9	58.47	552
香港	37.1	67	16	5.4	52.03	516
上海	9.1	18.5	30	8	53.88	540
北京	16.6	44.8	67	40	42.13	534
广州	23.3	41.9	34	8	46.08	530
深圳	15	39.2	24	4	52.24	537

资料来源：Numbeo数据库、各城市统计年鉴、The Official Website of the City of New York、London Datastore、东京都统计年鉴、AIRPARIF等；IQAir；Global Green Finance Index 10。

（五）基础设施全球联系密切，空、海运输能力持续提升

改革开放以来，广州港口航运、机场航空、高速铁路、城际轨道、高快速路网等海陆空交通基础设施快速发展，基本形成骨架清晰、网络发达、配套完善和服务周全的交通系统，空港、海港、铁路港、高快速路网及信息港"五港合一"优势明显，特别是空港和海港建设取得了突出的成绩，初步体现出广州国际综合交通枢纽的地位。2022年，中国内地机场客货运都受新冠疫情影响较大，其中航空客运受影响最为明显，旅客吞吐量远低于境外主要全球城市。2022年广州白云国际机场旅客吞吐量仅为2610.5万人，不到疫情前的一半，但仍高于北京和深圳，只比拥有双机场的上海少275万人。航空货运量方面，2022年广州白云国际机场完成货运吞吐量188.48万吨，高于纽约、伦敦、新加坡、北京和深圳等城市。随着广州航空运输逐渐恢

复，2023年广州白云国际机场旅客吞吐量达到6317.3万人，同比增长141.95%；货邮吞吐量203.1万吨。① 可见，广州航空运输在全球仍具有较强竞争力。

广州在海运方面的表现也十分突出。2023年广州港口货物吞吐量6.75亿吨，较2022年增长2.9%，位居全球港口第5，在主要全球城市中仅次于上海，货物吞吐量为上海的81%。集装箱吞吐量方面，2023年广州港实现2541.11万标准箱，在全球港口城市中位居第6，在主要全球城市中排在上海港、新加坡港、深圳港之后。② 根据历年《新华·波罗的海国际航运中心发展指数报告》，广州由2018年的第18位上升到2020年的第13位，并在2021～2023年保持该排名（见表10）。

表10 2018～2023年主要全球城市新华·波罗的海国际航运中心发展指数排名变化

排名	2018年	2019年	2020年	2021年	2022年	2023年
1	新加坡	新加坡	新加坡	新加坡	新加坡	新加坡
2	香港	香港	伦敦	伦敦	伦敦	伦敦
3	伦敦	伦敦	上海	上海	上海	上海
4	上海	上海	香港	香港	香港	香港
5	迪拜	迪拜	迪拜	迪拜	迪拜	迪拜
6	鹿特丹	鹿特丹	鹿特丹	鹿特丹	鹿特丹	鹿特丹
7	汉堡	汉堡	汉堡	汉堡	汉堡	汉堡
8	纽约/新泽西	纽约/新泽西	雅典	雅典/比雷埃夫斯	纽约/新泽西	雅典/比雷埃夫斯
9	东京	休斯敦	纽约/新泽西	纽约/新泽西	雅典/比雷埃夫斯	宁波/舟山
10	釜山	雅典	东京	宁波/舟山	宁波/舟山	纽约/新泽西
其他	广州（第18位）	广州（第16位）	广州（第13位）	广州（第13位）	广州（第13位）	广州（第13位）

资料来源：根据历年《新华·波罗的海国际航运中心发展指数报告》整理。

① 《广州空港经济区管理委员会2023年工作总结及2024年工作计划》，广州空港经济区管理委员会网站，2024年3月14日，http://kgw.gz.gov.cn/xxgk/gzzj/content/post_9539238.html。
② 《融通发展 湾区聚变》，"新华网"百家号，2023年6月12日，https://baijiahao.baidu.com/s?id=1768488510768343346&wfr=spider&for=pc。

互联网基础设施方面，根据 2023 年最新数据，广州移动网络网速为 88.84Mbps，领先伦敦、东京、新加坡和香港等主要全球城市，但与北京的 202.01Mbps 和上海的 186.77Mbps 仍有一定差距；广州固定宽带网速为 151.43Mbps，领先伦敦、巴黎、东京和深圳等城市，但与新加坡、北京、香港、上海、纽约等城市存在一定差距（见表 11）。

表 11　主要全球城市的全球联系度

城市	互联网		空港		海港	
	移动网络网速（Mbps）	固定宽带网速（Mbps）	货运吞吐量（万吨）	旅客吞吐量（万人）	集装箱吞吐量（万标准箱）	货物吞吐量（万吨）
纽　约	133.35	228.86	143	5528.8	949	11493
伦　敦	52.95	93.58	135.1	6161.4	—	—
巴　黎	93.26	148.24	192.56	5747.4	—	—
东　京	46.32	137.26	239.93	5033.4	493	8533
新加坡	81.41	254.65	186.96	5870	3747	59964
洛杉矶	114.01	202.56	248.98	6592.4	991	20710
香　港	53.91	243.59	419.89	6079	1780	21373
上　海	186.77	236	311.72	2885.4	4730	76970
北　京	202.01	254.44	111.62	2298.6	—	—
广　州	88.84	151.43	188.48	2610.5	2541.11	67498.45
深　圳	93.67	108.76	150.70	2156.3	3004	47548

资料来源：中国社科院发布的 World Port Rankings-2015、《全球城市竞争力报告》、国际机场协会发布数据等；SpeedTest；One Hundred Ports 2023 by Lloyds；空港数据为 2022 年，互联网、海港数据为 2023 年。

三　广州建设中心型世界城市的对策

（一）完善国际枢纽网络，提升全球资源配置能力

围绕战略突破点，抢抓全球供应链中心建设机遇，促进广州国际贸易中心进一步升级为全球产业链、供应链中心。通过建设创新型、引领型全球海

洋中心城市,以科技创新强化广州经略海洋的全球竞争力。紧紧围绕"向空要强,向海要兴"的发展思路,高标准建设国际航空枢纽、国际航运枢纽以及联通世界的世界级铁路枢纽和轨道系统,进一步提升经济发展质量以及要素配置效率。立足扩大内需、加快推动服务消费升级战略,优化营商环境,切实回应中小微企业的发展诉求,优化土地、人才政策,提升与扩大企业服务政策精准度、落地率和覆盖面,强化要素高端配置功能,提升集聚辐射能力。

(二)强化现代服务业对产业高端化发展的支撑

加大金融科技研发应用力度,加快大数据、人工智能、区块链、云计算、5G等核心技术的研发攻关,助力金融科技更高质量发展。扩大金融市场对外开放,加快推进金融市场国际化的双向开放和资本要素的深度融通。完善与我国经济实力和人民币国际地位相适应、具有较强全球资源配置功能的中小微企业融资服务体系,丰富绿色金融产品,打造国际金融中心。加强与扩大全球范围内高端商务服务的联系和影响,培育及壮大本地高端商务服务企业,打造一批具有较高国际影响力的高端商务服务企业,包括律师事务所、广告公司、会计师事务所等。支持本土商务服务企业利用"一带一路"契机,跟随本土企业对外投资"走出去"提升全球服务水平;加大对境外知名高端商务服务企业的引进力度,提升对全球高端商务服务资源利用水平。

(三)以外贸高质量发展引领国际枢纽门户建设

深入开展开放型经济新体系建设探索。探索建设能级更高、层次更深、要求更新的自由贸易港区,争取南沙自贸区获得更大的改革自主权。构建以负面清单为核心的全过程投资管理体制,推动投资自由化、贸易便利化和政府服务化改革,以及构建面向国际高标准的投资贸易规则体系。打造货运物流商贸网络,连接共建"一带一路"城市。推进数字贸易跨境服务集聚区建设,深化服务贸易创新发展。通过打造供应链公共服务和专业服务平台,提升综合服务能力。深化服务贸易创新发展试点，推进服务贸易扩大开放，吸引更多供应链核心环节向广州集聚。打造立足全国、面向全球的供应链、产业链集群，促进现代流通体系建设，加快供应链总部企业集聚。

（四）提升自主创新能力，强化科技策源新动能

通过推进科技自立自强、建设世界级先进制造业集群等关键举措，让城市更具全球竞争力和区域辐射带动能力。优化重大战略领域前瞻布局，开展关键核心零部件自主研发和新技术新方法研究，提高技术自主率。支持高校、科研院所自主开展基础研究，为有能力、有志向的科学家创造有利环境。制定及完善更加系统的科技创新引导与激励政策，进一步提升企业在创新体系中的主体地位，加快构建顺畅高效的创新成果转移转化体系。构建更加灵活有效的人才评价激励机制，放大创新融合的辐射带动效应。构建市场化和政府投入协同并进的新型举国体制，积聚力量攻克"卡脖子"技术。

（五）重点聚焦"一带一路"，提升对外开放水平

深入推进国际开放合作枢纽和国际交往中心建设，加快推动城市全球化进程。全球化时代，城市的能级与活力都与其广泛而深入地融入现代化的重要标志——全球化的城市网络的程度相关。广州作为我国对外开放的前沿阵地，必须加快从国际大都市向更高能级的中心型世界城市跃升的步伐，并进一步在城市现代化方面走在前列。抓住共建"一带一路"的历史性机遇，着力加强与东盟、中东、非洲、南太平洋等地区的经贸交流与合作。加强国际组织的创立，积极引进国际组织分支机构，争取国际组织区域总部落户广州，加强税收减免、准入落地、户籍管理、出入境管理等方面的政策创新，提升对国际组织的吸引力。为共建"一带一路"节点城市提供政府公共产品，明确城市国际形象规划定位，打造国际化营商环境。

（六）深化生态绿色发展理念，建设宜居幸福城市

顺应当前全球生态转型发展趋势，将习近平生态文明思想和观念融入城

市发展和建设，通过打造优美宜居的城市生活环境，满足人民对高品质生活的需求，同时提升广州在全球城市体系中的软实力以及核心竞争力。通过打造岭南品质新家园、打造彰显山水城脉的公共空间、打造融城融园的植物园城市、发展人文交通的绿色智慧、打造安全韧性低碳先锋城等重点举措，让城市的魅力更强、更足，发展更可持续。通过确定责任主体、制定根本制度、强化长效教育、明确重点抓手，实现人口与环境、环境与资源协调发展，从而调控人口与经济、社会与环境的关系。

参考文献

谢婼青：《科技创新策源能力：影响因素与提升路径》，《上海经济研究》2023年第2期。

李粲：《全球价值链视角下世界城市体系的层级解析》，《城乡规划》2021年第6期。

黄丙志、石良平：《世界城市视角下国际贸易中心的当代"节点"特征》，《上海经济研究》2010年第11期。

唐子来、李粲：《迈向全球城市的战略思考》，《国际城市规划》2015年第4期。

周振华：《世界城市理论与我国现代化国际大都市建设》，《经济学动态》2004年第3期。

周振华：《全球化、全球城市网络与全球城市的逻辑关系》，《社会科学》2006年第10期。

韩骥等：《全球城市宜居性评价及发展趋势预测——以上海市为例》，《华东师范大学学报》（自然科学版）2017年第1期。

B.3
广州迈向中心型世界城市：综合评价、国际比较与建设思路

韩永辉 沈晓楠[*]

摘　要： 广州迈向中心型世界城市，是新型城市高质量发展的重要战略方向。广州作为国家中心城市、综合性门户城市和粤港澳大湾区核心城市，需在中国高水平对外开放，实现中国式现代化伟大进程中，勇担责任，明晰目标，建设先行区，当好排头兵。因此，本文从国际比较的视野出发，对标目前主要的世界城市发展情况，使用熵权TOPSIS法，综合评价广州的优势基础以及劣势短板，发现广州在商贸活动、交通枢纽、教育文化三个维度的得分较高。然而，在经济发展、开放程度和科技创新三个维度提升空间较大。因此，面向未来，广州迈向中心型世界城市的发展重点应从商贸物流逐渐转向科技创新、先进制造业、国际化转型等，实现城市高质量国际化发展。

关键词： 广州　中心型世界城市　国际比较　熵权TOPSIS法

一　广州迈向中心型世界城市的背景

当前，全球经济逐渐复苏。2024年1月30日，在通胀减缓和增长平稳的环境下，国际货币基金组织（IMF）将2024年全球增速上调为3.1%，高于前期预测0.2个百分点。世界各主要城市展现了强大的韧性，在积极恢复全球贸

---

[*] 韩永辉，博士研究生导师，珠江学者，广东外语外贸大学广东国际战略研究院教授，研究方向为世界经济、产业经济、城市国际化；沈晓楠，广东外语外贸大学广东国际战略研究院硕士研究生。

易、人员流动等方面取得了突出进展。广州作为国家中心城市、综合性门户城市和粤港澳大湾区核心城市，肩负引领建设国家高质量发展的重要使命。①2023年4月，习近平总书记在广州考察时强调，广州"继续在高质量发展方面发挥领头羊和火车头作用"②。2024年1月15日，广州市代市长孙志洋在政府工作报告中，提出广州着眼建设"中心型世界城市"的愿景，③ 未来广州要积极建设成为开放之城、海洋之城、枢纽之城、创新之城。《广州面向2049的城市发展战略规划》中也提出"建设出新出彩的中心型世界城市"的总体愿景，围绕"国际商贸中心、全国先进制造业基地、全国综合性门户、国际科技创新中心重要承载地"四大核心功能发展。

学界对"世界中心城市"的定义进行了广泛的讨论。世界城市的概念出自学者 Patrick Geddes 写于 1915 年的《进化的城市》一书。Peter Hall 也对世界城市进行了定义，认为世界城市一般是主要的政治、贸易、金融、人才、信息等中心。④ 1986 年，Friedmann 提出世界城市假说（World City Hypothesis），认为世界城市是全球经济的连接点和汇集地。此外，国外学者还通过"国际城市"（international city）、"全球城市"（global city）等相关概念来进行研究。例如，美国学者 Saskia Sassen 认为"全球城市"在国际政治事务中具有一定影响力，是全球经济的"掌控者"、主要证券交易所的集聚地、高新技术产业及科创基地、国际交通枢纽。⑤ 与之相比，世界城市则更强调历史和功能性。随着全球化进程加速，更多的学者、机构对世界城市的定义、特征进行研究，认为世界城市通常是具有国际重要性和知名度的城市，在政治、经济、社会、文化上发挥积极作用。

---

① 韩永辉、沈晓楠、麦炜坤：《粤港澳大湾区提升产业链供应链现代化水平研究——基于规则衔接机制对接的视角》，《长安大学学报》（社会科学版）2023 年第 5 期。
② 《继续在高质量发展方面发挥领头羊和火车头作用》，光明网，2023 年 5 月 15 日，https://difang.gmw.cn/gd/2023-05/15/content_36561545.htm。
③ 《邓毛颖：以高水平规划引领广州建设中心型世界城市》，广州市人民政府网站，2024 年 1 月 17 日，https://www.gz.gov.cn/zt/jj2024gzlhzt/lhgjc/csjs/content/post_9446855.html。
④ Peter Geoffrey Hall, *The World Cities*（World University Library, 1966）.
⑤ S. Sassen, *The Global City*: *New York*, *London*, *Tokyo*（Princeton University Press, 1991）.

广州是华南地区产业门类最为丰富的城市，坚持"制造业当家"，经济发展具有较强韧性，科技创新基础不断巩固，人居环境条件较为优越，国际交往能力不断彰显，具有迈向中心型世界城市的现实基础。然而，在充分肯定广州发展潜力的同时，要看到广州作为超大城市和老城市，与国际大都市相比，仍然存在经济社会发展不平衡、城市国际合作水平不高与国际竞争力影响力不足等问题。因此，本文从国际比较的视野出发，对标目前主要的世界城市发展情况，使用熵权TOPSIS法，综合评价广州的优势基础以及劣势短板，为广州下一步发力迈向中心型世界城市提供建设思路。

二　研究方法

（一）评价指标体系构建

中心型世界城市，是国际大都市的高阶形态，"中心"强调广州要在社会经济活动中处于主导地位，是各领域发展的增长极，是人流、物流、资金流、信息流等的集聚地。"世界"则强调广州是世界网络的主要连接点，是生产、市场、政治、社会网络的衔接基础节点。面对新形势，广州需要从过往的出口导向型发展模式逐渐转向建设新发展格局，实现经济高质量发展和结构升级调整。[①] 因此，在把握中心型世界城市典型特征的基础上，在中国式现代化指导下，参考《"十四五"新型城镇化实施方案》以及《广州面向2049的城市发展战略规划》的总体远景、发展定位、核心功能，从经济发展、开放程度、商贸活动、科技创新、教育文化、交通枢纽六个维度，构建13个二级指标19个三级指标的中心型世界城市发展综合评价指标体系（见表1）。

其中，经济发展维度包括了区域生产总值、人均生产总值、劳动生产率、就业率4个指标，反映了城市的综合经济水平、生产力以及世界影响

---

① 韩永辉、谭舒婷：《跨越"中等收入陷阱"、新发展格局和高质量发展——基于拉美和日韩国际经验的比较和启示》，《南方金融》2021年第6期。

力。开放程度维度包括了进出口额占 GDP 比重、国际友好城市结对数量、国际事务参与指数 3 个指标，主要反映了货物和服务业对外贸易情况，以及对外边境开放程度、参与国际事务的程度。商贸活动维度则包括了全球 500 强企业数量、企业创业生态指数、国际展览联盟（UFI）认可展览数量、全球金融中心指数 4 个指标，反映了城市内企业的竞争力、创业生态、商贸和金融服务水平。科技创新维度则从创新城市和科研水平 2 个层面着手，分析城市的创新动力。教育文化维度从教育水平、政治文化 2 个层面出发，分析世界城市的教育文化集中程度。交通枢纽维度则聚焦城市的信息以及交通通达程度。

表 1　中心型世界城市发展综合评价指标体系

一级指标	二级指标	三级指标	数据来源	指标属性
经济发展	居民收入	区域生产总值	各市统计局	正向
		人均生产总值	各市统计局	正向
		劳动生产率	Euromonitor Passport 数据库	正向
	就业情况	就业率	Euromonitor Passport 数据库	正向
开放程度	对外贸易	进出口额占 GDP 比重	各市统计局	正向
	对外交往	国际友好城市结对数量	国际友好城市联盟、各市政府外事办公室	正向
		国际事务参与指数	《国际交往中心城市指数 2022》报告	正向
商贸活动	企业活动	全球 500 强企业数量	《财富》	正向
		企业创业生态指数	StartupBlink	正向
	商务交往	UFI 认可展览数量	UFI	正向
	金融服务	全球金融中心指数	国家高端智库中国（深圳）综合开发研究院与英国智库 Z/Yen 集团	正向
科技创新	创新城市	全球创新城市指数	2ThinKnow	正向
	科研水平	科研城市指数	《自然》	正向
教育文化	教育水平	人力资源排名	科尔尼管理咨询公司	负向
	政治文化	政治参与度排名	科尔尼管理咨询公司	负向
		文化参与度排名	科尔尼管理咨询公司	负向
交通枢纽	数字网络	互联网参与率	Euromonitor Passport 数据库	正向
	交通连通	航空旅客数量	Euromonitor Passport 数据库	正向
		城轨交通运营里程	各市统计局	正向

（二）研究对象及数据来源

本研究选取了10个主要世界城市（纽约、伦敦、巴黎、东京、新加坡、香港、北京、上海、深圳、广州）进行发展水平评价比较分析。该指标体系中所采用的数据主要来源于北京、上海、广州、深圳《2023年经济运行情况》，香港特区政府统计处，澳门统计暨普查局，中国交通运输部，欧睿信息数据库 Euromonitor-Passport，新加坡统计局，英国国家统计局，法国国家统计局，日本统计局，美国国际贸易管理局，东京税关。除此之外，本研究还综合使用了2023年《财富》世界500强榜单、StartupBlink 发布的《2023年全球创业生态系统指数报告》、国家高端智库中国（深圳）综合开发研究院与英国智库 Z/Yen 集团联合发布的第34期"全球金融中心指数"（GFCI 34）、2ThinKnow 发布的《全球创新城市指数2023》、《自然》增刊《2023自然指数-科研城市》、科尔尼管理咨询公司发布的《2023年全球城市指数报告》。此外，考虑到数据可获得性，在本次评价中，对外交往使用的数据为国际友好城市联盟、各市政府外事办公室公开数据以及清华大学中国发展规划研究院和德勤中国联合发布的《国际交往中心城市指数2022》、GaWC 世界城市排名则使用2020年数据。

（三）研究方法

中心型世界城市由于是一个综合性的概念，需要进行多指标体系的综合评价。为了避免主观赋权中人为因素的干扰，本文采取熵值法进行测算，对指标权重进行客观赋值，确保测算结果更具有科学性与客观性。此外，本文还采用了优劣解距离法（TOPSIS），解决多目标决策分析的问题，进行综合评价。因此，本文采用熵权 TOPSIS 法进行测度，具体方法如下。

首先，对原始数据进行标准化处理。设定 a_{ij} 为 i 城市 j 指标数值，对正向指标和负向指标进行不同的处理：

$$a'_{ij} = \begin{cases} \dfrac{a_{ij} - a_{\min}}{a_{\max} - a_{\min}}, & a_{ij} \text{ 是正向指标} \\ \dfrac{a_{\max} - a_{ij}}{a_{\max} - a_{\min}}, & a_{ij} \text{ 是负向指标} \end{cases} \quad (1)$$

构建无量纲化矩阵 A_{ij}：

$$A_{ij} = a_{ij} / \sum_{i=1}^{m} a_{ij} \tag{2}$$

计算信息熵 e_j：

$$e_j = -\frac{1}{\ln m} \sum_{i=1}^{m} A_{ij} \ln A_{ij} \tag{3}$$

确定权重 w_j：

$$w_j = (1 - e_j)/n - \sum e_j \tag{4}$$

构建加权矩阵 B：

$$B = (b_{ij})nm = [w_j \times a_{ij}]_{m \times n} \tag{5}$$

计算正理想解和负理想解：

$$B_j^+ = (b_1^+, b_2^+, \cdots, b_m^+), b_j^+ = \max b_{ij} \tag{6}$$

$$B_j^- = (b_1^-, b_2^-, \cdots, b_m^-), b_j^- = \min b_{ij} \tag{7}$$

计算欧式距离及理想解的贴近度 C，C 值越大表明中心型世界城市发展水平越高。

$$D_i^+ = \sqrt{\sum_{j=1}^{n} (b_{ij} - b_j^+)^2} \tag{8}$$

$$D_i^- = \sqrt{\sum_{j=1}^{n} (b_{ij} - b_j^-)^2} \tag{9}$$

$$C = \frac{D_i^-}{D_i^+ + D_i^-}, i = 1, 2, \cdots, m \tag{10}$$

三 广州与国际领先城市的比较

（一）城市高质量发展成绩突出，与国际大都市差距明显

经过测算，得到中心型世界城市发展综合评价指数，如表2所示。纽约、

伦敦、东京、巴黎四大传统世界城市依旧居发展前列，得分分别为0.66、0.58、0.52、0.51。随着亚洲飞速发展，北京、上海、新加坡、香港也逐步成为世界城市，得分分别为0.60、0.52、0.44、0.40。然而，广州是中国9个国家中心城市之一，但得分低于上述城市。广州站在中国改革开放的前沿，具有产业基础雄厚、市场空间广阔、企业主体活力强、科创要素集聚、对外开放程度高等显著优势，在迈向中心型世界城市方面具有较大的潜力。

表2　全球部分世界城市发展综合评价指数得分情况

排名	城市	得分	排名	城市	得分
1	纽约	0.66	6	巴黎	0.51
2	北京	0.60	7	新加坡	0.44
3	伦敦	0.58	8	香港	0.40
4	东京	0.52	9	广州	0.27
5	上海	0.52	10	深圳	0.20

从细分指标来看，广州在交通枢纽、教育文化、开放程度三个维度的得分较高，分别为0.39、0.34、0.31。其中，交通枢纽、开放程度得分与其余9市平均得分相近（见图1）。这体现出广州作为"千年商都"，产业基础扎实，连续多年入选Alpha级别世界一线城市，是国际商贸中心，也是珠江出海口附近的天然良港，交通便利，背靠珠江流域广阔腹地，面向海上丝绸之路，因而成为华南地区经济中心和商贸都会。然而，在经济发展、商贸活动和科技创新三个维度的得分仍有待提升。因此，面向未来，广州的发展重点应从商贸物流逐渐转向科技创新、先进制造业、国际化转型等，实现城市高质量国际化发展。

（二）经济总量保持较快增速，传统制造业动能有限

在经济发展维度，广州排名第八，得分为0.21，低于大部分主要世界城市（见表3）。2023年，面对经济的波浪式恢复和曲折发展，广州全力以赴推动经济回升向好，名义GDP达到30355.73亿元（约为4307.78亿美元），首次突破3万亿元，同比增长4.6%，位居全国第四（见图2）；广州人均GDP

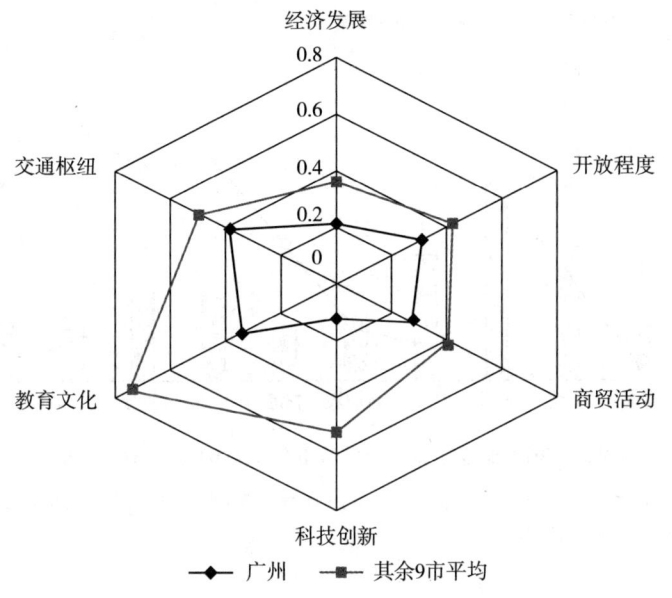

图1 广州与其余9市平均得分比较

达161634元（约为1517.98亿美元），增长4.5%。然而，广州仍与纽约、伦敦、巴黎、东京等世界城市差距较大，增长速度略低于北京、上海等国内城市。从就业情况来看，2023年，广州城镇新增就业33.01万人，高于北京（28.1万人）、深圳（19.66万人）。

表3 全球部分世界城市经济发展指数得分情况

排名	城市	得分	排名	城市	得分
1	纽约	0.70	6	上海	0.29
2	东京	0.47	7	北京	0.25
3	巴黎	0.39	8	广州	0.21
4	伦敦	0.38	8	深圳	0.21
5	新加坡	0.33	10	香港	0.17

从产业结构层面剖析，广州依托汽车、化工、电子三大支柱产业发展，传统制造业占比较高。广州坚持"产业第一、制造业立市"，大力发展实体经济。2023年，广州规模以上工业增加值同比增长1.4%，战略性新兴产业

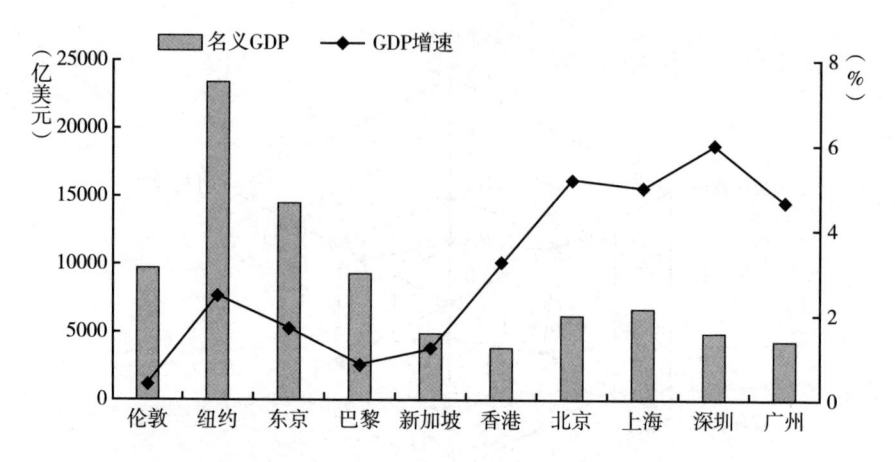

图 2　2023 年全球部分世界城市名义 GDP 及 GDP 增速

资料来源：北京市统计局、上海市统计局、深圳市统计局、广州市统计局、Euromonitor Passport 数据库。

增加值占 GDP 的 30%以上。广州构建了覆盖传统制造业、先进制造业、战略性新兴产业和现代服务业在内的 21 条重点产业链群，政企合力打造强韧性产业供应链，建造国际一流先进制造业集群。广州虽然在工业制造业方面规模较大，但产业高端化、服务业现代化仍显不足，导致对经济增长贡献有限，而其余 9 市则在信息服务业、金融业、先进制造业等方面具有显著优势。广州正全面推进新型工业化，大力发展新型储能、新能源汽车、生物制造等战略性新兴产业和未来产业，加快传统产业数字化转型，提升金融业发展水平，构建具有国际竞争力的现代化产业体系。纽约在 20 世纪 50 年代至 80 年代经历了深刻的产业变革，传统制造业市场份额逐渐降低，金融业等服务业加速崛起。目前，纽约已形成以知识经济为主导，以金融业、制造业、文化创意产业为三大支柱的产业结构。伦敦的服务业高度发达，形成了以金融服务业与专业服务业为主导，电子信息产业、文化创意产业、房地产业等崛起的服务业多元化发展格局，形成了经济发展的强大动力。

（三）高水平开放体制不断完善，贸易规模小于其他世界城市

在开放程度维度，广州得分为 0.31，仍有较大提升空间，主要被国际事务参与度和外贸依存度拉低（见表4）。从进出口数据来看，香港、新加坡是传统自由贸易港，依托优越的地理位置和港口优势，积极推进贸易、投资、金融、人口流动的自由化便利化，且对大多数商品免征关税或税费较低，成为全球领先的开放型经济体，因此在对外贸易方面得分较高。2023年，广州进出口额则低于其他世界城市（见图3），为10914.28亿元（约1517.98亿美元），同比增长0.1%，占广东省外贸总额的13.1%。广州传统的优势基础为加工贸易，但近年来由于地缘政治因素扰动以及产业链转移影响，外贸发展动能有所不足，贸易结构从加工贸易逐渐调整为一般贸易。面对外贸形势的不确定性，广州紧抓粤港澳大湾区建设的开放机遇，深入推进开放型经济体制改革，推动贸易投资便利化，以做强外贸，扩大对外合作，打好外贸、外资、外包、外经、外智"五外联动"组合拳。2023年，广州海关接连出台了"促进外贸高质量发展36项""优化营商环境20条"等一系列措施，聚焦物流通道、开放平台、外贸规模结构、经营主体、产供链稳定、营商环境等方面，持续优化海关服务，促进外贸高质量发展。广州是"一带一路"的关键节点，其战略地位日趋重要。2023年，广州海关在广州国际港累计监管进出口班列599列，发运标箱约5.5万个。2023年广州新设外资企业超6600家，增长90%，高技术产业实际利用外资增长11.9%[①]，将有望持续推动广州的新型工业化建设，实现产业优化和经济的高质量发展。

表4 全球部分世界城市开放程度指数得分情况

排名	城市	得分	排名	城市	得分
1	巴黎	0.55	6	香港	0.44
2	北京	0.52	7	新加坡	0.33
3	上海	0.49	8	东京	0.33
4	伦敦	0.47	9	广州	0.31
5	纽约	0.45	10	深圳	0.24

① 广州市人民政府网站，https://www.gz.gov.cn/m_index.html。

图 3　2023年全球部分世界城市进出口额

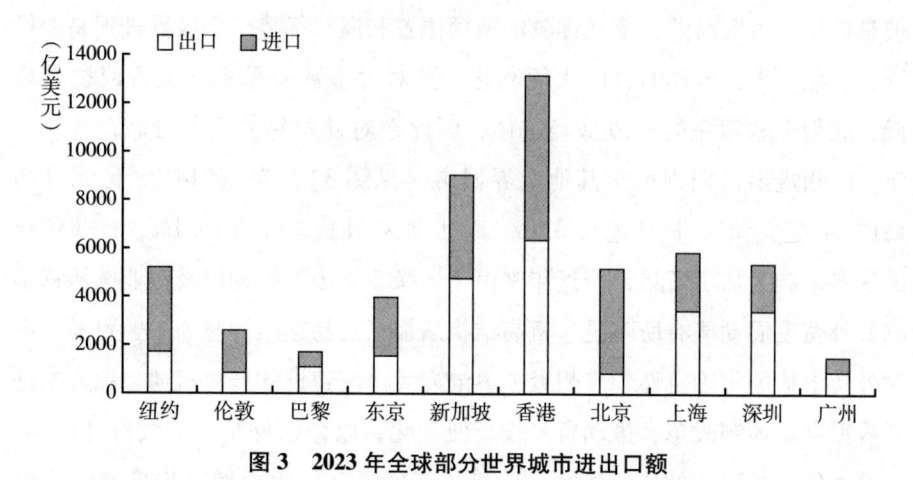

资料来源：Euromonitor Passport 数据库、美国国际贸易管理局、东京税关，以及香港特区政府统计处、北京市统计局、上海市统计局、深圳市统计局、广州市统计局。

然而，对外高水平开放不仅是货物贸易的开放，也是服务贸易、人员跨境流动等的高度开放。在国际友好城市结对数量方面，截至2023年12月，广州与38个城市建立了国际友好城市关系（见表5），与67个城市建立了国际友好合作交流城市①，在国内的水平较为靠前。然而，广州在参与国际事务方面与世界一流城市差距较大，影响开放程度整体得分。截至2023年底，在穗领事馆达到68个，城市国际影响力较大、国际合作程度较高，但和国际城市仍有差距（见图4）。巴黎在国际事务参与指数得分中排名第一（见表6），具有较高的国际事务承办能力和国际活动影响力，广州则以65.1的得分排名第33。巴黎汇聚了200余家国际组织机构，如联合国教科文组织、经济合作与发展组织（OECD）、国际商会（ICC）等国际组织的总部均设于巴黎，广州则与之差距较大。

---

① 国际友好合作交流城市指的是已签订加强友好合作交流备忘录或意向书的城市。

表5 截至2023年12月中国部分城市的市级国际友好城市数量

单位：个

城市	市级国际友好城市数量	城市	市级国际友好城市数量
上海	72	杭州	31
北京	55	天津	29
广州	38	武汉	29
成都	37	深圳	24
重庆	31	厦门	23

资料来源：各市人民政府外事办公室。

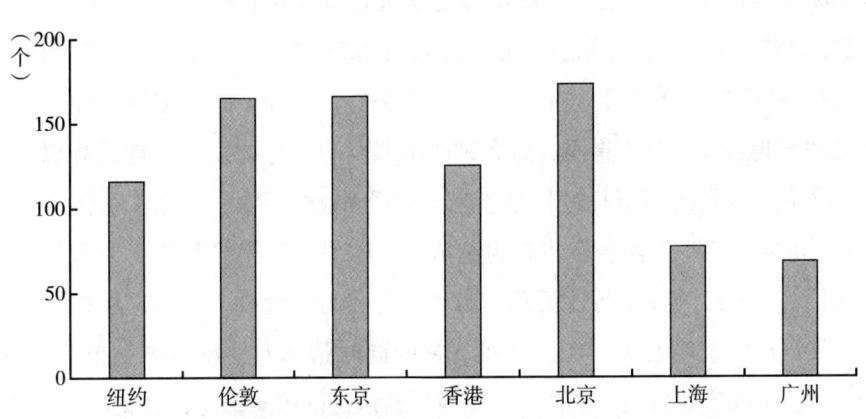

图4 截至2023年底全球部分世界城市大使馆或领事馆数量

资料来源：根据网络公开资料整理。

表6 国际事务参与指数得分排名前20的城市

城市	得分	城市	得分
巴黎	100.0	北京	79.7
华盛顿	99.2	莫斯科	79.1
伦敦	95.3	内罗毕	78.6
维也纳	90.5	首尔	78.2
纽约	90.2	新加坡	75.3
日内瓦	89.0	哥本哈根	74.8
罗马	84.8	香港	73.2
东京	82.5	墨西哥城	72.4
马德里	81.7	慕尼黑	71.1
柏林	80.5	巴塞罗那	71.1

资料来源：《国际交往中心城市指数2022》。

（四）商贸主体和世界展会活跃，龙头企业带动力待提升

在商贸活动维度，北京、纽约、香港得分位列前三（见表7），广州与之差距主要体现在全球500强企业数量和企业创业生态指数上，但近年来差距不断缩小。2023年《财富》世界500强榜单中，北京的上榜企业数量为53家，远超其余城市（见图5），居全球榜首，北京、东京、纽约、首尔和上海的上榜企业数量合计占比达到1/4。广州的上榜企业数量则从2022年的4家增加至2023年的6家，广州工控以365.9亿美元营业收入上榜，排名第414，广新控股以353.7亿美元营业收入上榜，排名第427，二者均为总部位于广州市的国资投资集团，且都将制造业作为主要业务方向，前者是一家聚焦先进制造领域的产业运营及投资集团，后者则瞄准新材料、生物医药与食品等战略性新兴产业，以科技创新打造发展优势。从粤港澳大湾区上榜企业名单（见表8）可见，广州上榜企业主要为制造业，体现了广州"制造业当家"的产业布局，以及广州商贸行业活跃，市场运行良好。此外，广州也重视中小企业发展，从资金端发力，加大财政支持的同时帮助专精特新中小企业融资，全力扶持新兴产业发展。例如，广州对最新认定的国家级专精特新"小巨人"企业，一次性给予100万元资金拨款奖励，且不需要再次申报。2023年末，全市市场主体总量达340万户，同比增长7.7%，全年新增市场主体134万户，全年新增新设立"四上"企业1704家，同比增长13.1%。①

表7　全球部分世界城市商贸活动指数得分情况

排名	城市	得分	排名	城市	得分
1	北　京	0.63	6	深　圳	0.31
2	纽　约	0.55	7	巴　黎	0.29
3	香　港	0.46	8	新加坡	0.29
4	上　海	0.45	9	广　州	0.27
5	伦　敦	0.45	10	东　京	0.26

---

① 《2023年广州经济运行情况》，广州市统计局网站，2024年1月25日，https://tjj.gz.gov.cn/zzfwzq/sjjd/content/post_9459953.html。

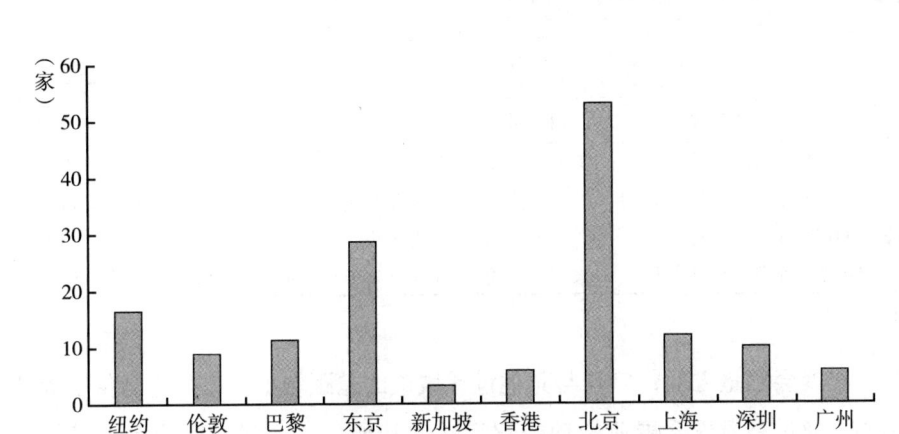

图 5　2023 年《财富》世界 500 强上榜企业数量分布情况

表 8　2023 年《财富》世界 500 强粤港澳大湾区上榜企业名单

单位：亿美元

公司名称	城市	行业	营业收入	利润
中国平安保险(集团)股份有限公司	深圳	保险业	1815.7	124.5
中国华润有限公司	香港	多元化金融	1216.4	46.6
中国南方电网有限责任公司	广州	公用设施	1136.7	15.2
华为投资控股有限公司	深圳	网络、通信设备	954.9	52.8
正威国际集团有限公司	深圳	金属产品	905.0	14.9
腾讯控股有限公司	深圳	互联网服务	824.4	279.8
广州汽车工业集团有限公司	广州	车辆及零配件	773.4	6.2
万科企业股份有限公司	深圳	房地产	749.0	33.6
招商局集团有限公司	香港	邮件、包裹及货物包装运输	732.8	84.7
招商银行股份有限公司	深圳	商业银行	723.2	205.2
碧桂园控股有限公司	佛山	房地产	639.8	-8.9
比亚迪股份有限公司	深圳	车辆及零配件	630.4	24.7
联想集团有限公司	香港	计算机、办公设备	619.5	16.1
美的集团股份有限公司	佛山	家用电器	513.9	43.9
中国电子信息产业集团有限公司	深圳	电子、电气设备	403.3	-5.0
顺丰控股股份有限公司	深圳	交通运输、物流、仓储业	397.7	9.2
广州市建筑集团有限公司	广州	工程与建筑	392.6	1.5
中国太平保险集团有限责任公司	香港	人寿与健康保险	387.1	1.1
深圳市投资控股有限公司	深圳	多元化金融	378.9	9.1
怡和集团	香港	车辆与零部件	377.2	3.5
广州工业投资控股集团有限公司	广州	工业机械	365.9	2.3

续表

公司名称	城市	行业	营业收入	利润
广州医药集团有限公司	广州	制药	353.8	3.1
广东省广新控股集团有限公司	广州	多元化金融	353.7	3.5
长江和记实业有限公司	香港	专业零售	335.2	46.8
立讯精密工业股份有限公司	东莞	电子和电子元器件	318.2	13.6

在展会数量方面,广州与其他世界城市的差距较小。广州作为传统商贸中心,通过高质量会展业推动经贸活动的开展。2023 年,广州重点场馆累计举办展览 373 场,合计展览面积 1089 万平方米,分别同比增长 100%、2.5 倍。① 其中,2023 年,中国进出口商品交易会(以下简称"广交会")开始恢复线下展览,有效带动人流、物流、资金流、信息流的高度集聚,进一步提升国际影响力和成交规模,广交会的"金字招牌"再增新成色、实现新突破。党中央、国务院高度重视广交会,李强总理 2023 年 8 月在广东调研时对秋季广交会作出明确指示。2023 年 11 月 4 日,第 134 届广交会线下展正式落幕,来自 229 个国家和地区的境外采购商参与了此次广交会。线下参会的境外采购商共有 19.8 万人,比上一届增长 53.4%。12 月 1~3 日,2023 年"读懂中国"国际会议在广州举办,习近平主席向会议致贺信,指出要继续以高水平开放促进高质量发展,稳步扩大制度型开放。②

在金融服务方面,国际金融中心地位及竞争力不断提升与增强。在 GFCI 34 排名中,广州位列第 29,虽然低于其余 9 市(见表 9),但已有明显提升,高于 2017 年的第 37。当前,广州金融系统围绕服务实体经济、防控金融风险、深化金融改革三大任务,共建粤港澳大湾区国际金融枢纽,加速发展金融服务业,为实体经济高质量发展赋能。2023 年,广州市金融业增加值 2736.74 亿元,同比增长 7.5%,增速居北上广深津渝六大城市第一位。

---

① 资料来源于广州市商务局网站。
② 《习近平向 2023 年"读懂中国"国际会议(广州)致贺信》,中国政府网,2023 年 12 月 2 日,https://www.gov.cn/yaowen/liebiao/202312/content_6918188.htm。

表9 GFCI 34排名前12的城市

城市	排名	城市	排名
纽　约	1	上　海	7
伦　敦	2	华盛顿	8
新加坡	3	芝加哥	9
香　港	4	日内瓦	10
旧金山	5	首　尔	11
洛杉矶	6	深　圳	12

资料来源：国家高端智库中国（深圳）综合开发研究院与英国智库Z/Yen集团联合发布的GFCI 34。

（五）高端创新资源集聚遭遇瓶颈，城市创新生态体系有待完善

广州城市定位从以往的强调都会门户功能转向侧重老城市新活力、"四个出新出彩"，发展重点从重视商贸物流功能逐步转向科技创新、先进制造业、国际化转型等，配合粤港澳大湾区发展战略，积极激励人工智能、数字经济发展，[①] 加快数字化、绿色化、国际化转型，建成国际一流智慧城市，实现城市高质量发展。广州也在不断贯彻落实创新驱动发展战略，聚焦"科学发现、技术发明、产业发展、人才支撑、生态优化"全链条，根据《自然》增刊《2023自然指数-科研城市》的排名，广州从2018年的第15跃升至2023年的第8。此外，根据世界知识产权组织的相关数据，东京—横滨、深圳—香港—广州、首尔、北京、上海—苏州是2023年全球创新能力较强的五大创新集群。广州目前形成了以2个国家级最高科研机构（广州实验室、粤港澳大湾区国家技术创新中心），2个国家重大科技基础设施（人类细胞谱系大科学装置、冷泉生态系统），以及国际大科学计划、国家未来产业科技园、国家新型显示技术创新中心、4家省实验室、10多家高水平创新研究院等N家重大创新平台为基础的"2+2+N"科技创新平台体系[②]，重大创新平台接力落地，战略

[①] 张玉梅、吴先明、高厚宾：《资源"集聚"与"辐射"视角下国际创新中心的成长机制研究——以粤港澳大湾区为例》，《中国工业经济》2022年第11期。

[②] 资料来源于广州市科学技术局网站。

科技力量不断加强，为广州的科技创新增添新动力。然而，广州城市创新生态体系建设相对较弱，影响高端创新资源进一步集聚。广州科技创新指数得分为0.12，低于大多数世界城市（见表10）。在澳大利亚智库机构2ThinKnow公布的《全球创新城市指数2023》中，广州排名世界第100（见表11），显著低于其余世界城市。文化资产、人力设施和市场联通反映了城市创新所需的要素，也反映了各个城市科技创新的潜力。广州在文化资产和人力设施两个方面与其余世界城市差距较大，在吸引高端创新人才等方面动力有待加强。从研究与试验发展（R&D）经费投入强度来看，2022年，北京研究与试验发展经费投入强度为6.83%，投入规模为2843.3亿元，上海投入强度为4.44%，投入规模为1981.3亿元，①而广州投入强度为3.43%，投入规模近千亿元②（见图6），广州城市创新生态体系的完善还有很长的路要走。

表10 全球部分世界城市科技创新指数得分情况

排名	城市	得分	排名	城市	得分
1	北京	0.81	6	新加坡	0.51
2	纽约	0.71	7	上海	0.50
3	东京	0.57	8	香港	0.29
4	巴黎	0.57	9	深圳	0.19
5	伦敦	0.56	10	广州	0.12

表11 2023年全球创新城市指数部分世界城市排名及得分情况

城市	排名	总得分	文化资产得分	人力设施得分	市场联通得分
东京	1	59	19	20	20
伦敦	2	57	18	20	19
纽约	3	56	17	19	20

---

① 《2022年全国科技经费投入统计公报》，国家统计局网站，2023年9月18日，https://www.stats.gov.cn/sj/zxfb/202309/t20230918_1942920.html。
② 《2022年广州市主要科技活动情况公报》，广州市统计局网站，2023年11月30日，https://tjj.gz.gov.cn/stats_newtjyw/tjsj/tjgb/qtgb/content/post_9351710.html。

续表

城市	排名	总得分	文化资产得分	人力设施得分	市场联通得分
巴 黎	4	55	18	18	19
新加坡	5	55	17	19	19
北 京	28	50	16	16	18
上 海	46	48	15	15	18
香 港	58	47	13	15	19
深 圳	74	46	13	16	17
广 州	100	45	13	14	18

资料来源：澳大利亚智库机构 2ThinKnow 公布的《全球创新城市指数 2023》。

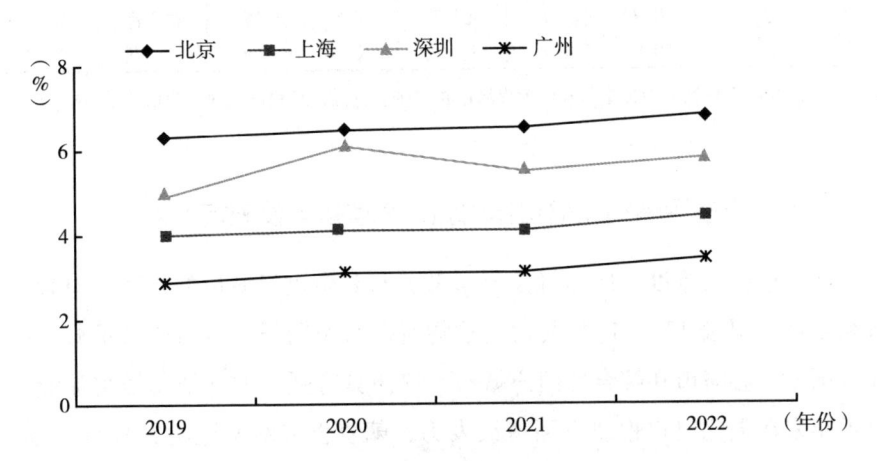

图 6　2019~2022 年北上广深研究与试验发展经费投入强度

资料来源：2019~2022 年《全国科技经费投入统计公报》《深圳市科技经费投入统计公报》《广州市主要科技活动情况公报》。

（六）教育文化要素资源丰富，文化产业开发配置不足

在教育文化维度，纽约、伦敦、东京、巴黎四大传统世界城市得分较高，具有世界顶尖的教育资源和丰厚的历史文化（见表 12）。广州也具有丰富的教育科研资源，集聚了广东省过半的高校。作为岭南文化中心地，广州具有深厚的历史底蕴和文化积淀，发展基础良好。2023 年，广州文化体育

和娱乐业营业收入同比增长31.9%，文化艺术业、娱乐业营业收入分别增长1.2倍和54.9%，旅行社及相关服务同比增长1.3倍。①但整体而言，广州的文化资源配置还有待优化，需要在文化资源的开发利用方面进一步探索。截至2024年2月，广州仅有2个国家5A级旅游景区②，北京有9个、上海有5个、重庆有12个，③广州已开发的旅游资源并不够突出，与打造世界级旅游目的地和国际文化旅游消费城市仍有较大距离。

表12　全球部分世界城市教育文化指数得分情况

排名	城市	得分	排名	城市	得分	排名	城市	得分
1	纽约	0.99	4	巴黎	0.86	7	新加坡	0.71
2	伦敦	0.99	5	北京	0.85	8	香港	0.69
3	东京	0.96	6	上海	0.74	9	广州	0.34

注：深圳由于在细分指标中与其他世界城市相比排名较低，经数据处理后测量结果为0。

（七）交通运输物流枢纽作用强，大型基础设施接力落地

在交通枢纽维度，广州得分为0.39，与其余世界城市的差距相对较小，排名第八（见表13）。广州交通运输物流枢纽作用强，市内交通承载力好，作为国家中心城市和综合性门户城市，广州具有强大的交通运输物流能力，且近年来在强化门户枢纽方面持续发力，朝着世界级交通枢纽规划不断前进。2023年，广州交通运输、仓储和邮政业增加值同比增长12.2%，客运量达3.05亿人次，同比增长76.3%。在航空枢纽方面，广州白云国际机场旅客吞吐量达6317.35万人次，同比增长1.4倍。④ 2023年12月31日，广州白云国际机场东四、西四指廊投运，实现了T1、T2两座航站楼的贯通，

---

① 《2023年广州经济运行情况》，广州市统计局网站，2024年1月25日，https://tjj.gz.gov.cn/zzfwzq/sjjd/content/post_9459953.html。
② 《广州市A级景区名录（2023年3月更新）》，广州市文化广电旅游局网站，2023年3月28日，https://wglj.gz.gov.cn/zlxz/content/post_8890731.html。
③ 资料来源于文化和旅游部网站。
④ 《2023年广州经济运行情况》，广州市统计局网站，2024年1月25日，https://tjj.gz.gov.cn/zzfwzq/sjjd/content/post_9459953.html。

成为目前全球最大的单体航站楼。在2023年OAG超大枢纽国际连接度指数中，广州白云国际机场排名第44（见表14）。在铁路公路枢纽方面，广州2023年铁路客运量1.31亿人次，同比增长95.2%；公路客运量7838万人次，同比增长17.9%。① 城市轨道交通反映了城市内外连通的能力，体现了城市要素集聚和流动情况。截至2023年12月，广州城市轨道交通线网总里程达到653千米，"轨道上的大湾区"加速成形，加速都市圈、城市群同城化、一体化发展。广州白云站于2023年12月26日正式竣工通车，一体化枢纽面积达到129万平方米，拉开了广州"高铁进城"建设的序幕，属于全国特大型综合交通枢纽。在航运枢纽方面，2023年，广州港完成货物吞吐量6.75亿吨，集装箱吞吐量2541万TEU，同比分别增长2.91%、2.24%，全球排名分别为第5和第6。② 广州港的船舶平均在泊、在港停时分别为0.62天、0.94天，分别居全球主要港口第1位、第2位，③ 在2023年新华·波罗的海国际航运中心发展指数排名第13（见表15），水平居世界前列。

表13　全球部分世界城市交通枢纽指数得分情况

排名	城市	得分	排名	城市	得分
1	伦敦	0.71	6	新加坡	0.46
2	上海	0.63	7	巴黎	0.42
3	纽约	0.57	8	广州	0.39
4	北京	0.55	9	香港	0.35
5	东京	0.51	10	深圳	0.25

表14　2023年OAG超大枢纽国际连接度指数排名

城市	机场	排名
伦敦	希思罗机场（LHR）	1
纽约	肯尼迪国际机场（JFK）	2
东京	东京国际机场（HND）	5

---

① 《2023年广州经济运行情况》，广州市统计局网站，2024年1月25日，https://tjj.gz.gov.cn/zzfwzq/sjjd/content/post_9459953.html。
② 资料来源于广州市港务局。
③ 《2023年8月全球主要港口远洋国际集装箱船舶平均在港在泊停时》。

续表

城市	机场	排名
仁川	首尔仁川国际机场（ICN）	8
新加坡	新加坡樟宜机场（SIN）	13
上海	上海浦东国际机场（PVG）	32
香港	香港国际机场（HKG）	37
广州	广州白云国际机场（CAN）	44

资料来源：《OAG超大枢纽国际连接度指数2023年报告》。

表15　2023年新华·波罗的海国际航运中心发展指数排名前20的城市

城市	排名	城市	排名
新加坡	1	休斯敦	11
伦敦	2	东京	12
上海	3	广州	13
香港	4	釜山	14
迪拜	5	青岛	15
鹿特丹	6	安特卫普	16
汉堡	7	深圳	17
雅典/比雷埃夫斯	8	奥斯陆	18
宁波舟山	9	墨尔本	19
纽约/新泽西	10	洛杉矶	20

资料来源：《新华·波罗的海国际航运中心发展指数报告（2023）》。

四　广州迈向中心型世界城市的建设思路

围绕迈向中心型世界城市的愿景，广州应做强制造业之基，助力实体经济高质量发展，加强国际交往能力，驱动外部资源、激活内部市场，打造市场化法治化国际化营商环境，完善科技创新环境制度，畅通科研人才流动渠道，加强文化设施建设，打造城市文化品牌，打造世界性交通枢纽。巩固广州在世界城市中经济、产业、文化、交通的中心地位，开辟具有原创性的成长道路，成为竞争力、创新力、影响力卓著的中心型世界城市。

（一）打造全球产供链中心，强化先进制造业之核

一是推动优势产业延链，持续提升城市产业动力。广州需要继续巩固制造业之本，强化先进制造业之核，提升其在横纵向带动产业体系协调运行的功能。围绕新一代信息技术、海洋工程装备、新能源、汽车、智能家电等优势产业，率先培育一批世界级龙头企业和供应商，促进优势产业扩大生产规模，巩固提升优势产业全产业链竞争力。加快既有政策优化，强化重点产业配套支持，加大增量政策力度，发挥"链主"牵引作用。二是加快产业数字化转型，赋能传统制造业转型升级。一方面，深入推动传统工业部门的数字化转型。可针对广州发展基础较好，但发展形态较为传统的产业，给予重点产业转型政策扶持，着力提高传统工业生产过程中的工业装备智能化水平。[①] 根据企业数字化转型面临的短板环节，开展辅导培训等综合服务，集聚战略设计、研发生产、营销管理环节，为企业提供系统解决方案，提供企业数字化转型的系列"工具箱"。兼顾企业个性化需求，为中小企业"量身定制"数字解决方案，集中解决云服务和网络安全系统、员工数字化技术培训等中小企业数字化转型难题。另一方面，要继续推动广州信息制造业发展。在发挥广州制造业传统优势的同时，加速推进信息产业与传统产业相融合。鼓励广州传统优势领域行业巨头企业成立软件和信息化支撑公司，发挥行业巨头企业示范效应，引领行业数字化转型升级。三是推动短板行业补链强链，着力打通产业堵点。在人工智能与数字经济、智能装备与机器人、临空临港制造业等领域积极拓展产业前沿，增强全球配套力、辐射带动力。持续推动现代服务业与先进制造业融合发展，做强产业金融、跨境金融等高端金融市场。

（二）打造对外开放高地，勇当开放排头兵

一是夯实外贸基本盘，全力稳住广州外贸企业国际市场份额，内引外联

[①] 李青、马晶：《大国竞争背景下粤港澳大湾区构建具有国际竞争力的现代化产业体系研究》，《国际经贸探索》2023 年第 3 期。

提振进出口企业经营信心。高标准推动《广州南沙深化面向世界的粤港澳全面合作总体方案》落地施行，加强与广州市商务局、广州市贸促会、港澳生产性服务机构、境外工商社团联动，支持外贸企业深度参与"一带一路"和粤港澳大湾区建设，面向全球拓市场、抢订单、找项目、引人才。抓住《区域全面经济伙伴关系协定》（RCEP）生效实施机遇，主动推进面向协定成员国的合作。夯实贸易产业基础，壮大出口集群规模。加强产业链深度合作，构建外贸产业大集群，抢占"一带一路"、中欧班列等贸易新机遇。助力企业拓展出口市场资源，持续优化产品服务管理体系等。建设万亿级、千亿级出口产业集群。开展国际市场开拓计划，继续高水平办好广交会等重大展会，为企业在国际市场深入合作创造更多机遇。积极规划建设大宗商品、电子元器件、飞机、汽车、农副产品、中高端消费品等连通国内国际双循环的进口基地，加快贸易主体集聚和贸易功能拓展，打造全球性集散枢纽。二是重点关注强链补链项目，开展制造业引资专项行动。围绕"链主企业"和"头部企业"开展精准招商，吸引战略性新兴产业的全球顶尖企业落户广州。积极筹备重大招商活动，洽谈对接世界500强企业和独角兽企业。建立区域与国际行业组织交流基地，提高行业话语权。三是开展未来产业招商、科技项目招商。引进重点产业的高端生产要素和全球未来产业领先企业，创新发展基金招商模式，探索加强与主权财富基金投资的市场化合作，破解科创型外资企业融资难、融资贵、融资慢等问题。四是进一步支持外贸新业态新方式发展，依托综合交通枢纽，做强国际商流物流资金流枢纽。将服务贸易作为建设国际交往中心的重要抓手，做强跨境服务贸易，建设具有中国特色、广州特色的服务出口基地。提高知识密集型服务贸易产品的比重，抢占数字服务贸易新高地。

（三）打造国际商贸中心，着力优化营商环境

紧扣企业全生命周期需求，夯实优化营商环境的"四梁八柱"。一是强化营商环境改革的系统性、集成性，强化营商环境建设的"企业全生命周期"导向。构建集政务便利、开放创新、执法公正、法治保障等优点于一体的营

商环境体系，全力打造法治化营商环境"广州样本"。优化产权保护、市场准入、公平竞争、社会信用。支持专精特新企业形成"销售一代、储备一代、预研一代"的创新格局。优化前沿产业创新生态，政策链条有力覆盖专精特新企业开展的成果转化、小试中试、科技查新、示范应用、试验验证、检验检测、认证许可等流程。探索完善知识产权保护系统性措施，为重点产业园区、企业提供知识产权咨询，如产权评估、纠纷调解、侵权分析等服务。二是在市场准入方面，优化企业登记与退出服务、深化行政审批制度改革，健全涉及市场主体的行政许可的定期评估制度，探索对新业态新模式企业的合理执法"观察期"等监管制度。推动商事登记全程电子化和"一口受理"功能集成，深化商事服务"国际营商通"合作。重视加大创业和产业投资对先进技术应用的推动作用，搭建创新资源与投资机构交流渠道，组建投资平台为先进技术应用和成果转化提供资金支持。三是创新商贸服务，发挥龙头企业引领力，推动多业态融合发展，发展国际商务与数字经济贸易。培育壮大一批具有核心竞争力和国际影响力的龙头企业与高增长企业，实施领航企业培育计划，支持企业聚焦实业，加快建设成为世界一流企业。加快新一代信息技术、人工智能、虚拟现实等数字化技术在商贸活动中的应用、推广。加强对产业链数据的分析利用和共享，打通产业链各环节之间的数据连接障碍。

（四）建设国际性综合交通枢纽，推进各类交通成网贯通

一是提升广州市内海、陆、空的交通链接性，合力增强城市国际竞争力。提升各个交通枢纽间的连接能力，将航空与高铁网络、航空与城轨地铁网络、高铁与城际公交、海运与铁路网络等组成联运网络，将与世界联通的国际航空枢纽、国际海港，同广州市内的交通运输网络相连接，提升交通运输通达能力和辐射能力。① 在客运和货运上实现"四网融合"，将其建设成为四通八达的国际便捷交通网络，构筑广州融入世界的"大通道"。二是优

---

① 陈万灵、温可仪、陈金源：《国际陆海贸易新通道的贸易开放效应研究——基于融入共建"一带一路"视角》，《国际经贸探索》2024年第1期。

化海、空口岸货物通关模式。构建海关监管货物多式联运物流网络，增加"关区物流一体化"试点线路，促进货物在口岸与特殊区域、监管场站间以及口岸间便捷流动。加快口岸现代化建设升级，建设"智慧航线""智慧口岸""智慧海关"，提升通关效率。鼓励航空公司在RCEP成员国、共建"一带一路"国家和地区开辟客货运航线，提升国际航空枢纽的中心性。

（五）对标国际科技创新中心，整合优化全球科技要素

一是聚力吸收国际一流科技创新资源，促进与港澳之间的科技优势互补。强化南沙科创对外辐射效能，拓宽大湾区创新核心区域范畴，持续推动穗港澳之间的科研政策、机制、标准紧密衔接。借助港澳区位优势发挥国际合作模式的作用，吸收更多国际创新资源，并支持来自不同国家、行业、类型的机构共同申请科技项目。推动与港澳共同规划建设国际科技创新中心和综合性国家科学中心，整合三地优势资源，推动科技资源共享、优势互补，最终实现科技集聚效应加速见效。二是推进算力、算法等关键核心技术攻关，打造面向制造业互联创新的超算服务平台。充分发挥粤港澳大湾区国家技术创新中心、广州琶洲人工智能与数字经济试验区、中新广州知识城等科研平台的创新优势，加强基础研究，强化应用基础研究主攻方向，着力突破一批关键共性技术、前沿引领技术、现代工程技术等，为产业发展提供技术上的源头供给。以现有工业仿真云和企业分中心为基础，全力构建面向制造业互联创新的研发计算及数据处理公共服务平台。实现更多领域专业化或社会化云服务平台资源对接，以推动产业链及生态圈资源动态配置和共享。三是完善科技创新环境制度。统筹各种资源强化重大科技创新平台功能，推动各类公共、半公共服务的创新平台、创新载体协同联动发展。优化创新资源配置方式和管理机制，完善技术成果转化公开交易与监管体系。支持企业联合高校、科研院所、应用机构等成立创新联合体或新型研发机构，强化企业科技创新主体地位。引导产学研资源深度对接，提升先进研发成果培育、运用和推广水平。四是大力发展科技金融，加大社会资本对科研成果转化及科技企业孵化的投入，持续实施"科技领头羊""上市苗圃"等培育工程。

（六）对标世界文化中心，强化城市文化软实力

一是拓宽规划视野，讲好广州故事。加快推进现代公共文化服务体系建设，加强博物馆、城市规划馆等各类展馆文体设施规划建设，推动特色文化街区的提质改造升级。以文化遗产、文化设施、文化特色打造城市文化圈。二是完善文化体育运营管理体制，大力促进文化旅游消费。深入贯彻《广州市人民政府办公厅关于加快文化产业创新发展的实施意见》，持续健全文化产业体系和市场体系。三是聚焦广州文化品牌塑造。充分发挥广州作为国家中心城市和综合性门户城市的引领作用，重点打造广州精品文化作品，持续优化广州标志性成果与事件的文艺作品改编，突出广州的红色文化、岭南文化、海丝文化、创新文化等，推动广州优秀传统文化的创造性转化和创新性发展。四是率先探索珠三角及粤港澳大湾区文化合作模式，强化岭南文化中心地和对外文化交流门户的地位，最大化利用好港澳文旅资源。广州可牵头建立粤港澳三地政府的交流合作机制，促进粤港澳三地在文化产业政策、旅游资源、管理经验等方面的交流。同时，推进三地文化企业、文化产业投资者以及社会组织互访学习，促进文旅人才、资金等要素流动。加强国际传播能力建设，全面提升大湾区的国际传播效能，协助构建粤港澳大湾区城市群的区域形象，发挥中国（广州）国际纪录片节、中国（广州）国际演艺交易会等展会的作用，充分结合广州自身优势和特点讲好广州作为开放、科技、人文、宜居之城的故事。

参考文献

Peter Geoffrey Hall，*The World Cities*（World University Library，1966）.
S. Sassen，*The Global City：New York，London，Tokyo*（Princeton University Press，1991）.
陈万灵、温可仪、陈金源：《国际陆海贸易新通道的贸易开放效应研究——基于融入共建"一带一路"视角》，《国际经贸探索》2024年第1期。
韩永辉、沈晓楠、麦炜坤：《粤港澳大湾区提升产业链供应链现代化水平研究——

基于规则衔接机制对接的视角》,《长安大学学报》(社会科学版) 2023 年第 5 期。

韩永辉、谭舒婷:《跨越"中等收入陷阱"、新发展格局和高质量发展——基于拉美和日韩国际经验的比较和启示》,《南方金融》2021 年第 6 期。

李青、马晶:《大国竞争背景下粤港澳大湾区构建具有国际竞争力的现代化产业体系研究》,《国际经贸探索》2023 年第 3 期。

张玉梅、吴先明、高厚宾:《资源"集聚"与"辐射"视角下国际创新中心的成长机制研究——以粤港澳大湾区为例》,《中国工业经济》2022 年第 11 期。

B.4
对标中心型世界城市科创实力能级，以科技创新走廊为核心全力培育广州创新生态体系

广州市城市规划勘测设计研究院课题组*

摘　要： 科技创新越来越成为决定全球经济版图的关键变量。对标中心型世界城市建设目标，借鉴各城市在提升创新主体影响力、强化创新交流开放性、提升创新活动的包容性等方面的相关经验，结合广州科技创新走廊在创新资源、创新主体、创新政策等方面的现状和不足，本文提出三方面优化广州科技创新走廊创新生态体系的建议：一是着力提升创新资源浓度，重点优化国家战略资源规模布局、塑造创新地标、联合打造战略性新兴产业链群等；二是全面提高创新主体互动黏度，优化各类校企空间、多层次交流空间供给布局；三是大力激发创新创业热情，重视金融政策、人才激励政策、专业服务制度等方面的支持，为加快以广州科技创新走廊为核心引领广州创新生态体系的构建提供支撑。

关键词：　科技创新走廊　创新生态　创新转化　创新政策

---

* 课题组组长：邓兴栋，博士，广州市城市规划勘测设计研究院院长，教授级高工，研究方向为国土空间规划、交通规划。课题组成员：霍子文，广州市城市规划勘测设计研究院教授级高工，研究方向为国土空间规划、自然资源资产；韩文超，广州市城市规划勘测设计研究院高级工程师，研究方向为国土空间规划；朱红，广州市城市规划勘测设计研究院高级工程师，研究方向为国土空间规划；许智东，广州市城市规划勘测设计研究院高级工程师，研究方向为国土空间规划；李丹妮，广州市城市规划勘测设计研究院工程师，研究方向为国土空间规划；许永成，广州市城市规划勘测设计研究院工程师，研究方向为国土空间规划；齐嘉杰，广州市城市规划勘测设计研究院工程师，研究方向为国土空间规划。

面向世界之变、时代之变，广州全面提出了建设"中心型世界城市"的未来愿景，并多次部署广州科技创新走廊（以下简称"科创走廊"）发展战略，将其作为推进广州融湾协同发展、锚定全球城市网络发展坐标、提升城市能级量级和全球竞争力的重要抓手。为深入落实国家科技强国战略部署，扛起以发展新质生产力推动高质量发展的使命担当，广州需积极应对全球科技创新集聚化、区域化、网络化发展新趋势，加快以广州科创走廊建设为核心载体，着力优化创新生态体系，坚持以开放的环境、远见的制度滋养创新活力的土壤，激发创新动力活力，推进广州成为国家自主创新道路的开拓者、构筑新质生产力的实践者、全球创新网络的领跑者。

一 优化城市创新生态的重要意义

（一）科技创新成为衡量全球世界城市竞争力的关键变量

在科尔尼管理咨询公司的全球城市指数、森纪念财团的全球实力城市指数等世界知名机构评估体系中，科技创新越来越成为评价全球城市竞争力的关键指标。从伦敦、纽约、东京等中心型世界城市的发展轨迹来看，其在全球金融危机后，纷纷提出了向全球科技创新中心发展的新目标，在新冠疫情后，更是出台了一系列对创业、创新活动的积极扶持政策，以科技创新为引领持续推动发展动力变革。从全球格局变化来看，旧金山（硅谷）、波士顿、上海、深圳等国内外城市也大多依托科技创新发展在各项世界排名中迅速上升，逐渐扩大自身影响力。

（二）以科技创新走廊为载体提升创新集聚力，是推动区域协同创新的新兴路径

在科技竞合、贸易摩擦背景下，跨国公司逐步缩短全球价值链以保障其供应链的稳定性，创新链、产业链、供应链在全球范围内逐渐呈现区域一体化紧密融合布局的新趋势。区域创新共同体变得更加有韧性和生命力，以硅

谷101公路和波士顿128公路、伦敦—剑桥、上海G60为代表的科创走廊越来越成为各城市促进创新发展、区域协同的重要空间载体。广州科创走廊作为粤港澳大湾区广深港科创走廊的重要组成部分,是连接东西、贯通南北的关键纽带,也将是广州贯彻国家共建粤港澳大湾区国际科技创新中心战略部署、落实《广州南沙深化面向世界的粤港澳全面合作总体方案》的重要抓手。

(三)营造创新生态是广州建设国际科技创新中心重要承载地的重要手段

广州作为粤港澳大湾区的核心引擎,在新一轮国土空间总体规划中被赋予"国际科技创新中心重要承载地"的重要地位。广州尽管创新资源丰富,是华南地区的科研重地,但在原始创新实力、关键技术攻关能力、关键产业链供应链的核心控制能力方面仍与中心型世界城市存在一定差距。为此,广州需要进一步释放创新要素的集聚、流动、裂变效应,以优越的创新生态实现科技与产业双向奔赴、城市与大学相互赋能,加快集聚一流的科学家、领军人才和创新团队,一体化推进科技创新强市、教育强市、人才强市建设,以凝聚新质生产力塑造发展新动能新势能。

二 中心型世界城市构建创新生态的经验借鉴

对标纽约、东京、伦敦、波士顿、旧金山等具备雄厚科创实力的中心型世界城市及硅谷101公路、波士顿128公路等全球知名科创走廊,从全球发展经验来看,通过集聚全球高端创新要素、促进创新主体互动、营造创新氛围以持续构建良好的城市创新生态,是全球城市长期焕发创新活力的关键。

(一)以世界一流的创新主体构筑科技创新的强大引擎

中心型世界城市高度重视全球顶尖科技人才和科研设施、世界一流大学、跨国企业总部、各类科技企业等创新要素的持续汇聚力。

1. 持续汇聚国家战略性科技创新力量

东京集聚了日本50%的国家科研机构力量[①]；伦敦集聚了英国约30%的世界级技术创新中心（2010年启动建设UK Catapult Centers）[②]；旧金山硅谷早期发展离不开军工研发和联邦政府的资金支持，目前也集聚了美国航空、能源等领域10余家国家级研究中心[③]；上海近年来更是举全市之力推进光子大科学装置等设施建设，至今已建、在建和规划的大科学装置已达20个[④]，张江科学城也已形成全球规模最大、种类最全的光子科学中心，支撑园区医药企业申报新药临床获批率是全国平均水平的3倍[⑤]。

2. 重视对典型创新空间的长期支持与建设

为了顺应科技创新发展趋势，这些中心型世界城市普遍采取战略聚焦、长期规划、持续投入、精准扶持的方式，推进"小而浓+精而强"创新街区或企业集群建设，使其成为持续迸发创新活力的强劲"心脏"。例如，以纽约硅巷、伦敦科技城和国王十字等为代表的创新街区多为1~3平方千米，旧金山围绕谷歌和苹果等"引擎"公司则形成了2千米企业辐射集群，并进一步支撑带动了硅谷101公路科创走廊、伦敦—剑桥科创走廊和M4科创走廊等创新空间的发展[⑥]。

3. 面向全球引进科技创新人才

这些中心型世界城市普遍奉行全球化的人才观。这些中心型世界城市普遍具有国际人才的储备优势，如伦敦、东京自身已集聚了全国约30%的大

[①] 《解码全球科技创新中心》，《学习时报》2021年7月16日。
[②] 《构建有利于科技经济融合的创新组织案例19：英国弹射中心UK Catapult Centers》，"中国国际科技交流中心"微信公众号，2020年8月24日，https://mp.weixin.qq.com/s/6xDGQXNJWo4OrM2Wp9fg3Q。
[③] 《全球科创中心几大特征上海可借鉴》，《解放日报》2015年5月14日。
[④] 《为中国原始创新提供"国之利器"，上海已建在建和规划的大科学设施达20个》，上观新闻，2023年11月28日，https://export.shobserver.com/baijiahao/html/673349.html。
[⑤] 《远超全国平均水平！国家每批准3款新药，其中就有1款来自上海这个地方》，上观新闻，2021年1月26日，https://export.shobserver.com/baijiahao/html/335391.html。
[⑥] 周振江、石义寿：《世界知名创新走廊的发展经验与启示》，《科技创新发展战略研究》2020年第2期。

学,汇聚了40%以上的国际学生①。此外,这些中心型世界城市均积极推行全球人才吸引政策,如伦敦2012年实施"天狼星计划",为创业团队(至少一半以上是国外居民)提供1.2万英镑创业资金、1年的免费办公室及导师支持、免雇主担保签证等扶持政策②;东京实施"国家战略特区计划"后,创新性设置全球创新签证、放宽入境条件。从效果来看,伦敦外籍雇员比重高达53%③,纽约由移民创办的企业数占全市的50%以上④,硅谷地区更有高达60%的科技和工程领域毕业生来自国外⑤。全球人才的支撑,为中心型世界城市集聚创新智慧、孕育跨国企业、布局全球市场奠定了良好基础。

(二)以开放多元的交互场景打造科技创新的加速器

随着虚拟数字、交通畅联等的普及化,创新场景遍在化和创新系统开放化趋势日益明显,建设高品质、高复合、高可达的交流场景对释放创新转化的乘数效应变得尤为关键。

1. 打造高等教育与城市科技紧密耦合发展的科研场景

旧金山斯坦福大学是这个方面的最早实践者,成立的"斯坦福工业园"开启了校企合作的先河,目前校产企业产值约占硅谷的60%,有近4万家企业可以寻根斯坦福⑥;波士顿麻省理工学院则开展"工业联络计划",每年

---

① 《中国城市群发展潜力排名》,"格上财富"微信公众号,2024年2月26日,https://mp.weixin.qq.com/s/nnwKZU61LxgbR-MQ23MQ3g;《全球城市发展战略的经验及启示:以东京为例》,"国际城市观察"微信公众号,2019年11月26日,https://mp.weixin.qq.com/s/zK9AsLE7X-rZBZLuVMSCqA。

② 《为何中国创业者都瞄准了伦敦?》,"英国创业中心"微信公众号,2016年6月16日,https://mp.weixin.qq.com/s/I53u2b3za1TBixrKa_HCQg。

③ 《东伦敦科技城:"破落后巷"如何逆袭为"欧洲硅谷"?》,"产城绿洲"微信公众号,2023年12月8日,https://mp.weixin.qq.com/s/MGpvXW8smKwjEZEz3d7ogA。

④ 《观点丨世界四大湾区人才流动比较分析及启示》,"香蜜湖智库"微信公众号,2022年8月13日,https://mp.weixin.qq.com/s/EOnc1WsvPjXaPV6bxzjAPg。

⑤ 《硅谷公司吸引顶流人才的文化战略》,"蜜蜂学堂"微信公众号,2022年5月11日,https://mp.weixin.qq.com/s/j1c_ppcpmQ_ai-xXaGp4LQ。

⑥ 《美国高科技神话(3):人人皆知硅谷,硅谷成功的秘诀是什么?》,"北山浮生"微信公众号,2021年3月31日,https://mp.weixin.qq.com/s/gznvM8QSMFBKvOOD0R0s3w。

产生600余个校企合作项目①；纽约为了增强高校创新的作用，推出"应用科学计划"，推动研究学院、实验室、短期培训机构等学术资源的导入，将支撑1000家创业公司孵化②。

2. 重视国际交往和科技交流中心建设

科技论坛、峰会或展览等活动也逐渐成为城市、企业、人才嵌入创新网络的重要渠道。例如，伦敦已经持续十年举办欧洲最顶尖的前沿创新科技展览会"伦敦科技周"，2023年52%的观众是领导者与决策者③，极大加强了企业的交流；2023年，上海市承办的第六届世界顶尖科学家论坛吸引了来自25个国家和地区，包括27位诺贝尔奖得主在内的100余位海外顶尖科学家，有效建立了与国际科学界的高端对话纽带④。

3. 推进开放平台建设，构建数据共享场景

促进数字信息高效流动成为一致共识。纽约通过实施"链接纽约"（LINKNYK）项目，改造了280千米长的旧管道，安装光纤线路，形成了全球规模最大、速度最快的免费无线网络，同时建立了"数字纽约"（Digital.NYC）网站、开放数据平台（NYC Open Data）等，汇聚创业信息、城市发展信息，形成数字社区中央平台⑤。伦敦于2010年启动"中央数据平台"（London Datastore）建设，至今已形成2000个开放和非开放的可共享数据集，极大推进了数据联合运用⑥。

---

① 《波士顿"128科创走廊"，"生物经济"发展教科书》，"丈量城市"微信公众号，2022年5月16日，https://mp.weixin.qq.com/s/mp2No_ZQXZ1wrgzzf8iCuQ。
② 《纽约"硅巷"科创崛起的秘密》，"丈量城市"微信公众号，2023年4月3日，https://mp.weixin.qq.com/s/Ml1VMbQ8ywC0KdOpBoYBCw。
③ 《伦敦科技周：启航2024》，"伦敦发展促进署"微信公众号，2023年11月23日，https://mp.weixin.qq.com/s/fNbW4c0v8PO1MYfUZ2NUTQ。
④ 《300余位全球科学家共聚上海，最大规模年度科学盛宴即将召开——2023世界顶尖科学家论坛焕发新气象，开启新征程》，"世界顶尖科学家论坛"微信公众号，2023年10月30日，https://mp.weixin.qq.com/s/OWLK_mGnxHoqM64SWx9Vrw。
⑤ 《从硅谷到硅巷：城市更新之科技回归都市》，"蓉城政事"微信公众号，2018年1月18日，https://mp.weixin.qq.com/s/7YJ9mQ8kaw3doU8PLfIB0g。
⑥ 《智慧城市丨伦敦——全球领先的开放数据中心》，"伦敦发展促进署"微信公众号，2023年4月7日，https://mp.weixin.qq.com/s/YgJfZtFpXYWGNux733GkWg。

4. 坚持营造以人为中心、创意创新融合碰撞的生活场景

麻省理工学院研究显示，80%的产品和服务上的突破性创新来源于专职人员的非正式交流①。伦敦、纽约、东京等城市高密度的博物馆、剧院设施等，营造了艺术与创新互相促进的良好氛围，据统计，伦敦每天有2851个社群活动②。此外，推进科研办公、零售、餐饮、共享空间等功能的复合化，营造开放、自由的场所也成为一大重要趋势。例如，伦敦科技城规定每个开发项目必须包含1个临街商铺，将核心区约25%的总建筑面积用作公共零售空间③；波士顿要求肯德尔广场面向主要街道的75%地面层用于商业及服务功能等④。

（三）以包容和激励的创新氛围构筑持续科技创新的源泉

全球引发创新风暴的城市或区域，均以浓郁的创新氛围和艰苦奋斗的创业精神助推了创新发展的历史性跨越，这离不开以下三个方面。

1. 保障初创企业的发展空间

纽约市政府在2010年出台"众创空间计划"，目的是保障环境良好、租金低廉的工作空间，并提供面向中小科技公司的实验空间等（已搭建3个公共实验平台）以及自由制造空间，促进纽约成为近15000家初创公司的"栖息地"⑤，其中约9000家集聚在硅巷地区⑥。波士顿政府则专门针对保留和扩大初创企业的生存空间开展《肯德尔中心广场规划研究》⑦，成立具有

---

① 《园区案例｜开放创新成就"欧洲大脑"——荷兰埃因霍温高科技园》，"产城绿洲"微信公众号，2022年8月26日，https：//mp.weixin.qq.com/s/cqEwOs53gsCqqf1Em2q8Ow。
② 《伦敦科技周：启航2024》，"伦敦发展促进署"微信公众号，2023年11月23日，https：//mp.weixin.qq.com/s/fNbW4c0v8PO1MYfUZ2NUTQ。
③ "Future Shoreditch Area Action Plan"（《肖尔迪奇地区行动规划》），英国哈克尼区政府官网。
④ "Kendall Square Final Report 2013"（《肯德尔广场最终报告2013》），波士顿剑桥地区政府官网。
⑤ 《从硅谷到硅巷：城市更新之科技回归都市》，"蓉城政事"微信公众号，2018年1月18日，https：//mp.weixin.qq.com/s/7YJ9mQ8kaw3doU8PLfIB0g。
⑥ 《新财观｜地方经济高质量发展六大攻略》，新华财经网站，2023年7月10日，https：//www.cnfin.com/hg-lb/detail/20230710/3892874_1.html。
⑦ 任俊宇、刘希宇：《美国"创新城区"概念、实践及启示》，《国际城市规划》2018年第6期。

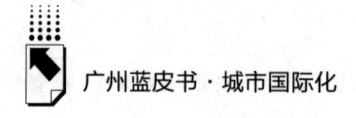

政府性质的剑桥创新中心（CIC）等，至今肯德尔广场企业中80%为初创企业①。

2. 营造潜心研究的环境

东京对大学教师和科研人员没有设立太多的人才评价或选拔机制，并降低职称要求、减少竞争性研究经费等，其诺贝尔奖获得突破性成果的人才平均年龄多为40岁左右的中青年②。上海则于2021年首创"基础研究特区"，提出10年稳定支持、5~10年不考核等制度③，制订"探索者计划"，探索政府与企业多元投入，共同储备关键技术雏形等④。

3. 依托活跃的资本市场增加创业机会

硅谷平均每年正常风投量约300亿美元，大约占全美风投量的37%⑤；波士顿地区生命科学领域风投资金占美国生命科学领域风投资金总额的24.6%⑥。伦敦根据研发年限、类型、资金需求等专门针对初创企业设立了"小企业研究计划"（6个月，每项资助5万~10万英镑）、"创新型企业贷款计划"（5年，可借贷10万~100万英镑）、"耐心资本计划"（10年，政府投入200多亿英镑）、"创新与科学种子基金"（长期投资具有潜力的高风险初创企业）等10余类基金⑦。

---

① 《从工业老区到创新之城：世界顶级生物技术中心怎样炼就？》，"上海华略智库"微信公众号，2022年1月12日，https：//mp.weixin.qq.com/s/UUf0FRAg9fKU_5aPzIT5-Q。

② 芮绍炜、刘倩铃：《青年科技人才成长环境的国别比较与启示》，《中国科技人才》2022年第3期。

③ 《五年稳定投入支持年轻人试错，上海首创基础研究特区究竟"特"在哪里》，上海市科学技术委员会网站，2023年3月29日，https：//stcsm.sh.gov.cn/xwzx/mtjj/20230329/7ec49180dca04c16b73c6bf20e5d7038.html。

④ 《邀请领军企业"出题"，并与企业共同出资，发挥引导作用"探索者计划"为基础研究搭平台》，上海市科学技术委员会网站，2024年1月19日，https：//stcsm.sh.gov.cn/xwzx/mtjj/20240119/718f9ca3b5ee450593fbcbd6222f530d.html。

⑤ 《硅谷灵魂10条：硅谷的成功，我们怎样复制？》，"投资淄川"微信公众号，2016年1月19日，https：//mp.weixin.qq.com/s/u1OCEwLWdESG-D6eqk_afw。

⑥ 《波士顿"128科创走廊"，"生物经济"发展教科书》，"丈量城市"微信公众号，2022年5月16日，https：//mp.weixin.qq.com/s/mp2No_ZQXZ1wrgzzf8iCuQ。

⑦ 《从文化之都到欧洲生命科学中心，英国伦敦创新生态圈如何形成？》，"动脉橙果局"微信公众号，2023年5月4日，https：//mp.weixin.qq.com/s/2OAfwjRR5X1j66KRljgdHQ。

三 广州科技创新走廊创新生态现状

近年来,广州科技创新水平不断跃升。深圳—香港—广州创新集群连续四年在全球创新指数中排名第二[1],2023年广州"自然指数-科研城市"的全球排名跃升至第八[2];2022年广州战略性新兴产业规模8878.66亿元,占地区生产总值的比重达到30.79%[3];2023年共22家企业入选胡润全球独角兽榜,增量位居全国第一,其中希音跃居胡润全球独角兽榜第四名[4];广汽埃安成为2023年广东唯一入选21家全球"灯塔工厂"的企业[5],广东培育了一批芯片制造(粤芯、增芯、芯粤能等)、商业航天(中科宇航)、低空经济(亿航智能)、智能出行(百度阿波罗、小马智行等)等科技引擎企业。纵贯南北100千米、面积约1500平方千米的广州科创走廊,已经集聚了全市众多重大平台、科技企业与创新人才,是承载提升广州发展动能、凝聚未来新质生产力、引领创新发展新范式的重要区域。对标中心型世界城市和全球创新发展趋势,广州科创走廊虽然已经累积了部分先发优势,但仍应重视以下三个方面。

(一)创新资源丰富,但浓度、高度有待提升

1. 重大科技基础设施在科技创新走廊汇集,但集聚浓度仍需提升

当前,广州已建、在建及预研的5个重大科技基础设施涉及生命、海洋、航空领域,均分布在科创走廊上,极大强化了广州科技创新发展的硬实力。但广州科创走廊内重大科技基础设施规模效应有待进一步释放,重大科技基础设施数量为北京、上海的25%(分别为19处、20处)、合肥的50%(12处)[6],且相较于北京怀柔、上海张江、合肥滨湖等地区在5~10千米范

---

[1] 世界知识产权组织(WIPO)发布的《2023年全球创新指数报告》。
[2] 《自然》增刊《2023自然指数-科研城市》。
[3] 资料来源于广州市科学技术局。
[4] 资料来源于广州市科学技术局。
[5] 世界经济论坛(WEF)发布的《全球灯塔网络:加速人工智能大规模应用》。
[6] 根据网络开源数据整理得出。

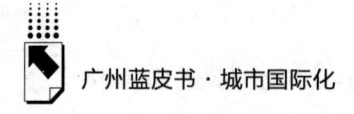

围内布局所在市50%~80%的大科学装置，广州仍需进一步加强重大科技基础设施布局的集聚性。

2. 凝聚了重大平台发展力量，须进一步培育具有全球感召力的标志性创新区域

广州科创走廊内分布全市2/3（约14个）的重大平台，包括中新广州知识城、广州琶洲人工智能与数字经济试验区等国家级重大平台，但还须进一步打造享誉世界的创新名片，如同尺度对比全球知名创新街区（3平方千米以内），广州琶洲人工智能与数字经济试验区的企业密度约1133家/平方千米①，与东伦敦科技城3228家/平方千米②相比仍有提升空间。

3. 已形成科技创新人才培育高地，但对人才的发展引力有待加强

广州长期以来都是华南地区高校院所浓度最高的地区，近5年在校大学生数量居全国首位，广州科创走廊内集聚了广州40%的硕博人口和关键就业岗位，是全市人才的集聚地。但在调研过程中，部分关键攻关企业院所仍提出专业人才不足的问题，如半导体类企业表示"广州符合专业要求的应届毕业生数量仅4000~5000人，本土人才占比不到20%"；南沙科研院所、港澳科研人员表示2小时通勤时间过长，以及粤港澳三地科研项目申报、立项、资金管理制度不一致；部分人才对生活品质有一定诉求，特别关注住房、子女教育与医疗资源等。

（二）创新主体多元，但转化能力、交流平台有待加强

1. 高校院所数量多、能级高，但与企业的互动急需加强

广州科创走廊内共汇集全市约30%的高等院校③、50%的省重点实验室④，拥有25个"双一流"建设学科，广州90%进入四大权威世界大学排

---

① 《广州琶洲人工智能与数字经济试验区简介》，广州市海珠区人民政府网站，2023年3月9日，http://www.haizhu.gov.cn/zjhz/pzhlwcxjjq/。
② 《从文化创意到科技创新：伦敦东区"变形记"（一）》，"华高莱斯"微信公众号，2022年7月4日，https://mp.weixin.qq.com/s/E2ARYqRdOMIKK0KfT8f41g。
③ 作者根据百度POI数据测算。
④ 资料来源于广州市科技局。

名（THE、QS、U. S. News、ARWU）的大学均位于广州科创走廊内。但是高校院所的科技成果转化能力有待提升，2022年在穗高校有效发明专利整体转化率为8.47%，未达到全国高校平均水平（12.28%）[①]。究其原因，一方面，全市20个"双一流"建设学科和18个进入ESI全球前1‰的学科多集中在基础理论领域，针对芯片、工业软件等关键产业技术领域的学科支撑仍然不足；另一方面，学校周边孵化器与众创空间等供给须进一步扩大，如广州大学城内仅有5家企业孵化器（上海高校集聚区周边有16家），孵化器成本[83~116元/（平方米·月）]达到广州开发区的2倍[40元/（平方米·月）][②]，需统筹优化低成本创新创业空间供给，激活高校创业转化动力。

2. 对外交往活跃、枢纽能级较高，但须进一步培育促进国际科技前沿对话、企业家分享、非正式交流的新兴场景平台

广州科创走廊内拥有琶洲国际会展中心、南沙国际会展中心等优质设施，并规划有七大区域枢纽，向东连接赣深、沪广、东部沿海三条重要经济通道，向西连接西部陆海新通道、泛亚经济圈，但仍须进一步发挥现有设施支撑创新要素高效集聚和流动的作用。例如，全市8个会展品牌中仅有2个关联汽车产业创新发展，需积极培育全球性科技峰会、科学家论坛、科技成果交流发布等新会议会展品牌；需积极推进枢纽站点复合开发，增加相应的专业服务设施和扩大会议交流空间，促进区域交通枢纽向信息枢纽的转变。同时，传统产业园区或新建平台应顺应全球创新要素泛在化、实时化分布的新特征，积极扩大集合文化、休闲等多类功能的复合化空间。

（三）创新政策不断出台，但敢想、敢为的创业氛围仍不浓

开放包容的城市气质，给广州带来了海上丝绸之路的千年繁荣和改革开放的巨大成就。近年来，广州持续推进营商环境从1.0至6.0的改革，2023年初，广州成立了1500亿元产业投资母基金和500亿元创新投资母基金，

---

① 资料来源于广州市科学技术局。
② 资料来源于广州市科学技术局。

支撑有为政府、有效市场。但进入新阶段,广州逐渐面临新兴经济动力不强的挑战。例如,突破1000亿元的上市公司和世界500强企业多为国有企业;近年来,全球独角兽企业数量增长较快,达22家,但与北京的79家、上海的66家、深圳的33家差距还较大;瞪羚企业达8家,与上海的63家、北京的49家、深圳的34家存在一定差距[①]。因此,广州科创走廊内大胆拼搏创新氛围的营造十分重要,目前还需重视以下两个方面。

1. 资本市场的"输血"功能仍需增强

广州总体风投创投机构数量不及深圳、杭州的30%~50%,风投创投等私募基金管理规模分别为上海、北京的10%,为深圳的25%[②],且主要依靠国资平台带动。广州科创走廊内的风投创投企业(约占全市40%)主要分布在广州科学城,南沙平台的优势有待发挥(大部分金融企业虽然注册地在南沙,但实际办公地仍在天河)。

2. 急需供给精准、专业的扶持政策与平台

广州科创走廊涉及5个行政区、多个部门、多类园区院所等管理主体。针对创业人员、关键技术科研攻关人员需形成长效、系统的科研合作、创业扶持、产权保护等政策,并提供公共的中试平台、检测平台与知识产权交易中心等优质服务平台。

四 全力优化广州科技创新走廊创新生态体系的建议

构筑广州科创走廊创新生态体系,需全方位提升创新资源浓度,促进国家战略科技力量、创新平台、创新人才在走廊内高水平集聚;全方位提高创新主体互动黏度,打造连接"学校—企业""本地—全球""生活—创造"的交互场所;全方位激发创新创业热情,完善金融、服务、政府等多要素支撑体系。

---

① 胡润研究院《2023全球独角兽榜》。
② 资料来源于广州市委财经办。

（一）着力提升创新资源浓度，塑造前沿阵地

1. 与国家战略同频共振，加快提升国家战略科技力量布局广州的规模效应

欲善"科学之事"，必利"科学之器"。据统计，40%以上的诺贝尔奖获得者依托重大科技基础设施获得成果[①]，因此建议加强与国家科技力量的高层次、高频次对话，建立"部市"紧密合作机制，推动广州积极参与国家大科学装置发展规划等国家层面的科技部署，将南沙建设成为国家深海战略承载地、将广州国际生物岛及周边地区建设成为生命科学原始创新高地，将黄埔和南沙打造成为深空探索前沿地。推行"装置+院所+实验室+企业"交叉布局模式，促进科研设施规模"从一个到一群"。加强与全球主要创新城市和地区的国际合作，争取更多国际大科学计划组织或参与权。针对大科学装置建设时间长（4~7年）、投入多（多为10亿~30亿元）与维护费用高等问题，强化资源保障、融资渠道、合作机制等储备研究，保障设施持续高效运营。

2. 把握全球科技脉搏，集中力量塑造立于浪潮之巅的创新地标

在广州科创走廊内选取邻近高校、交通便利、服务资源丰富、大中小企业集聚的区域建设创新街区。契合生命科学、数字经济等科技热点，建议近期优先推进环五山南部、琶洲、科韵路互联网集聚区、广州国际生物岛及周边地区4个创新街区建设，实行"长期运营+定制扶持"制度，成立专门的发展委员会等机构，搭建国际宣传与推介平台，定期对本土领军企业、初创企业等进行调研评估，建立国际领军企业、联合学院、实验室等引入资源名录，探索长效激励和"一企一策"的定制化扶持机制。

3. 采取"研发大脑+制造平台"方式，联合打造紧密关联的战略性新兴产业链群

广州科创走廊内已形成了生物医药、信息技术、新能源等多个产业

[①] 《白春礼院士：大科学装置就是国之重器》，"科技导报"微信公众号，2021年1月11日，https://mp.weixin.qq.com/s/FnHfrrPE1OS1DICtQbrW3g。

的"走廊中段研发、两端制造"的布局模式，建议围绕生命科学、数字经济、未来交通、深海科研4个支柱创新领域，与商业航空、人形机器人、纳米技术等X个潜力创新领域，打造"4+X"科技创新体系。推动实施走廊链群建设计划，如在生命科学方面，加快推进以广州国际生物岛联动广州科学城、中新广州知识城等医药产业片区的"一岛多园"分布模式，推进同类产业集群的企业研发、生产、市场推广在走廊内联动布局。针对新能源等供应链区域性布局的产业，则应进一步强化1~2小时供应平台的协同布局。

4. 精准满足新兴人才需求，构建全球人才"强磁场"

立足丰富的基础研究人才，以促进科技成果转化为导向，加快引进关键领域企业领军人才、创业人才与青年人才。以青年友好、人才友好为目标，打出满足创新人群多元化的服务组合拳：针对国际及港澳科技顶尖人才，着重满足出入境便利、科研经费（包括科研财政资金过境免税等）、团队支持等需求，加快推进国际化社区建设；针对高校及科学家人才，积极营造自由、宽松的研发环境，探索简化流程、长周期资助、弹性考核等制度；企业领军人才方面，着力加强优质医疗、教育资源的供给；针对创业人才，加大在安家补贴、研发、产权、投融资、培训与专业服务方面的支持，加强轨道站点周边30~70平方米人才住房及多功能一体的50平方米创新SOHO、低成本办公空间等的供给。

（二）全面提高创新主体互动黏度，共筑创新"雨林"

1. 扩大丰富多元的合作空间，强化"学校—企业"互动

借鉴国际规律，重点加强广州科创走廊环五山、环大学城、环港科大，以及主要科研设施、企业集群周边1千米范围的嵌入式创新空间的供给，包括设立校企共建的科学研究院、城市试验空间（Lab Space）、50平方米单元的小微办公空间、3000~10000平方米单元的共享办公空间、众创空间、孵化器、加速器等，整合管理运营主体和规范租金市场，使租金水平控制在周边常规办公空间的50%以下（东伦敦科技城办公租金约为周边的40%，肯德尔广场办公租金为周边的30%~50%①)。

2. 建设优质开放的交互空间,支撑"本地—全球"连接

建议依托知识城站、东部枢纽、莲花湾站、庆盛站、南沙枢纽、琶洲港澳客运口岸等区域性枢纽,以及琶洲国际会展中心、南沙明珠湾区、中新广州知识城等打造9个广州科创走廊交互中心,提供会议交流、成果展示等广泛的专业服务,积极培育全球性科技峰会、企业家论坛、未来城市双年展等会议会展品牌。同时积极谋划建立公共算力中心、数据和交易中心、公共测试中心3类虚拟数据共享中心,以数据生产要素赋能科技创新信息的高效流动。

3. 塑造无界、灵活的公共空间,孕育"生活—创造"转换

在广州科创走廊重要创新策源地、产业园区开展生活街道优化计划,采取税收优惠、功能准入、延长营业时间等措施,增加咖啡厅、书店、艺术馆等第三空间密度,以"公园+""街道+""广场+""屋顶+"等推进大众文化、创意艺术、休闲经济等功能融合,使地面商业和服务功能空间占比达到75%以上,构建24小时活力街区。加快整合广州科创走廊内14座山体、约160千米岸线、23个名村、8处湖泊湿地资源等,打造100千米越山面海慢行径,让自然与科技完美融合。

(三)大力激发创新创业热情,厚植创新沃土

1. 有效发挥"投早、投小、投硬科技、投长期"的金融激励作用

着重解决初创阶段耐心资本和长期资本匮乏的问题,加快推进风投创投机构、企业和科研院所深度合作;整合分散在多个部门的政府引导基金,探索设立广州科创走廊发展引导基金,提升风投资金与政府引导基金对生命科学、人工智能、新型交通、新能源、量子科技、海洋等前沿领域的投资比重至90%,支持专精特新"小巨人"和独角兽企业的培育,助力攻关核心环节的早期创业企业跨越"死亡之谷"。

---

① 作者根据网络公开资料整理得出。

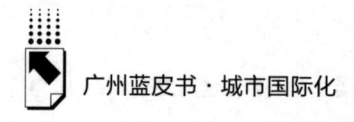

2.积极营造自由、宽松的研发环境

原创性、颠覆性的科学研究具有长期性和高度不确定性，需要有"自主、稳定、容错"的制度环境予以支持。建议借鉴上海设立"基础研究特区"的经验，充分激发颠覆性研发的积极性，在环五山高校、广州大学城、南沙海洋科研院所以及领军企业等优先探索将科研自主权下放的制度，实行自由选题、选人和自主使用经费；建立长周期资助制度，简化申报立项流程，减少考核指标并探索设立一定时期不考核制度，为高水平科技人才留出足够时间，支持人才勇闯创新"无人区"。

3.精准提供专业、卓越的创新服务

重点构建"协同管理、创业指导、法律保护"的多层次专业服务制度。建议尽快研究成立统一的管委会，促进规划统筹编制、重大事项共同决策、资源合理布局；探索搭建"1平台+6中心"（统一的数字服务和资源信息平台和融资中心、短期科技人才培训中心、创新创业中心、技术与测试中心、产权交易中心、成果发布与交流中心），全方位构建专业服务体系。

参考文献

周振江、石义寿：《世界知名创新走廊的发展经验与启示》，《科技创新发展战略研究》2020年第2期。

任俊宇、刘希宇：《美国"创新城区"概念、实践及启示》，《国际城市规划》2018年第6期。

芮绍炜、刘倩铃：《青年科技人才成长环境的国别比较与启示》，《中国科技人才》2022年第3期。

城市评价篇

B.5 2023年全球城市评价排名分析

姚 阳 胡泓媛[*]

摘 要： 2023年，全球经济缓慢复苏，多重因素交织下全球城市发展面临重大压力，但全球化发展背景下新的机遇也不断涌现。全球化与世界城市研究网络世界城市分级、科尔尼管理咨询公司全球城市系列指数、森纪念财团全球实力城市指数、全球金融中心指数和世界知识产权组织创新集群排名相继更新排名榜单，基础数据反映了全球城市的复苏情况，也间接地体现了全球大环境的各种深刻变化。全球经济复苏依然缓慢且不均衡，新兴市场与发展中经济体表现超预期，中国城市经济韧性与发展潜力突出。

关键词： 全球城市 城市排名 城市评价

---

[*] 姚阳，广州市社会科学院城市国际化研究所所长、副研究员，研究方向为全球城市发展与治理、城市国际化；胡泓媛，广州市社会科学院城市国际化研究所副研究员，研究方向为城市国际化、全球城市评价、国际传播。

2023年，全球化与世界城市研究网络（GaWC）世界城市分级、科尔尼管理咨询公司全球城市系列指数、森纪念财团全球实力城市指数、全球金融中心指数和世界知识产权组织创新集群排名相继更新了排名榜单。综合各大全球城市排名评价研究情况并与往年进行比较分析，可以更加清晰地揭示出不同的全球城市发展路径及优缺点，为城市管理者和政策制定者的发展决策提供有益的参考。

一 GaWC世界城市分级

2023年8月，GaWC编制发布"世界城市分级2022"（The World According to GaWC）。GaWC聚焦全球城市发展的核心竞争力——全球要素配置能力，构建了一套完整、成熟的定量研究方法，即通过采集分析会计、金融服务、广告、管理咨询、法律等高端生产性服务业知名跨国企业在全球城市中的办公室分布及其相互业务联系数据，分析全球城市的连通性，从而反映城市对全球资本、技术人力、信息等生产要素的控制和配置能力。作为目前存续时间最久的权威全球城市研究成果，世界城市分级已经成为当前衡量全球主要城市在全球经济网络中影响力的重要参考。世界城市分级于2000年首次发布，至2023年已发布了9期。

（一）世界城市分级2022：入选城市持续缩减

世界城市分级研究的城市范围较广，本期共343个城市入选，较2020年减少51个城市，主要是分布在榜单中后部的城市。不同城市通过分类和排名两种方式呈现其在全球化经济中的位置及融入度，从高到低被划分为Alpha、Beta、Gamma、Sufficiency四个类别。本期排名中Alpha类有52个城市、Beta类有65个城市、Gamma类有57个城市、Sufficiency类有169个城市。

Alpha类是全球连通性最强的城市类别，一般由各大发达国家首都和新兴经济体枢纽性中心城市组成，其变动趋势最受国际社会关注。Alpha类细分为四个级别：Alpha++级全球连通性最强，高度融入全球经济，位于世界城市分级顶端；Alpha+级次之，弥补特定的服务业缺口，拥有重要的全球经济地位；Alpha级是重要的区域桥梁，有效联结所在区域经济和全球经济；Alpha-级具有一定的全球连通性，在联结区域经济和全球经济方面表现中等。① 2022年，Alpha类城市数量总体增加2个，其中Alpha级扩增3个，Alpha-级小幅缩减1个。在排名前十的城市中，排名前三的城市保持稳定，其余部分城市出现小幅位次调整（见表1）。

表1 "世界城市分级2022" Alpha类城市变动情况

级别及排名	城市	较上期	级别及排名	城市	较上期
Alpha++			18	多伦多	-6
1	伦敦	0	19	华沙	+6↑
2	纽约	0	20	墨西哥城	-3
Alpha+			21	吉隆坡	-1
3	香港	0	22	阿姆斯特丹	-8
4	北京	+2	23	伊斯坦布尔	+7
5	上海	0	24	雅加达	-1
6	迪拜	+1	25	首尔	+1
7	新加坡	-3	26	卢森堡	+13↑
8	巴黎	0	27	布鲁塞尔	-3
9	东京	0	Alpha-		
Alpha			28	布宜诺斯艾利斯	+9
10	米兰	+5	29	台北	+7
11	悉尼	-1	30	约翰内斯堡	-3
12	洛杉矶	-1	31	波哥大	+22↑
13	圣保罗	+5	32	斯德哥尔摩	0
14	孟买	-1	33	苏黎世	-5
15	芝加哥	+4	34	广州	0
16	法兰克福	0	35	墨尔本	-6
17	马德里	+4	36	维也纳	-3

---

① 《2018年全球城市评价排名分析》，载尹涛主编《广州城市国际化发展报告（2019）》，社会科学文献出版社，2019。

续表

级别及排名	城市	较上期	级别及排名	城市	较上期
37	里斯本	+11	45	圣地亚哥	-2
38	利雅得	+9	46	旧金山	-8
39	曼谷	-8	47	马尼拉	-2
40	都柏林	-5	48	柏林	+10↑
41	深圳	+5	49	特拉维夫	+12↑
42	华盛顿特区	+9↑	50	波士顿	-6
43	布拉格	+6	51	新德里	-9
44	慕尼黑	-3	52	胡志明市	+22↑

注：箭头为等级升级（↑）或降级（↓）。

资料来源：GaWC"世界城市分级2022"，http：//www.boro.ac.uk/gawc/gawcworbels.html，由作者整理。

（二）亚太地区、欧洲城市表现稳定，拉丁美洲、中东地区城市成绩亮眼

从城市分布规模来看，亚太地区、欧洲城市旗鼓相当。Alpha类城市中，亚洲（除中东外）及大洋洲城市与欧洲城市数量相同，北美洲城市8个，中东地区、南部非洲地区各4个。但各地城市的发展出现分化，东亚和东南亚的一些城市，包括中国城市的排名各有升降，幅度较大的有胡志明市上升22位、台北上升7位、曼谷下降8位。

从城市个体的表现来看，亚太地区、欧洲城市整体表现相对稳定，拉丁美洲、中东地区城市表现突出。欧洲进入Alpha类的城市较2020年减少1个，为17个，其中实现排名上升的有7个城市，如卢森堡上升13位、里斯本上升11位；6个城市排名出现下降，如阿姆斯特丹下降8位。拉丁美洲、中东地区进入Alpha类的城市各增加1个，其中拉丁美洲的墨西哥城、圣地亚哥排名下降，其余3个城市排名均有所上升，其中波哥大排名大幅上升22位，中东地区城市排名均有所上升。加拿大、美国则出现较大下降，该地区入围Alpha类的城市数量与上期持平，但各城市排名大多出现下降。除华盛顿特区上升9位、芝加哥上升4位以外，其他城市如旧金山下降8位、波士顿下降6位、多伦多下降6位。

（三）中国城市表现稳中向好，东部地区加速进步

本期中国共上榜 39 个城市，其中内地城市 35 个，港澳台城市 4 个。Alpha 类保持 6 个城市上榜，香港、上海、北京同为 Alpha+ 类，北京排名上升 2 位至第 4；台北、广州和深圳 3 个城市位于 Alpha- 类，其中台北排名上升 7 位至第 29，广州排名维持第 34 不变，深圳排名上升 5 位至第 41。Beta 类有 11 个城市、Gamma 类有 9 个城市，Sufficiency 类有 13 个城市，其中杭州、济南、南昌、长春等城市等级有所调升，佛山首次入选 Sufficiency 类（见表 2）。

与上期相比，中国城市整体表现稳中向好，39 个上榜城市中实现排名上升的有 28 个，排名下降的有 7 个。其中，Beta+ 类的成都排名下降 12 位，Beta- 类的武汉排名下降 12 位、长沙排名下降 4 位。Gamma 类城市中，位于 Gamma 类的西安排名下降 31 位，高雄、台中两座城市则出现跨越等级的下降，二者分别从 Gamma- 与 Gamma 降至 Sufficiency。排名上升的城市中，东部地区城市占 2/3，部分中西部地区城市也表现突出，例如南昌排名大幅上升超百位，达 111 位，兰州、南宁、贵阳排名上升超过 50 位，分别提升 98 位、80 位、53 位。这主要由于城市对外开放逐渐扩大，对外贸易发展按下加速键，外贸外资持续保稳提质，推动城市国际联系度稳步提升。除此之外，统计期正值《区域全面经济伙伴关系协定》（RCEP）的正式生效，为城市经济复苏和发展提供了新机遇、新动能，成为深化区域经济互联互通、促进外贸高质量发展的重要催化剂。

表 2 "世界城市分级 2022" 中国城市概况

级别	该级别城市总数量	该级别中国城市数量	中国城市
Alpha++	2	0	无
Alpha+	7	3	香港、北京(+2)、上海
Alpha	18	0	无
Alpha-	25	3	台北(+7)、广州、深圳(+5)
Beta+	25	3	成都(-12)、杭州(+17↑)、天津(+3)
Beta	25	3	南京(+2)、济南(+40↑)、重庆(+3)
Beta-	15	5	厦门(+9)、武汉(-12)、长沙(-4)、沈阳(+6)、大连(+10)

续表

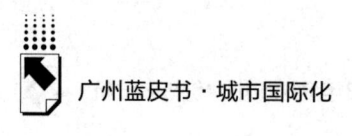

级别	该级别城市总数量	该级别中国城市数量	中国城市
Gamma+	26	4	郑州（-4）、昆明（+39）、苏州（+28）、青岛（+11）
Gamma	14	2	合肥（+22）、西安（-31）
Gamma-	17	3	福州（+45）、海口（+31）、太原（+49）
High sufficiency	40	4	南昌（+111↑）、宁波（+35）、哈尔滨（+15）、长春（+98↑）
Sufficiency	129	9	贵阳（+53）、南宁（+80）、珠海（+42）、石家庄（+70）、兰州（+98）、佛山（新上榜）、无锡（+43）、台中（-105↓）、高雄（-91↓）

注：括号内数字为较上期上升（+）或下降（-）位次数，箭头为等级升级（↑）或降级（↓）。
资料来源：GaWC"世界城市分级2022"，http：//www.boro.ac.uk/gawc/gawcworbels.html，由作者整理。

二　全球城市系列指数

（一）2023年全球城市系列指数：在区域分化中寻求新机遇

世界知名管理咨询公司科尔尼联合国际顶级学者与智库机构发起了全球城市指数的研究，通过年度对比分析，聚焦全球连通性最强、影响力最大的城市发展轨迹的动态趋势，探究影响全球城市发展最深刻的因素。全球城市系列指数首次发布于2008年，形成了评价城市当下发展水平的全球城市指数（Global Cities Index，GCI）和评估城市未来10年发展潜力的全球潜力城市指数（Global Cities Outlook，GCO）两大排名。全球城市指数研究报告从城市聚集的多样化商业活动、人力资本、信息交流、政治事务、文化体验等方面对城市进行评估和预测，并探讨短期内将影响城市战略运营环境的变革性力量，为城市领导者战略转型决策提供了依据，同时可以帮助企业和人才识别以及布局适宜发展的城市。

《2023年全球城市指数报告》的榜单保持156个城市不变，但是对全球城市力量对比格局作出了大胆的判断。《2023年全球城市指数报告》以"区域分化的城市发展机遇"命名，鲜明地指出全球化发展已经进入"不再追求千篇一律的标准化发展模式，而是追求高连通性水平"的新时代。一方面，日益加剧的地缘政治和地缘经济波动使区域内的连通性水平显示出抗风险优势。由于全球经济前景仍存在不确定性，商业活动维度的全球化程度有所下降，本期排名提升的城市大多是源于商业活动复苏的较好表现。另一方面，远程工作革命、人工智能（AI）对生产组织形式和劳动力需求的再造，使要素的集聚特征出现实实在在的变化，给全球城市的传统格局带来颠覆性影响。新兴城市的发展加速，给老牌领先城市带来更大的竞争压力。人才的就业观表现出更显著的变化，优质的生活质量、多元的文化体验、有利的监管环境、有温度的社群陪伴和社区互联，成为国际人才更优先考虑的发展环境要素。

（二）全球城市发展进入新纪元

1. 全球城市指数：非传统优势城市进步显著

纽约、伦敦、巴黎、东京与北京2023年继续稳居全球城市指数排名前五，进一步展示出它们面对逆境的强大韧性和持续优势。不同的优势推动第五名以后的城市出现显著变动。受俄乌冲突影响，欧盟的团结程度有所提升，布鲁塞尔作为欧盟枢纽城市获得了各地私营部门的更多青睐，排名首次跻身前十，上升5位，位居第六。新加坡上升2位，位居第七，洛杉矶下降2位，位居第八，墨尔本下降1位，位居第九，香港稳定在第十（见表3）。在全球城市指数排名前三十的城市中，马德里的排名大幅上升7位，是排名上升最大的城市，主要源于其以丰富的艺术文化活动吸引国际游客，领先南欧旅游业的复苏。在中国城市中，上海排名回升3位，主要得益于强劲的经济韧性与商业活力，持续的人才净流入也为其长期发展提供了有力支撑。随着国际人才流动逐渐恢复到疫情前的水平，人力资本全球化程度大幅提升，但在碎片化趋势下经济不确定性仍然存在。在低增长、高利率的市场环境下，更多新兴枢纽城市逆势而上，全球城市发展机遇日趋分散化、多元化。2023年全球城市指数各维度榜首城市如表4所示。

表3　2019~2023年全球城市指数排名前十的城市

排名	2019年	2020年	2021年	2022年	2023年
1	纽约	纽约	纽约	纽约	纽约
2	伦敦	伦敦	伦敦	伦敦	伦敦
3	巴黎	巴黎	巴黎	巴黎	巴黎
4	东京	东京	东京	东京	东京
5	香港	北京	洛杉矶	北京	北京
6	新加坡	香港	北京	洛杉矶	布鲁塞尔
7	洛杉矶	洛杉矶	香港	芝加哥	新加坡
8	芝加哥	芝加哥	芝加哥	墨尔本	洛杉矶
9	北京	新加坡	新加坡	新加坡	墨尔本
10	华盛顿	华盛顿	上海	香港	香港

资料来源：A. T. Kearney，2023 Global Cities Report。

表4　2023年全球城市指数各维度榜首城市

指标	榜首城市	指标	榜首城市	指标	榜首城市
商业活动维度	**纽约**	**人力资本维度**	纽约	**文化体验维度**	伦敦
全球财富500强企业	北京	非本国出生人口	纽约	博物馆	莫斯科
领先的全球服务企业	伦敦	高等学府	波士顿	艺术表演	**纽约**
资本市场	纽约	高等学历人口	东京	体育活动	伦敦
航空货运	香港	留学生数量	墨尔本	国际游客	**伦敦**
海运	上海	国际学校数量	**墨尔本**	美食	**东京**
ICCA会议	**维也纳**	医学院校数量	伦敦	友好城市	圣彼得堡
独角兽企业数量	旧金山				
信息交流维度	巴黎	**政治事务维度**	布鲁塞尔		
电视新闻接收率	**布鲁塞尔**	大使馆和领事馆	布鲁塞尔		
新闻机构	纽约	智库	华盛顿特区		
宽带用户	巴黎	国际组织	日内瓦		
言论自由	奥斯陆	政治会议	布鲁塞尔		
电子商务	新加坡	国际性本地机构	巴黎		

注：加粗字体的城市为与2022年相比的新晋榜首城市。
资料来源：A. T. Kearney，2023 Global Cities Report。

2023年全球城市指数榜单中，亚洲（不含中东地区）及大洋洲城市62个、欧洲城市29个、中东地区城市21个、北美洲城市17个、拉丁美洲城市15个、非洲及其他地区城市12个，新兴经济体的城市多、发展后劲足，成为榜单席位的有力竞争者。从城市表现上看，欧洲、拉丁美洲、中东地区等经济体城市排名波动较为显著。44.8%的欧洲城市、57.1%的中东地区城市、80.0%的拉丁美洲城市排名上升，41.4%的欧洲城市、28.6%的中东地区城市、20.0%的拉丁美洲城市排名下降。数据显示，全球城市影响力正在持续转移，众多非经济优势城市展现了突出的影响力与提升潜力。中东地区（尤其是海湾地区）城市的GCI排名显著上升，部分欠富裕国家的城市综合利用社会、地缘政治和经济趋势的影响，成功吸引了顶尖的人才与投资。

2. 全球潜力城市指数：新兴城市前景更加被看好

全球潜力城市指数根据城市目前的状况和政策，评估未来10年城市成为全球中心的潜力。与全球城市指数相比较而言，全球潜力城市指数的波动明显更大。2023年旧金山超越伦敦，位居第一，虽然经济状况维度排名下降，但作为人工智能的"弄潮儿"，旧金山在创新维度上表现突出。哥本哈根排名上升6位，位居第二。这是哥本哈根首次进入全球潜力城市指数排名前五，在各维度的排名均取得全面提升，在治理维度的表现尤为突出，这主要得益于其全国性的改革计划。连续四年排名第一的伦敦在2023年跌至第三，其尽管在居民幸福感维度的排名仍然领先，但在经济状况维度的排名大幅下降52位，体现出英国脱欧仍将对社会发展的潜力产生长期影响。卢森堡排名下降1位，位居第四，主要源于居民幸福感维度与创新维度排名双双下滑，但其在经济维度的排名大幅提升，就业与GDP前景十分可观。巴黎排名下降3位，位居第五，同时伦敦、纽约等GCI领先城市在GCO的排名均有所下滑（见表5）。与老牌领先城市不同，部分新兴城市成功吸引了大量人才与资本。在全球潜力城市指数排名前三十的城市中，波士顿上升了25位，菲尼克斯排名大幅上升60位，有望成为新的创新增长枢纽。

表5 2019~2023年全球潜力城市指数排名前十的城市

排名	2019年	2020年	2021年	2022年	2023年
1	伦敦	伦敦	伦敦	伦敦	旧金山
2	新加坡	多伦多	巴黎	巴黎	哥本哈根
3	旧金山	新加坡	慕尼黑	卢森堡	伦敦
4	阿姆斯特丹	东京	阿布扎比	慕尼黑	卢森堡
5	巴黎	巴黎	都柏林	斯德哥尔摩	巴黎
6	东京	慕尼黑	斯德哥尔摩	纽约	都柏林
7	波士顿	阿布扎比	东京	都柏林	赫尔辛基
8	慕尼黑	斯德哥尔摩	多伦多	哥本哈根	斯德哥尔摩
9	都柏林	阿姆斯特丹	悉尼	阿布扎比	慕尼黑
10	斯德哥尔摩	都柏林	新加坡	阿姆斯特丹	新加坡

资料来源：A. T. Kearney，2023 Global Cities Report。

（三）中国城市展现发展韧性

1. 全球城市指数：中国城市表现平稳

入选2023全球城市指数榜单的中国城市为31个，北京和香港两个城市的排名保持在全球前十的行列。进入前100名的中国城市有11个，仅次于数量最多的美国（见表6）。西方多国在2021年率先放开国际交流，因此在国际联系相关维度的得分获得了更快恢复。中国城市在商业活动、文化体验和人力资本维度得分的下降趋势相对陡峭，一方面在于疫情冲击下进出口贸易、外商直接投资、资本市场等不确定性持续发酵；另一方面杭州亚运会等大型体育赛事与文化交流活动延期举行影响了文化体验与商业活动开展。尽管在内外多重因素影响下中国经济复苏步伐较为缓慢，但在较强的经济韧性与活力下，中国城市经济稳中求进、高质量发展的步伐更加坚定。

表6 2019~2023年中国城市在全球城市指数榜单中的排名情况

序号	城市	2019年	2020年	2021年	2022年	2023年
1	北京	9	5	6	5	5
2	香港	5	6	7	10	10
3	上海	19	12	10	16	13

续表

序号	城市	2019年	2020年	2021年	2022年	2023年
4	广州	71	63	60	56	55
5	台北	44	44	49	51	59
6	深圳	79	75	72	73	73
7	杭州	91	82	80	79	78
8	成都	89	87	88	83	83
9	南京	86	86	90	91	93
10	武汉	105	93	94	92	98
11	天津	88	94	93	95	100
12	西安	111	100	96	100	102
13	苏州	96	98	92	102	103
14	长沙	116	103	102	103	108
15	重庆	107	102	107	107	112
16	青岛	113	105	110	116	116
17	高雄	—	—	109	110	119
18	郑州	123	121	121	120	120
19	济南	—	—	122	118	122
20	宁波	119	122	126	127	126
21	大连	110	118	120	123	128
22	沈阳	121	128	131	129	134
23	哈尔滨	117	126	132	128	135
24	合肥	—	—	133	138	137
25	昆明	—	—	134	135	138
26	无锡	128	138	144	140	139
27	佛山	129	142	148	144	146
28	泉州	134	144	152	148	148
29	烟台	131	141	149	147	149
30	东莞	132	143	150	150	150
31	唐山	135	145	155	151	152

资料来源：A. T. Kearney，2023 Global Cities Report。

2. 全球潜力城市指数：世界期待中国城市治理创新

全球潜力城市指数根据过去五年每个标准的变化幅度平均值进行测定。2023年排名完整覆盖中国人口出生率从峰值回落至下行期，对中国城市的本期整体表现起到了至关重要的作用。当前，青年失业率普遍提高、国际人才外流加剧的现实威胁，以及老龄化危机的日益严峻，使中国城市的人力资本竞争力备受挑战。在日本人口老龄化治理危机的前车之鉴下，国际社会更加关注中国将如何加强社会治理转型以应对日益逼近的危机。虽然中国城市整体排名呈现相对弱势（见表7），但报告指出中国城市在创新维度，尤其是在创业环境上持续改善，面向未来的科技发展前景良好。

表7 2019~2023年中国城市在全球潜力城市指数榜单中的排名

序号	城市	2019年	2020年	2021年	2022年	2023年
1	台北	25	26	24	14	16
2	北京	39	32	23	27	39
3	东莞	69	71	69	93	43
4	深圳	49	41	26	15	46
5	杭州	59	68	64	40	49
6	上海	51	45	30	30	51
7	苏州	54	55	45	45	53
8	武汉	63	69	66	53	54
9	广州	65	54	34	26	57
10	南京	57	60	63	58	59
11	沈阳	71	77	80	56	60
12	泉州	67	70	68	50	61
13	合肥	—	—	76	62	63
14	佛山	76	72	72	63	64
15	无锡	64	63	59	57	65
16	天津	60	65	67	66	66
17	宁波	73	74	74	65	67
18	青岛	80	83	87	71	70
19	烟台	82	78	81	73	71
20	唐山	78	81	85	76	73
21	济南	—	—	84	69	74
22	长沙	81	73	71	61	77
23	成都	74	82	82	64	79
24	高雄	—	—	53	80	80
25	郑州	75	85	88	67	81

续表

序号	城市	2019年	2020年	2021年	2022年	2023年
26	昆明	—	—	90	77	82
27	哈尔滨	72	79	83	82	85
28	香港	52	62	54	86	87
29	西安	61	80	78	81	89
30	大连	70	76	79	83	90
31	重庆	79	87	75	74	92

资料来源：A. T. Kearney, 2023 Global Cities Report。

三 森纪念财团全球实力城市指数

日本森纪念财团城市战略研究所从2008年起每年发布全球实力城市指数（Global Power City Index, GPCI），通过经济、研究和开发、文化和交流、宜居、环境、交通六大领域70个小项目的分值指标综合测量城市对人才、资本和企业的吸引力，研究对象为40~50个全球领先城市。该研究旨在使城市管理者、研究者掌握全球城市发展的目标，观察各种发展样板路径的优缺点和面临的挑战。

（一）经济、文化和交流带动疫后复苏

2023年全球实力城市指数研究范围保持在全球48个领先城市，排名前十的城市出现一定微调，迪拜首次进入前十位，排名第八（见表8）。城市环境与工作方式的改变重塑了城市经济与结构的发展趋势。在经济维度，工作方式灵活性的重要性显著增强，表明各城市社会生活、就业形态、价值取向趋于多样化。在文化和交流维度，数据显示各城市外国游客数量均出现显著增长，旅游业复苏势头强劲，首次跻身全球前十位的迪拜便主要得益于工作方式的灵活性与旅游业的强劲复苏，其在文化和交流与交通维度得分较高。在宜居维度，生活成本是影响全球实力城市指数排名的最重要因素，主

要由住房租金和物价水平两部分构成；受住房租金成本影响，多年保持全球排名第一的纽约在该维度的排名有所下滑。在环境维度，将对气候变化承诺的评分作为城市制定"脱碳"目标与发起环境倡议的量化指标，其成为各城市环境维度得分的重要影响因素。2020年以来，气候变化带来的高温、森林火灾和暴雨等问题日益严峻，越来越多的城市开始针对气候变化与生态环境保护采取政策措施。

表8 2019~2023年全球实力城市指数排名前十的城市

排名	2019年	2020年	2021年	2022年	2023年
1	伦敦	伦敦	伦敦	伦敦	伦敦
2	纽约	纽约	纽约	纽约	纽约
3	东京	东京	东京	东京	东京
4	巴黎	巴黎	巴黎	巴黎	巴黎
5	新加坡	新加坡	新加坡	新加坡	新加坡
6	阿姆斯特丹	阿姆斯特丹	阿姆斯特丹	阿姆斯特丹	阿姆斯特丹
7	首尔	柏林	柏林	首尔	首尔
8	柏林	首尔	首尔	柏林	迪拜
9	香港	香港	马德里	墨尔本	墨尔本
10	悉尼	上海	上海	上海	柏林

资料来源：Institute for Urban Strategies, The Mori Memorial Foundation, Global Power City Index, 2019-2023。

（二）全球城市评分整体回升，欧洲、中东地区城市表现活跃

人员往来的恢复对GPCI各维度的表现产生全面的有益影响。最先恢复的欧洲和中东地区城市在本期排名中拥有更大的相对优势。工作场所环境良好、城市配套宜居性友好、旅游文化活动丰富、交通中转便利度等因素吸引了从短期到长期各层次的跨境人员流动。伦敦稳居全球第一位，得益于文化和交流维度的优异成绩，城市评分扭转下降趋势并出现显著回升。巴黎在剧院数量、零售商店、人均工作时间优势中排名最高，维也纳、法兰克福等城市在住房租金、物价水平等方面具有优势。欧洲城市还

在宜居和环境两个维度保持显著优势，环境维度排名前十的城市大多来自欧洲。而中东地区城市则依靠国际航班的中转地位展现强劲增长，4个中东地区城市成为榜单城市中仅有的2023年国际到达航班座位数均已超过2019年同期水平的城市。亚洲城市人员往来恢复步伐较慢，因此整体表现相对较弱。在15个亚洲城市中，有4个城市实现排名上升，有10个城市排名持平。澳大利亚的墨尔本和悉尼在本期环境维度排名中脱颖而出，分别位居第六、第七，对其整体排名表现贡献巨大。北美洲城市整体表现不佳，但美国城市依旧在研究和开发维度稳稳保持领先优势，包揽该维度前十位的6个席位。

（三）中国城市基本稳定，香港排名进入前二十

2023年上榜的中国城市表现基本稳定，香港内外局势逐渐转好，经济发展与文化和交流有序恢复，排名上升5位，位居第18；上海跌出前十位，位居第15；北京、台北的排名则保持稳定（见表9）。

表9　2019~2023年中国城市在全球实力城市指数中的排名

城市	2019年	2020年	2021年	2022年	2023年
香港	9	9	13	23	18
上海	30	10	10	10	15
北京	24	15	17	17	17
台北	39	37	38	36	35

资料来源：Institute for Urban Strategies, The Mori Memorial Foundation, Global Power City Index, 2019-2023。

在经济维度上，北京排名首次进入前三，香港出现小幅上升，但相较于前年（香港2021年在经济维度排名第五）依然存在较大差距。由于疫情产生的负面影响依然存在，上海、台北的排名出现小幅下降，综合来看，中国的中心城市经济表现基本稳定。在研究和开发维度，近5年除台北外其他上榜的中国城市排名均稳居全球前二十，并且排名呈上升趋势。近1年，北京、上海在宜居维度的排名分别大幅上升10位、15位，在环境维度的排名

也有所上升,表明中国城市更新与宜居性改造取得显著成效。该报告对中国城市的发展潜力排名能否进入世界前十表示重点关注。在交通维度,由于疫情时期的入境限制,上海、北京国际旅游恢复相对缓慢,在该维度的排名均出现明显下降,2023年两地的国际到达航班座位数尚不足2019年的一半。文化和交流维度则基本稳定,其中上海、北京的排名小幅提升,香港的排名小幅下降,表明疫情产生的负面影响已基本清除,未来排名有望实现加速提升(见表10)。

表10　中国城市在2023年全球实力城市指数各维度的排名表现及近年来的波动情况

	总排名	经济	研究和开发	文化和交流	宜居	环境	交通
香港	18	26	10	26	27	22	16
近1年	+5	+2	—	-1	+5	-1	+8
近5年	-9	-21	+1	-11	—	+10	-8
上海	15	11	13	23	30	33	9
近1年	-5	-1	—	+1	+15	+1	-8
近5年	+11	+5	+3	-5	—	+10	-5
北京	17	3	12	19	31	39	40
近1年	—	+1	—	+1	+10	+1	-11
近5年	+6	+1	+2	-12	+3	+5	-19
台北	35	27	26	44	22	19	31
近1年	+1	-2	-3	—	+4	—	-2
近5年	—	—	+1	-3	+16	+5	-8

资料来源:Institute for Urban Strategies, The Mori Memorial Foundation, Global Power City Index, 2023。

四　全球金融中心指数

中国(深圳)综合开发研究院与英国智库Z/Yen集团共同编制的全球金融中心指数(Global Financial Centres Index,GFCI),于每年3月和9月定期更新,2023年已发布第33期、第34期。这是对全球范围内各大金融中心竞争力最为专业和权威的评价,采用主客观相结合的研究方法对金融中发展状况进行评价排名，先通过全球金融从业者对金融中心地位的主观评分选择研究对象城市，再以营商环境、人力资本、基础设施、金融业发展水平及声誉五大维度构建"要素评估模型"，对各金融中心的人才与商业环境、金融市场灵活度、适应性以及发展潜力等方面进行客观量化评分，综合得出排名结果。第34期报告有121个金融中心入选正式榜单，观察范围继续小幅扩大。

（一）GFCI 34：疫情对经济影响依然深远

全球金融中心指数第33期、第34期报告共新增明尼阿波利斯—圣保罗、迈阿密等两个全球金融中心，全球金融中心数量从119个上升到121个。第34期的平均评分较第33期提高了3.63%，超过98%的金融中心评分均有所提升，市场下行风险预期已经基本消化；美国金融中心表现良好，排名前十的金融中心中有5个位于美国，纽约仍然位居全球金融中心指数排行榜的榜首；伦敦依然排名第二，新加坡紧随其后；中国金融中心排名稳定，香港、上海分别稳定排名第四和第七；日内瓦排名进入前十，首尔排名则跌至第11，反映了新冠疫情后内需不足、预期转弱等多重压力对城市金融发展的影响（见表11）。

表 11　2019~2023 年全球金融中心指数排名前十的城市

排名	2019 年		2020 年		2021 年		2022 年		2023 年	
	第 25 期	第 26 期	第 27 期	第 28 期	第 29 期	第 30 期	第 31 期	第 32 期	第 33 期	第 34 期
1	纽约	纽约	纽约	纽约	纽约	纽约	纽约	纽约	纽约	纽约
2	伦敦	伦敦	伦敦	伦敦	伦敦	伦敦	伦敦	伦敦	伦敦	伦敦
3	香港	香港	东京	上海	上海	香港	香港	新加坡	新加坡	新加坡
4	新加坡	新加坡	上海	东京	香港	新加坡	上海	香港	香港	香港
5	上海	上海	新加坡	香港	新加坡	旧金山	洛杉矶	旧金山	旧金山	旧金山
6	东京	东京	香港	新加坡	北京	上海	新加坡	上海	洛杉矶	洛杉矶
7	多伦多	北京	北京	北京	东京	洛杉矶	旧金山	洛杉矶	上海	上海
8	苏黎世	迪拜	旧金山	旧金山	深圳	北京	北京	北京	芝加哥	华盛顿

续表

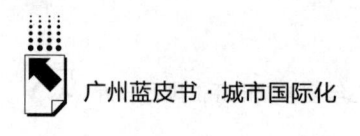

排名	2019年		2020年		2021年		2022年		2023年	
	第25期	第26期	第27期	第28期	第29期	第30期	第31期	第32期	第33期	第34期
9	北京	深圳	日内瓦	深圳	法兰克福	东京	东京	深圳	波士顿	芝加哥
10	法兰克福	悉尼	洛杉矶	苏黎世	苏黎世	巴黎	深圳	巴黎	首尔	日内瓦

资料来源：China Development Institute（CDI），Z/Yen，The Global Financial Centres Index，25th-34th edition。

（二）北美洲、西欧地区延续优势，亚太金融中心排名稳定

北美洲、西欧地区延续2022年以来的优势表现，而东欧地区和中亚地区、拉丁美洲持续处于弱势。北美洲中，纽约、旧金山、洛杉矶和华盛顿排名都跻身世界前十，城市平均得分提升9.64%，迈阿密首次进入榜单，排名第24。西欧地区中，伦敦持续领先，指数得分上升了13分，共有7个西欧地区城市排名进入前二十。日内瓦、都柏林、马恩岛等城市的排名提升超过10位。亚太地区表现优秀，各金融中心得分均有所提高，平均得分提升3.7%。新加坡以1分之差超过香港，在亚太地区排名第一，在全球排名第三。中国的金融中心上海，排名稳居第七。东欧、中亚地区排名延续下滑趋势，其中东欧和中亚地区、拉丁美洲的大多数城市排名有所下降，一些城市如华沙排名下降22位至第92，莫斯科排名下降28位至第114，圣地亚哥、百慕大和墨西哥城排名也都大幅下降超10位。

（三）中国金融中心表现稳定

全球金融活动呈现从北美洲和欧洲向亚洲持续转移的趋势。中国的金融中心排名稳定靠前，国际影响力持续扩大。在金融科技评级中表现突出，第34期报告中香港、上海的排名均居全球前十，天津、大连、南京的排名提高幅度较大（见表12）。深圳在基础设施建设、金融部门发展等多个竞争力细分领域的地位均有所提高，在银行、保险、对外贸易和投资管理等领域的

表现也有明显改善。尽管金融业短期发展承压明显，但全球金融从业者对中国城市的长期发展前景依然相对乐观。第34期报告中，上海、北京、香港3个城市继续入选全球15个"有望进一步提升影响力的金融中心"榜单（见表13）。

表12　2019~2023年中国城市在全球金融中心指数排行榜中的排名变化

城市	2019年		2020年		2021年		2022年		2023年	
	第25期	第26期	第27期	第28期	第29期	第30期	第31期	第32期	第33期	第34期
香港	3	3	6	5	4	3	3	4	4	4
上海	5	5	4	3	3	6	4	6	7	7
深圳	14	9	11	9	8	16	10	9	12	12
北京	9	7	7	7	6	8	8	8	13	13
广州	24	23	19	21	22	32	24	25	34	29
青岛	29	33	99	47	42	38	38	36	36	32
成都	87	73	74	43	35	37	37	34	44	44
台北	34	34	75	42	40	67	66	55	63	67
大连	96	100	101	101	102	110	111	113	72	64
南京	—	—	—	103	101	89	113	114	75	65
天津	63	78	81	102	100	108	110	112	79	69
杭州	99	104	98	109	108	111	93	85	80	76
西安	—	—	—	—	—	105	112	115	105	94
武汉	—	—	—	—	—	111	114	116	111	100

资料来源：China Development Institute（CDI），Z/Yen，The Global Financial Centres Index, 25th-34th edition。

表13　全球15个"有望进一步提升影响力的金融中心"榜单

排名	第27期	第28期	第29期	第30期	第31期	第32期	第33期	第34期
1	青岛	古吉拉特邦国际金融科技城（GIFT）	古吉拉特邦国际金融科技城（GIFT）	古吉拉特邦国际金融科技城（GIFT）	古吉拉特邦国际金融科技城（GIFT）	首尔	古吉拉特邦国际金融科技城（GIFT）	首尔
2	斯图加特	斯图加特	首尔	首尔	首尔	新加坡	首尔	新加坡
3	上海	青岛	斯图加特	新加坡	新加坡	古吉拉特邦国际金融科技城（GIFT）	新加坡	迪拜

续表

排名	第27期	第28期	第29期	第30期	第31期	第32期	第33期	第34期
4	北京	上海	上海	上海	上海	香港	上海	香港
5	首尔	新加坡	青岛	斯图加特	香港	基加利	香港	伦敦
6	深圳	首尔	新加坡	北京	纽约	伦敦	纽约	上海
7	广州	北京	北京	香港	基加利	上海	基加利	釜山
8	新加坡	广州	深圳	青岛	北京	纽约	北京	纽约
9	香港	深圳	广州	纽约	伦敦	迪拜	伦敦	卡萨布兰卡
10	巴黎	香港	香港	广州	迪拜	巴黎	迪拜	巴黎
11	法兰克福	巴黎	纽约	伦敦	法兰克福	法兰克福	法兰克福	阿布扎比
12	伦敦	迪拜	巴黎	迪拜	巴黎	阿布扎比	巴黎	基加利
13	都柏林	法兰克福	伦敦	基加利	深圳	北京	深圳	北京
14	努尔苏丹（曾用名：阿斯塔纳）	成都	迪拜	深圳	斯图加特	斯图加特	斯图加特	深圳
15	东京	纽约	法兰克福	法兰克福	阿布扎比	阿姆斯特丹	阿布扎比	法兰克福

资料来源：China Development Institute（CDI），Z/Yen，The Global Financial Centres Index，27th-34th edition。

中国城市在全球金融科技中心排名中表现突出，这反映出它们对技术发展的重视。数字经济时代，金融科技成为中国城市在全球金融中心指数排名中"弯道超车"的重要抓手，当前其发展价值与技术红利已逐渐释放。在GFCI 34全球金融科技中心排名前二十的城市中，中国城市占据7席（见表14），与美国并列。中国城市全球金融科技中心排名普遍高于其综合排名，部分城市全球金融科技中心排名比综合排名高出10位以上，成为拉动城市综合排名的有效引擎。作为对外开放与区域金融改革创新的门户枢纽，深圳是国内最早关注和支持金融科技发展的城市之一。基于合理的高新技术企业"雁阵"布局、完善的金融科技基础设施、开放的创新发展平台载体与丰富的金融科技应用场景，深圳的金融科技生态持续优化，目前深圳已经成为全球重要的金融科技中心之一。

表14　中国城市在GFCI 34全球金融科技中心排名中的表现

城市	金融科技中心排名	综合排名
深圳	4	12
上海	8	7
北京	9	13
香港	14	4
成都	18	44
广州	19	29
青岛	20	32
大连	35	64
天津	45	69
杭州	46	76
西安	51	94
南京	54	65
武汉	61	100
台北	71	67

资料来源：China Development Institute（CDI），Z/Yen, The Global Financial Centres Index, 34th edition。

五　全球创新指数创新集群排名

世界知识产权组织全球创新指数（Global Innovation Index，GII）聚焦全球领先的科技创新集群城市发展动态，有助于全球决策者更好地理解如何激励创新活动，以此推动经济增长和人类发展。GII主要衡量全球120多个经济体在创新能力方面的表现，反映创新驱动的经济发展与社会增长之间的联系。GII观测到创新活动地理区位的相对集中性，从2017年起设置"创新集群"排名，观测对全球创新能力贡献突出的城市群发展状况。

（一）全球创新指数2023：创新投资表现好坏参半

《2023年全球创新指数报告》（GII 2023）介绍了全球创新趋势和132个经济体的创新表现，分析了数字时代和深度科学创新浪潮与技术进步的前景跟踪全球创新趋势。报告认为，2022年创新投资表现好坏参半。风险投资的价值下降，国际专利申请量停滞不前。全球顶级企业的研发支出增加幅度从 2021 年的近 10%降至 2022 年的近 7%，并且很难评估这种名义增长是否弥补了飙升的通胀。尽管风险投资交易增加近 17.6%，但风险投资总额大幅下降近 40%，在紧缩性货币政策下 2023 年风险投资前景不确定性持续增强。从大区域分布来看，欧洲有 16 个国家跻身榜单前 25 强，创新领先者数量最多，东南亚地区、东亚地区和大洋洲有 6 个国家跻身榜单前 25 强，北美洲有 2 个国家排名位居前 25，北非和西亚地区有 1 个国家排名位居前 25。

（二）创新集群格局演变重塑

新的科技集群持续涌现，但仍主要集中在少数国家。2023 年，入选全球排名前十的创新集群与 2022 年基本一致，上海和苏州联合形成的新集群超过大阪—神户—京都和波士顿—剑桥，位居第五（见表15）。排名上升最多的三个集群全部位于中国：镇江（+15 位）、合肥（+13 位）和无锡（+13 位）。

表 15 2019~2023 年全球排名前十的创新集群

排名	2019 年	2020 年	2021 年	2022 年	2023 年
1	东京—横滨	东京—横滨	东京—横滨	东京—横滨	东京—横滨
2	深圳—香港	深圳—香港—广州	深圳—香港—广州	深圳—香港—广州	深圳—香港—广州
3	首尔	首尔	北京	北京	首尔
4	北京	北京	首尔	首尔	北京
5	加利福尼亚州圣何塞—旧金山	加利福尼亚州圣何塞—旧金山	加利福尼亚州圣何塞—旧金山	加利福尼亚州圣何塞—旧金山	上海—苏州
6	大阪—神户—京都	大阪—神户—京都	大阪—神户—京都	上海—苏州	加利福尼亚州圣何塞—旧金山
7	波士顿—剑桥	波士顿—剑桥	波士顿—剑桥	大阪—神户—京都	大阪—神户—京都
8	纽约	纽约	上海	波士顿—剑桥	波士顿—剑桥
9	巴黎	上海	纽约	纽约	纽约
10	加利福尼亚州圣地亚哥	巴黎	巴黎	巴黎	巴黎

资料来源：世界知识产权组织 2018~2023 年《全球创新指数报告》。

中国（24个）成为进入全球前100位创新集群数目最多的国家，首次超越了美国（21个）。德国（9个）位居第三，最大的创新集群是慕尼黑。日本有4个创新集群入选全球前100位，东京—横滨和大阪—神户—京都的排名保持在前十。中国创新集群的科技产出增幅最大，增幅中位数达到12.1%，其中合肥（+21.6%）和青岛（+19.4%）增长最为显著。除中国以外的其他中等收入经济体创新集群也有强劲的增长，如印度的钦奈（+10.3%）、班加罗尔（+7.9%）、孟买（+7.1%）和德里（+5.4%）集群。高收入经济体创新集群的整体增长速度持续低于中等收入经济体，67个高收入经济体创新集群中有27个的科技产出增幅为负数，但也有表现亮眼的集群，如美国加利福尼亚州圣地亚哥（+7.5%）、韩国大田（+7.8%）以及韩国首尔（+6.4%）。

（三）中国创新发展水平节节攀升

GII 2023中，中国创新能力综合排名第12，在33个中高收入经济体中位居第三，是世界上进步最快的国家之一。创新投入方面，中国的国内市场规模排名第一；创新产出方面，中国的本国商标申请量、创意产品出口等细分指标排名第一；知识与技术产出方面，中国的实用新型专利申请量、劳动力产值增长等指标排名第一；国内企业无形资产总额达8050亿美元，全球排名第一。

中国创新集群领先优势不断强化。本期上榜中国集群达25个，数量超越美国集群。在全球排名前十中，深圳—香港—广州集群继续稳居全球第二、国内第一，上海—苏州集群排名首次跻身全球前五，彰显了中国的创新领先实力（见表16）。镇江、合肥和无锡包揽了全球排名上升较快的前三名，分别上升15位、13位、13位。

表16 2019~2023年中国创新集群在世界创新集群中的排名情况

序号	集群名称	2019年	2020年	2021年	2022年	2023年
1	深圳—香港—广州	2(广州21)	2	2	2	2
2	北京	4	4	3	3	4
3	上海—苏州	11(苏州81)	9(苏州72)	8(苏州63)	6	5
4	南京	25	21	18	12	11

续表

序号	集群名称	2019年	2020年	2021年	2022年	2023年
5	武汉	38	29	25	15	13
6	杭州	30	25	21	14	14
7	西安	47	40	33	21	19
8	青岛	80	69	53	29	23
9	成都	52	47	39	27	24
10	台北—新竹	43（台北）	27	28	26	27
11	天津	60	56	52	36	36
12	长沙	67	66	59	39	37
13	合肥	90	79	73	53	40
14	重庆	88	77	69	43	44
15	哈尔滨	87	80	75	55	53
16	济南	89	82	76	57	55
17	长春	93	87	81	63	58
18	沈阳	—	—	90	68	63
19	大连	—	—	97	69	69
20	郑州	—	—	—	82	75
21	厦门	—	—	—	85	80
22	兰州	—	—	—	93	82
23	镇江	—	—	—	—	89
24	无锡	—	—	—	—	93
25	福州	—	—	—	—	94

注：2023年报告微调了测量方法，为使2022年排名与2023年排名具有可比性，本报告同时按新测量方法重新计算了2022年排名。

资料来源：世界知识产权组织2019~2023年《全球创新指数报告》。

六 全球城市发展的启示

经历了疫情冲击带来的经济衰退，以及持续发酵的俄乌冲突引发的能源危机，全球经济逐渐走出阴霾，短期前景有所改善，但经济复苏的步履依然艰难，通胀水平仍处高位，地缘经济割裂致使贸易和资本流动放缓，在多重因素影响下全球经济下行压力持续存在。在全球经济社会疫情后修复重振期，国际城市应在复苏与发展阻力下着力寻找新的路径，以新眼光与新思路，立足新时代与新境遇，探索新赛道与新维度，凭借强大韧性赋能城市经济长期可持续发展。

（一）全球经济复苏依然缓慢且不均衡

全球经济复苏仍然缓慢且不均衡。尽管2024年早期全球经济出现小幅反弹，通胀高基数效应下核心通胀中枢亦有所下移，但经济发展水平仍远低于疫情前水平，各个地区分化程度日益提高。国际货币基金组织（IMF）预测，全球经济在2023~2024年的增速预计将继续走低，低于3.8%的历史（2000~2019年）平均水平，尤其是发达经济体的增速下降影响较大。世界银行预测，全球经济增长将继续放缓，从2023年的2.6%降至2024年的2.4%，或将导致2020~2024年成为全球经济30年来增速最慢的五年。尽管预计2024年国际旅游业将完全恢复到疫情前水平，但货币政策紧缩、信贷条件限制、政府或企业违约风险攀升、经济去碳成本持续高企、全球贸易与投资疲软、地缘政治冲突与保护主义抬头、大国博弈日益转向各方受损的负和博弈、新冠疫情后的"疤痕效应"等短期与长期因素的影响依然广泛且深远。全球经济向上的动力将主要来自一些发展基础好、潜力大的新兴经济体，其在引领全球经济增长方面发挥着日益重要的作用。面对世界多极化、经济全球化持续加速的复杂局势，全球经济企稳复苏急需世界各国大力加强务实合作，携起手来、共同努力，为全球城市经济发展"破题"，以新机遇、新动力推动世界经济可持续性复苏。

（二）新兴市场与发展中经济体表现超预期

随着世界经济进入深度变革期，国际力量格局多极化趋势日益显著，新兴市场与发展中经济体对全球经济增长的贡献程度日益提高。其中，亚太地区经济相较于其他区域展现出韧性和活力，亚太地区城市增速亦显著高于世界平均水平，并且2024年有较大可能延续这一态势。在全球实力城市指数中，亚太地区城市表现出卓越的"抗跌能力"，且远远强于北美洲城市。本轮亚太地区城市的"出圈"主要得益于两个因素的共同作用。一是区域协同合作的强烈意愿。在亚太地区国家中，绝大多数国家合作共赢意愿强烈，将维护和平稳定和经济发展作为第一要务，使区域可持续增长有了有力保障和强大动能。2023年6月，RCEP对15个签署国全面生效，进一步促进了亚太地区贸易投资自由化便利化，增强了亚太地区经济增长内生动能。中国—东盟自贸区3.0版力争2024年内完成谈判，有望进一步降低关税和减少非关税壁垒，助力区域经济一体化发展。二是数字经济贡献强劲动能。亚太地区不仅经济增长率位居全球前列，也是推进数字化进程、发展数字经济的先行区和示范区。据国际数据公司（IDC）预测，2023年亚太地区数字经济对整体经济产值的贡献率有望达到65%，区域内1/3的企业内部通过数字产品和服务创造的营业收入占比有望超过30%。经济转型升级加上平稳的区域局势，将使亚太地区更好地把握需求逐步回升、旅游业继续反弹、消费回暖、贸易止跌企稳向好的机遇，保持良好的增长势头。

（三）中国城市经济韧性与发展潜力突出

2023年，面对错综复杂的国内国际形势，我国城市经济取得了可圈可点的新成绩，宏观政策的大力调控功不可没，积极财政政策打出"组合拳"，有力化解地方政府债务风险，惠企利民提振经济预期，稳健的货币政策精准有力，大力支持城市经济回升向好，总体来看，全国城市经济呈现温和恢复态势，但经济回升基础仍需进一步巩固，加快释放内需潜力。与此同时，创新动能持续赋能中国城市经济增长。在全球城市主要排名中，中国城市无一例外地在科技创新相关维度表现突出。得益于创新驱动发展战略的深入实施，中国城市经济发展的新质生产力优势显著。中国城市顶住外部压力、克服内部困难，以科技创新推动产业创新、以产业升级构筑竞争新优势，充分发挥科技创新的杠杆作用。以科技创新为引领，我国城市经济数字化、制造业智能化加速推进，智慧城市新场景、新方案、新模式不断涌现，为城市经济发展拓展新空间；以推进新型工业化为主线，新能源、新材料领域关键核心技术创新提档加速，战略性新兴产业持续向产业链价值链中高端攀升，城市经济绿色低碳转型成效明显。向"新"而行的经济巨轮不仅是城市经济高质量发展的"压舱石"，还是拉动城市经济持续增长的动力源。作为世界第二大经济体，中国以巨大的发展韧性和潜力，立足自身发展新质生产力，加强科技创新和产业创新深度融合，让科技创新这个"关键变量"转化为高质量发展的"最大增量"，成功走出了一条具有中国特色的现代化道路，为世界经济复苏发展提供了中国方案。当前，数字基础设施建设已经在中国主要城市全面覆盖，"5G+工业互联网"创新发展进入快车道，为现代化产业体系建设打下坚实基础。科技创新对绿色低碳转型的贡献亦不容忽视，以新能源汽车、锂电池和光伏产品为代表的"新三样"的中国新能源产品在国际市场的占有率大幅攀升。在全球产业数字化与数字化产业加快发展的背景下，一大批新技术、新成果、新应用有望加速出现，并规模化发展。由此，作为科技创新中心节点的中国城市亦会获得产业创新发展的新动能，城市经济发展或将迎来新的增长点。

参考文献

伍庆、胡泓媛等：《全球城市评价与广州发展战略》，中国社会科学出版社，2018。

周振华、张广生主编《全球城市发展报告2023：基于全球城市网络的合作与竞争》，格致出版社，2024。

倪鹏飞等：《全球城市竞争力报告（2021–2022）：知识经济重塑未来的人类与城市》，中国社会科学出版社，2023。

高鹏：《全球城市研究的新理论和新方法——评哈里森和霍伊勒著〈全球城市研究〉》，《全球城市研究》（中英文）2022年第4期。

姜炎鹏、陈囲桦、马仁锋：《全球城市的研究脉络、理论论争与前沿领域》，《人文地理》2021年第5期。

B.6
广州培育建设国际消费中心城市的挑战及对策

——基于京沪穗渝津深蓉七城市的对比分析

贺永明 王 炬*

摘　要： 2023年是广州培育建设国际消费中心城市的中期关键节点。两年来，广州构建产业型、流量型、服务型三大消费体系，彰显韧性、活力、开放三大特色，打造"533"发展矩阵，取得阶段性成效。本文通过国际知名度、消费繁荣度、商业活跃度、到达便利度、政策引领度等五大维度与京沪穗渝津深蓉七座城市对比分析发现，广州仍存在旅游资源禀赋匮乏、国际会议发展水平不高、高端消费资源集聚有限、居民消费意愿减弱等问题，并聚焦国际化、品牌化、场景化、数字化等方面，思考和展望下一阶段的建设。

关键词： 广州　国际消费中心城市　新业态

2023年是上海、北京、广州、天津、重庆等5个率先培育建设国际消费中心城市的中期关键节点。同年，深圳、成都2个城市新进万亿级消费梯队。各主要消费城市从自身特点出发提出了特色鲜明的发展目标，并落实了一系列具体举措。本文选取京沪穗渝津深蓉七城，对标商务部国际消费中心城市评估指标体系进行比较分析，深入研究广州的优势与面临的挑战，为广州加快建设国际消费中心城市提供意见和建议。

---

* 贺永明，广州市商务局综合处处长，研究方向为国际经贸；王炬，广州市商务局综合处主任科员，研究方向为国际经贸。

一 广州对标国际消费中心城市评估指标体系的比较优势和挑战

参照世界公认的国际消费中心城市具备要素,以及商务部发布的评估指标体系,国际消费中心城市的发展水平可以从国际知名度、消费繁荣度、商业活跃度、到达便利度、政策引领度等5个维度进行衡量。总体看,广州综合优势明显,在旅游资源、国际会议、高端消费资源集聚等方面仍有较大的提升潜力。

(一)商务部国际消费中心城市评估主要方向

国际消费中心城市是消费资源的集聚地,更是一国乃至全球消费市场的制高点。国际消费中心城市评估指标体系主要包含五大维度,分别是国际知名度、消费繁荣度、商业活跃度、到达便利度、政策引领度,总评价根据各指标得分加总。其中,国际知名度占10%,消费繁荣度占30%,商业活跃度占30%,到达便利度占10%,政策引领度占20%。

具体而言,国际知名度维度的评估围绕全球城市竞争力、入境旅游人数及其来源地、入驻的国际组织数量/世界500强企业数量、国内国际重大活动和展会、文化及文化遗产、旅游景区、度假区等发展情况展开。消费繁荣度维度的评估围绕社会消费品零售总额、居民人均消费、国内国际旅游、服务业、消费品进口等发展情况展开。商业活跃度维度的评估主要考察标志性商业街区建设情况、国际知名商品和服务品牌进驻情况、中华老字号的发展情况、离境退税情况、三星级及以上旅游饭店发展情况、第三产业固定资产投资情况和消费者满意度等。到达便利度维度的评估主要考察国内国际航班、高铁及动车通达性和频次,城市轨道交通运营情况,高速公路途经情况以及枢纽换乘的便捷性。政策引领度维度的评估强调政府规划的科学性和工作机制的支持力度,从领导组织和协调机制、规划、目标、实施方案以及政策创新和配套措施等方面进行审视。整个指标体系突出了国际消费中心城市建设的国际性、便利性、带动性、示范性等功能导向。

（二）从国际知名度看，广州国际竞争力居前、会展规模领先、旅游资源丰富

一是国际竞争力居前，但世界500强企业总部数有待增加。从全球化与世界城市研究网络（GaWC）发布的《世界城市名册2022》来看，广州在2016年、2018年、2020年、2022年连续四届被评选为Alpha等级，表明在全球舞台中具有主导带动作用，在世界城市体系排名第34，仅次于北京（第4）、上海（第5）。从科尔尼管理咨询公司发布的《2022年全球城市指数报告》来看，广州在全球城市的综合排名由2020年第63提升至2023年第55，位居国内城市第4。外国驻穗领事馆68家，仅次于上海（77家），远超成都（23家）、重庆（13家）、深圳（0家）等城市；国际友城104个，国际友好港55个，广州国际交往中心功能日益凸显。目前，在穗投资世界500强企业345家，投资项目累计1968个。但从世界500强企业总部数来看，2023年广州新晋世界500强企业2家（广新控股、广州工控），企业总部数达到6家，高于重庆（0家）、成都（4家）、天津（0家），但与北京（52家）、上海（12家）、深圳（10家）相比仍有差距（见表1）。

二是会展规模领先，国际会议发展水平有待提升。广州市会展业竞争力指数排名从全国第三跃居第一，连续8年获"中国最具竞争力会展城市"殊荣。2023年，各重点场馆累计举办展览373场，展览面积首次突破千万平方米（1089.50万平方米），场次、面积均排名全国第二，仅次于上海（681场、1732.67万平方米），高于深圳（195场、1030万平方米）。根据中国会展经济研究会发布的《2022年度中国展览数据统计报告》，2022年广州举办展览193场，增长7.2%；举办展览面积414.42万平方米，增长8.5%，场次、面积均排名全国第一。根据国际大会及会议协会（ICCA）发布的《2022 ICCA国际及地区排名分析报告》，新冠疫情对各大城市申办国际会议产生了重大影响，广州举办国际会议数量与北京、上海差距较大，也不及深圳、成都。

三是旅游资源丰富，但旅游禀赋有待优化。广州作为中国历史文化名城和现代化国际大都市，在文化遗产、美食、商业街区、自然风光、旅游体验

等方面拥有丰富的旅游资源。城市内有众多的文化遗产和历史古迹，如陈家祠、岭南印象园、越秀公园等。同时，广州是中国四大美食之一粤菜的发源地，也是国际知名的美食之都，美食文化独具特色。但是，广州高等级旅游资源偏少，旅游禀赋有待优化。广州尚未成功申请到世界文化遗产、国家级旅游度假区，4A、5A 级旅游景区 38 个，不及重庆（164 个）、北京（80 个）、上海（76 个）、成都（53 个），但优于天津（35 个）、深圳（10 个）。从反映旅游吸引力的核心指标——旅游人数和旅游收入来看，2023 年广州旅游接待 2.34 亿人次，旅游收入 3309.5 亿元，旅游人次、旅游收入均不及上海、北京、成都。

表1 国际知名度指标情况

城市	国际影响力			会展规模			旅游吸引力		
	全球城市等级（排名）	世界500强企业总部数（家）	国际友城数量（个）	国际会议数量（ICCA发布）（个）	展览场次（场）	展览面积（万平方米）	旅游人数（亿人次）	旅游收入（亿元）	4A、5A级旅游景区（个）
北京	Alpha+（4）	52	55	19	5	26	3.29	5849.7	80
上海	Alpha+（5）	12	94	16	17	103.22	3.30	—	76
重庆	Beta（93）	0	53	0	95	176.78	—	—	164
广州	Alpha-（34）	6	104	0	193	414.42	2.34	3309.5	38
深圳	Alpha-（41）	10	93	9	42	306.2	1.67	2381.25	10
成都	Beta+（71）	4	37	8	127	241.6	2.80	3700	53
天津	Beta+（74）	0	29	0	16	40.85	—	—	35

资料来源：全球城市等级（排名）来源于全球化与世界城市研究网络（GaWC）发布的《世界城市名册2022》；世界500强企业总部数来源于2023年《财富》世界500强榜单；国际友城数量来源于各市外办网站；国际会议数量（ICCA发布）来源于国际大会及会议协会（ICCA）发布的《2022 ICCA国际及地区排名分析报告》；展览场次和面积来源于中国会展经济研究会发布的《2022年度中国展览数据统计报告》；旅游人数、旅游收入和4A、5A级旅游景区来源于2023年各地文旅部门网站。

（三）从消费繁荣度看，广州内外贸均衡发展、服务业发达，新型消费快速发展，但单项指标差距明显，居民消费意愿有待提升

一是内外贸总体均衡，单项指标仍不突出。2021 年作为培育建设国际

消费中心城市首年，广州克服疫情冲击，社会消费品零售总额、货物进出口总额均突破万亿元大关，继北京、上海之后迈入"双万亿元"第三城之列。社会消费品零售总额、货物进出口总额连续3年稳居"双万亿元"规模。但从单个指标来看，社会消费品零售总额、货物进出口总额在全国分别排名第4、第7，社会消费品零售总额位居上海、北京、重庆之后。据2019年第四次全国经济普查修订数据，2011年广州社会消费品零售总额被重庆超越，排名降至第4，且差距呈逐年拉大趋势，到2023年扩大到4100多亿元。货物进出口总额与上海的4万亿元级别，深圳、北京的3万亿元级别还有差距，但好于重庆、成都、天津（见表2）。

表2 2023年部分城市消费繁荣度情况

城市	内外贸		消费能力		产业结构	
	社会消费品零售总额（亿元）	货物进出口总额（亿元）	城镇居民人均可支配收入（元）	城镇居民人均消费支出（元）	第三产业增加值（亿元）	第三产业占比（%）
北京	14462.7	36466.3	88650	50897	37129.6	84.8
上海	18515.5	42121.6	89477	54919	35509.6	75.2
重庆	15130.3	7137.39	47435	31531	16371.97	54.3
广州	11012.6	10914.3	80501	49480	22262.24	73.3
深圳	10486.2	38710.7	76910	51821	21566.38	62.3
成都	10001.6	7475.53	—	—	15109.00	68.4
天津	3820	8004.74	55355	37586	10486.15	62.7

资料来源：2023年各城市国民经济和社会发展统计公报。

二是居民消费意愿待提升，居民人均消费支出不够强劲。2023年广州城镇居民人均消费支出49480元，不及上海、深圳、北京的5万元级别。广州城镇居民人均可支配收入为80501元，不及北京、上海，但高于深圳、天津、重庆。用城镇居民人均消费支出/城镇居民人均可支配收入来衡量城镇居民消费意愿，广州2023年城镇居民消费意愿为0.61，近五年下降0.08（见图1），居民消费意愿趋于保守。

三是新型消费快速发展，服务业处于领先地位。2023年广州跨境电商

城镇居民消费意愿 ——■—— 农村居民消费意愿

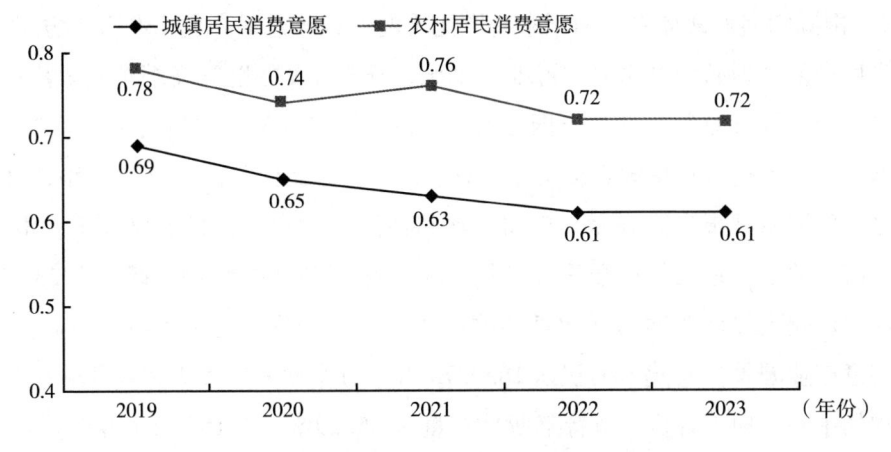

年份	城镇居民消费意愿	农村居民消费意愿
2019	0.69	0.78
2020	0.65	0.74
2021	0.63	0.76
2022	0.61	0.72
2023	0.61	0.72

图 1 2019~2023 年广州城镇居民消费意愿趋势

进口额达 267.4 亿元，同比增长 9%，较 2014 年刚开展跨境电商零售进口业务时的 1.8 亿元进口额，进口规模 9 年增长 148 倍，2015 年以来连续 9 年排名全国第一。2023 年广州限额以上实物商品网上零售额为 2835.20 亿元，占社会消费品零售总额的 25.7%，较上年提升 1.3 个百分点。网上零售额不及北京（5171.92 亿元）、上海（5520.21 亿元），但好于深圳（2015.8 亿元）、重庆（896.74 亿元）。[①] 其中，深圳增长 26.1%，远高于广州 8.9% 的增速。广州获国务院批复开展服务业扩大开放综合试点，第三产业增加值超 2 万亿元，规模排名全国第三（仅次于北京、上海），占 73.3%。北京、上海第三产业增加值超 3 万亿元，占比分别超八成、七成。深圳、成都、天津占六成左右，重庆占五成左右。其中，批发和零售业增加值超 4200 亿元，总量排名全国第二（仅次于上海），商贸业（批发和零售业与住宿和餐饮业）增加值占全市 GDP 的 15.7%，在全国主要城市中占比最高。

（四）从商业活跃度看，广州地标性商圈繁荣，市场主体活跃，消费环境良好，但优质商业载体偏少、免退税网点仍需加密

一是地标性商圈繁荣，但商业载体质量有待提升。广州构建"5+2+

---

① 相关数据来源于 2023 年各城市国民经济和社会发展统计公报。

4"国际知名商圈体系,两年来新增优质商业载体总面积超130万平方米,先后布局落地新鸿基ICC、超级万象城、SKP、太古里等高端项目。广州非遗街区(北京路)成为全国首条线上线下同步开放的非遗街区,荣获全国示范步行街、首批国家级文化产业示范园区。戴德梁行发布的《2023年全球商圈专项报告》显示,广州天河路商圈在大中华区排名仅次于香港、上海、北京,近三年租金累计增长22%。据赢商数据统计,截至2023年底,广州主要商业项目(包括购物中心、独立百货、奥特莱斯、商业街、创意产业园等)总建筑面积达1850.75万平方米,其中集中式商业(包括购物中心、独立百货、奥特莱斯)存量占85.29%,约1578.57万平方米,位居全国第六,与上海的3005.95万平方米、北京的1970.3万平方米相比有一定差距。

二是中华老字号数量居中,免税政策需继续争取。2023年4月,商务部等5部门启动中华老字号示范创建工作,对2006年和2011年先后认定的两批中华老字号进行复核,同时推进第三批中华老字号认定。经过复核和新一批认定,上海、北京、天津分别有197个、137个、72个中华老字号,广州有36个中华老字号,主要集中在食品餐饮和医药行业,多于重庆(31个)、成都(23个)、深圳(4个)。市内免税店可吸引消费回流,北京、上海、重庆等10个城市已开设1~2家市内免税店,而广州尚未争取到市内免税政策支持。境外旅客购物离境退税方面,北京的退税商店数量排名全国第一,上海的退税额排名全国第一。截至2023年前三季度,广州仅有92家离境退税商店,少于北京(1020家)、上海(578家)、深圳(147家)。广州是离境退税"即买即退"政策试点城市之一,截至2023年底,试点商店10家,但不及上海(47家)、深圳(23家)、北京(14家)。

三是市场主体活跃,消费环境有较大优化空间。广州市场主体顶住疫情冲击连续3年实现正增长,新增80多万户,2023年实有市场主体339.97万户,增长7.7%。在2023年福布斯中国新锐品牌100强中,广州入选品牌16个,数量位居各大城市第二。广州跨境贸易指标在财政部开展的营商环境第三方评估中排名第一，在国家营商环境评价中排名第二。良好的营商环境有利于激发市场主体活力，2021年广州市场主体303.77万户，其中批发和零售业、租赁和商务服务业、住宿和餐饮业合计占比近70%。与上海（319.54万户）、成都（332.06万户）、重庆（320.37万户）处于同一梯队，均突破300万户，高于北京（223.65万户）、天津（151.23万户）。[①]根据中国消费者协会发布的《2023年100个城市消费者满意度测评报告》，广州得87.24分，较2022年提高5.35分，全国排名第11，不及深圳（第7）、北京（第8），领先上海（第18）、天津（第24）、重庆（第25）、成都（第26）。广州在持续优化消费环境、不断扩大消费供给等方面，还有较大提升空间。

（五）从到达便利度看，广州"陆海空铁"交通及物流体系发达，城市综合交通枢纽功能稳居前列

一是国际航空枢纽地位突出。广州白云国际机场开通国内外通航点236个，其中国际及地区航点72个，航线网络覆盖全球五大洲，加速形成通达全球的"12小时航空交通圈"。广州白云国际机场2023年旅客吞吐量6317.35万人次，增长142%，连续四年排名全国第一，其中2020年旅客吞吐量更是跃居全球第一，成为全球最繁忙的机场。2022年，广州快递业务量突破100亿件，总量约是深圳的2倍、上海的4倍、北京的5倍。

二是港口吞吐量、作业效率领先。2023年，广州港货物吞吐量6.75亿吨，集装箱吞吐量2541万标箱（见表3），吞吐量分别排名全球第5和第6。在京沪穗渝津深蓉七座城市中，广州港货物吞吐量仅次于上海港、深圳港。广州铁路客运、货运总量位居全国第一。2023年9月，世界银行、标准普尔及IHS Markit联手推出最新一期The Container Port Performace Index 2022，在全球集装箱港口效率指数（CPPI）中广州港排名全球第九、全国第三，仅次于上海港、宁波港。

---

① 相关数据来源于2023年各城市国民经济和社会发展统计公报。

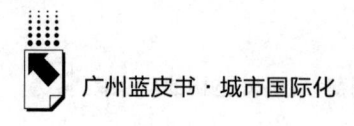

表3　2023年全国主要城市口岸有关指标及其排名

单位：万人次，万标箱

排名	机场	旅客吞吐量	港口	集装箱吞吐量
1	广州/白云	6317.35	上海港	4915.8
2	上海/浦东	5450.1	宁波舟山港	3530.1
3	北京/首都	5296.4	深圳港	2988
4	深圳/宝安	5274.1	青岛港	2875
5	成都/天府	4482.3	广州港	2541
6	重庆/江北	4472.6	天津港	2218.7
7	上海/虹桥	4248.3	香港港	1434.1
8	昆明/长水	4193.5	厦门港	1255.4
9	西安/咸阳	4135.4		
10	杭州/萧山	4127.7		

三是铁路轨道交通里程排名靠前。广州高铁班次、广州南站客流量排名都是全国第一，地铁总里程超过600千米。2023年投入运营的广州白云站，是亚洲最大的铁路综合枢纽之一。

（六）从政策引领度看，广州构建"1+1+11"工作方案体系，举全市之力培育建设国际消费中心城市

广州获省政府出台32条政策措施支持，市政府出台具体实施方案，11个区分别制定行动方案，最终形成"1+1+11"工作方案体系。2023年，全国首部国际消费中心城市建设专项规划出台。2022年，国务院印发实施的《广州南沙深化面向世界的粤港澳全面合作总体方案》，赋予广州南沙企业享受15%所得税优惠等一揽子政策优惠，使广州南沙成为吸引全球企业的重大战略性平台。北京发挥"两区"政策优势，推进"五子"联动协同，构建"四个体系"工作机制，形成"1+10+17"实施方案体系，推出"十大专项行动"，16个区和经开区立足各自优势特色及战略定位，推出"10+17"配套实施方案。上海注重《"十四五"时期提升上海国际贸易中心能级

规划》和新一轮全力打响"上海购物"品牌三年行动计划的有机衔接，实施消费地标打造、首发经济提质等8个专项行动。重庆细化制定了23条具体政策，明确"十大工程"40项重点任务，按照现有政策优选集成、调整政策优化整合、新增政策创新突破的思路，把存量政策做优做精、把增量政策做特做新。天津出台五年行动方案，提出到2027年，社会消费品零售总额较2022年翻一番。深圳出台27条措施，培育引领消费时尚的平台和领先的商业企业，打造具有全球影响力的粤港澳大湾区消费高地。成都印发《成都市加快打造国际消费中心城市实施方案》，实施消费新高地建设、消费新空间打造、消费新场景塑造、消费新模式培育、消费新格局构建和消费新环境营造六大工程。

二 七城培育建设国际消费中心城市的主要措施及特色

七座城市发展各有特色、各有侧重，在消费品牌的塑造、消费内容的丰富、消费资源的开拓、消费IP的打造、消费产业生态的培育、消费新业态的发展、消费场景的创新等各方面开展了颇有成效的尝试。

（一）上海市：聚焦供给创新、政策赋能和氛围营造，重点突出品牌特色

在政策方面，上海市政府出台了一系列优惠政策以吸引国际品牌入驻和促进本地消费市场发展，如提供税收优惠、金融支持和行政便利，鼓励企业在上海设立总部或分支机构。在商业环境方面，依托高端资源集聚、市场创新活跃等优势，上海重视全球商品、国际品牌的引进与首发，着力打造全球新品首发地、全球消费目的地，全面打响"上海购物"品牌。在跨境贸易方面，上海通过建设自由贸易试验区和进口博览会等平台，推动跨境贸易和进口消费，通过降低进口关税、简化通关手续等措施，吸引更多优质国际商品进入上海市场。在金融服务方面，上海作为中国的金融中心，提供多样化

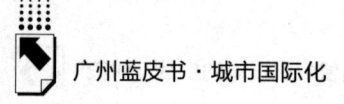

的金融服务，支持消费者和企业进行消费金融、投资理财等活动，促进消费市场的繁荣发展。

（二）北京市：重视打造"文旅体教医"服务型消费，重点突出大国首都的综合性服务消费功能

北京作为中国的政治、文化和经济中心，着重突出大国首都功能，重视打造"文旅体教医"服务型消费，形成具有全球竞争力的体育、教育、医疗、会展等一系列"城市名片"。北京市政府推出文旅消费潜力释放、体育消费质量提升、教育医疗消费能级提升等"三大重点行动"。其中，文旅消费潜力释放行动体现在加强旅游基础设施建设、提升旅游服务水平；推动文化旅游产业融合发展，丰富旅游产品供给；拓展旅游消费场景，提升旅游体验；加强旅游宣传推广，提升北京旅游形象。体育消费质量提升行动体现在推动体育与科技、文化等产业融合发展，丰富体育产品供给；扶持体育品牌建设，提升体育产品知名度和品质；加强体育赛事和活动的举办，拓展体育消费市场。教育医疗消费能级提升行动体现在优化教育医疗资源配置，提升服务质量和效率；加强教育医疗基础设施建设，扩大服务供给；推动教育医疗服务多元化发展，丰富服务形式和内容。

（三）天津市：挖掘特色资源禀赋，实现自然景观、人文品牌的消费功能

天津作为中国的重要港口城市和经济中心，着重挖掘"河、海、山、港、楼"特色资源禀赋，实现自然景观、人文品牌的消费功能。天津拥有独特的自然景观，如海、河、滨海新区的海岸线、湿地公园等，能够通过开发旅游景点、推出游船观光项目、举办水上活动等方式实现自然景观的消费功能。同时，天津有着丰富的历史文化遗产和人文景观，如意式风情区、津门故里、古文化街等。天津可以通过开发文化创意产品、举办文化艺术活动、推广地方特色美食等方式，打造人文品牌，进而推动消费。天津将自然景观和人文品牌相互融合，通过突出"城区与港区"的双核结构与亲海消

费特色，构建"津城""滨城"国际消费核心承载区"双核"形态，特别强调围绕"滨海"要素打造亲海消费，利用天津港优势，强化进口汽车口岸服务辐射功能，实施乳品、红酒等商品进口促进计划。

（四）重庆市：凸显巴渝特色，突出"山城""江城"城市名片

重庆作为中国西南地区的重要城市，打造了独特的"山城"和"江城"双重城市名片，具有丰富的特色资源。重庆正在加快"商文旅体健"消费融合提质，大力发展"夜经济"，建设宜居宜业宜游城市。重庆地处长江上游地区，周边多山，这种地理特点为城市增添了独特的风貌和景观。重庆通过开发山地旅游资源、打造山地度假胜地、举办登山徒步活动等方式，利用"山城"的自然美景促进旅游消费。此外，重庆还因长江而闻名，被誉为"江城"。通过开发长江游览线路、举办江上游船观光活动、推出长江美食文化节等方式，重庆能够充分展示"江城"的魅力。重庆正着力于打造"高颜值"地标场景，彰显"巴渝风"城市魅力。同时，重庆重视国际交流与区域合作，发挥西部陆海新通道、中欧班列、长江黄金水道等通道优势，发展港口型、陆港型、空港型、生产服务型、商贸服务型"五型"国家物流枢纽城市。

（五）广州市：以"千年商都"为抓手，打造"三大消费体系"

广州作为中国历史悠久的城市，具有"千年商都"的历史积淀和深厚的商业文化底蕴。为了充分发挥广州作为消费品供应地的产地优势，作为综合交通枢纽与会展中心城市的流量优势，作为美食之都、康养之都、体育名城等国家中心城市的服务优势，广州构建起产业型、流量型、服务型"三大消费体系"，彰显韧性、活力、开放"三大特色"。在构建产业型消费体系时，广州积极引导和支持本地产业的发展，特别是以消费为导向的产业，如高端制造业、时尚设计产业等。同时，广州建设产业集聚区或产业园区，打造集生产、研发、销售等功能于一体的产业生态圈，形成产业链完整、配套齐全的消费体系。在构建流量型消费体系时，广州通过建设商业中心、购物中心、主题公园等流量汇聚地，促进消费活动的集聚和增多。在构建服务

型消费体系时，广州不断提升服务业水平，包括餐饮、酒店、旅游、金融、医疗等，通过提供更加优质的服务，提升消费者的消费体验和满意度。

（六）深圳市：打造"世界级"地标性商圈，做大做强"首店经济"，大力发展新业态、新模式和培育龙头企业

深圳作为中国改革开放的前沿城市之一，以金融支持、创新科技为抓手打造国际消费中心城市。《深圳市商务发展"十四五"规划》提出，2025年初步建成国际消费中心城市。深圳旨在锚定"世界级"打造地标性商圈，做大做强"首店经济"，大力发展新业态、新模式和培育龙头企业。深圳通过重点打造一批"世界级"地标性商圈，如华强北电子商务区、京基滨河时代广场等，以优化商业环境、改善配套设施、引进国际品牌等方式，打造具有全球影响力的消费场所。深圳通过鼓励和支持"首店经济"的发展以提升城市的吸引力和影响力，对于首次进入的品牌商家，政府提供优惠政策、减免租金等扶持措施。深圳积极推动新业态、新模式的发展，如无人零售、共享经济、线上线下融合等。政府支持创新创业，提供政策支持和金融扶持，鼓励企业和个人创新创业，推动消费市场的创新发展。深圳注重培育龙头企业，通过支持企业科技创新、品牌建设、市场拓展等方式，培育一批具有国际竞争力的企业，引领行业发展，提升城市的消费能级和产业竞争力。在地理位置上，深圳地处中国南方沿海，拥有便利的海陆空交通条件，是中国重要的进出口贸易中心之一。政府通过支持发展跨境电商、跨境贸易等业务，吸引更多优质国际商品进入深圳市场，满足消费者多样化的消费需求。

（七）成都市：做强国际门户枢纽城市，培育新型消费平台，致力于打造国际知名的消费目的地

以做强国际门户枢纽城市、形成强大消费市场、塑造高品质消费场景、培育新型消费平台、建设国际消费目的地等为支撑，成都加快建设蕴含天府文化特色、彰显公园城市特质、引领国际时尚的国际消费中心城市。成都充分发挥地理位置和区位优势，积极打造国际门户枢纽城市，加快将自身建设成为西部地区重要的国际航空、铁路、公路、物流等交通枢纽，便利国内外人员和货物流动，促进国际贸易和旅游消费。成都注重提升消费场景的品质和舒适度，通过打造高端商业街区、主题购物中心、特色美食街区等方式，塑造各具特色的高品质消费场景，提升消费者的消费体验。成都积极培育新型消费平台，如电子商务平台、共享经济平台等，推动线上线下融合发展，提供更加便捷、智能的消费服务，满足消费者多样化的消费需求。成都致力于打造国际知名的消费目的地，通过举办国际性活动、推广特色文化、引进国际品牌等方式，吸引更多国内外游客和消费者来成都消费，提升城市的国际影响力和知名度。通过以上措施，成都不断推动消费市场的发展和城市的建设，努力将自身打造成为西部地区的国际消费中心城市。

三 广州建设国际消费中心城市的发力点

下一阶段，广州要坚持规划引领，厚植"千年商都"底蕴，发挥"世界工厂"优势，推动建设成为全球综合性国际消费中心城市、引领中国现代消费时尚潮流的新标杆，实现"广聚天下客、广卖天下货、广货卖天下"。

（一）瞄准"国际化"，建设世界级消费聚集地

拓展商务、会展和旅游的国际客源和消费人群。积极申请世界性、全国性的公务、商务活动承办权，支持举办各行业、各领域的全球性峰会、年会、论坛、培训等活动，培育和吸引更多国际性展览落地，打造具有全球影响力的商务或消费类会议品牌。以"千年商都"为主题，精心策划串联具有广州特色的国际旅游线路，围绕服装、珠宝、皮具、美妆、茶叶等重点消费领域，打造"多个产业+商贸"特色消费旅游景区，加快推进南沙国际邮轮母港投入运营，持续打造"广州过年·花城看花"品牌。积极争取市内免税店试点城市。吸引更多运营主体来穗开展免税业务，将广州每年千万级的出入境人流、百万级的展会人流转换为消费流。大力吸引国际机构及组织

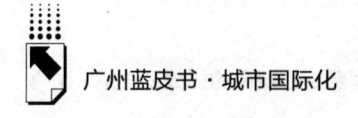

落户广州。积极引入共建"一带一路"各国的行业性商协会、各种评估检测机构、时尚发布机构、营销服务机构等,共同举办与消费相关的国际联展或节庆活动,提升广州消费中心国际知名度和对国际消费人群的吸引力。

(二)提升"品牌化",打造城市印象名品名店

打造特色鲜明的广州十大消费IP,培育都会级羊城夜市先行区。把国际购物节、直播电商节、时尚消费节等品牌活动"串珠成链""集链成群"。充分发挥广交会等会展平台、江南市场等市场平台、唯品会等电商平台、综保区和全球优品集散中心等载体的功能作用,不断提高广州消费品进口和集散枢纽地位。大力支持国内外知名品牌在广州设立全球性、全国性或区域性品牌首店、旗舰店,吸引一批国际高端知名品牌、原创设计师品牌等在穗首发和同步上市新品。培育广州全球性品牌,重点是纺织服装、美妆日化、箱包皮具等优势领域,并根据各重点企业或品牌的市场规模、成长性、知名度、影响力等指标分类指导。

(三)围绕"场景化",培育多元消费供给体系

立足城市布局和商业特色,借鉴国际经验,突出中国特色,融合岭南元素,从提升商业质量、优化消费环境、打造智慧商圈、增强文化氛围等方面,差异化打造一批精品享誉世界、服务吸引全球、环境多元舒适、监管接轨国际的标志性商圈。推动"传统商业载体+文化创意+场景融合+数字化赋能"改造,加快"5+2+4"商圈规划建设落地,推进太古聚龙湾、广州塔南广场等标志性商业载体建设。结合城市更新改造,发展一批特色商业街。拓展一刻钟便民生活圈,持续丰富社区供给,形成一批新型社区商业服务中心。

(四)拓展"数字化",发展消费新业态、新模式

加快发展数字消费,挖掘510家范围遍及全球的专业市场的流量归集,推动服装、美妆等千亿级产业"聚沙成塔",化"流量"为"能量"。集聚

一批领军型直播电商平台和具有跨境电商服务能力的MCN（网络视频创作者服务）机构，培育一批特色鲜明的直播电商基地，做强做大直播电商主体。有序发展直播电商、社交电商、社群电商、"小程序"电商等营销新业态。推进商圈"智慧化"建设。借助5G、大数据、人工智能等新技术，打造包括数字化景观展示、沉浸式体验、智能支付和智能停车等环节在内的全套智慧消费生态体系。建设集时尚商品展贸展销、文化旅游、综合娱乐、数字创意于一体的智慧商圈。推动服务消费数字化水平的提升。健全"互联网+服务"公共平台，加快社会服务在线对接、融合发展。鼓励发展网上餐厅、智慧旅游、在线文娱、智能体育、互联网医疗健康服务，提升服务消费智能化、便利化水平。

参考文献

曹静、冉净斐：《推进国际消费中心城市建设的瓶颈与经验借鉴》，《区域经济评论》2022年第2期。

郭馨梅、于海琳：《北京建设国际消费中心城市影响因素实证研究——基于VECM模型》，《商业经济研究》2022年第2期。

黄庆华、向静、周密：《国际消费中心城市打造：理论机理与现实逻辑》，《宏观经济研究》2022年第9期。

刘社建：《"双循环"背景下上海构建国际消费城市路径探析》，《企业经济》2021年第1期。

刘司可、路洪卫、彭玮：《培育国际消费中心城市的路径、模式及启示——基于24个世界一线城市的比较分析》，《经济体制改革》2021年第5期。

陆铭、彭冲：《再辩大城市：消费中心城市的视角》，《中山大学学报》（社会科学版）2022年第1期。

汪婧：《国际消费中心城市：内涵和形成机制》，《经济论坛》2019年第5期。

王佳等：《基于旅游消费者视角的消费城市发展策略和建议》，《经济问题探索》2013年第1期。

叶胥、龙燕妮、毛中根：《多层级消费城市的空间格局及驱动因素——以长三角地区41个城市为例》，《经济地理》2022年第5期。

周勇：《中国消费中心空间发展：动力、扩张及路径》，《求索》2022年第5期。

国际经贸篇

B.7
广州打造中国企业对外投资综合性服务枢纽研究*

徐万君 吴 悠**

摘　要： 近年来，我国实行更加积极主动的开放战略，推动企业高水平开展海外布局，对外投资规模稳居世界前列，投资活动范围不断扩大，在国际贸易体系中的话语权持续增强，投资模式也从较为粗放地获取资源向全球市场布局与优质理念传播转变。但同时面临着全球经济增长失速、投资环境趋紧等外部环境变化带来的挑战，企业开展海外布局对政府服务水平提出了新要求，对服务的覆盖范围、专业水平、连续性和有效性的需求尤为迫切。广州是我国改革开放的前沿，开放优势明显，可便捷对接港澳、联通全球。广州依托自身功能定位和独特优势，通过对接优质资源、创新监管模式、提升管理服务水平等举措，打造我国企业对外投资综合性服务枢纽，在提升自身

---

* 本文系广州市哲学社会科学规划 2023 年度课题"广州市大力引进海外高层次人才的问题及对策研究"（项目编号：2023GZYB85）研究成果。
** 徐万君，博士，广州市社会科学院城市国际化研究所助理研究员，研究方向为国际经贸；吴悠，广州国际城市创新研究中心研究助理，研究方向为政治经济学。

发展能级的同时，可以通过引领带动实现更大范围的开放，推动整体对外开放水平的提升。

关键词： 制度型开放　企业"走出去"　对外投资

党的二十大报告提出，坚持高水平对外开放，稳步扩大规则、规制、管理、标准等制度型开放。2024年《政府工作报告》提出，稳步扩大制度型开放，培育国际经济合作和竞争新优势。对外投资高质量发展，是我国加强构建新发展格局、推动高水平对外开放的关键。2013年"一带一路"倡议提出以来，我国企业对外投资步入新发展阶段，投资规模持续扩大，覆盖范围不断拓展，在国际市场上的参与度和话语权持续提升与增强。外部形势变化给企业安全高效出海带来一系列挑战，迫切需要政府提升管理服务水平。广州是我国改革开放的前沿，实施制度型开放政策优势明显，"一带一路"倡议和粤港澳大湾区建设向纵深推进为实施高水平对外开放提供了充足的发展机遇。广州以制度型开放为核心建设我国企业对外投资高地、提升对外投资服务枢纽能级，一方面能够推动广州、粤港澳大湾区及更大范围的企业安全高效出海，另一方面可以先行先试探索制度型开放新举措，实现引领带动发展，推动整体对外开放水平的提升。

一　中国企业"走出去"的现实表现、结构特征与发展趋势

近年来，我国企业对外投资活动范围扩大，在国际贸易投资体系中的话语权逐步增强，投资模式也从较为粗放地获取资源向全球市场布局与优质理念传播转变。

（一）投资规模：全球占比及规模不断提升

在我国实施更加积极主动的开放举措推动下，企业"走出去"的规

模和覆盖面不断扩大，全球影响力逐步增强，中国成为全球主要的对外投资国家之一。截至2023年底，我国企业对外投资分布在全球155个国家和地区，投向超过7000家境外企业。①2013年"一带一路"倡议提出以来，我国对外直接投资加速发展，并于2016年达到峰值1961亿美元。2018年至今，受中美贸易摩擦、国家对投机性资本外流加大控制力度等因素影响，企业对外直接投资增速有所放缓，每年的投资规模在1500亿美元上下波动。从流量上看，2022年我国对外直接投资流量1631亿美元，较2013年增长51%；从存量上看，截至2022年底，我国对外直接投资累计净额27548.1亿美元，其中2013年以来累计投资规模占总存量的比重超过50%。对比全球投资数据，我国对外投资在全球资本市场上的影响力不断增强。2013年以来，我国对外直接投资流量始终保持在全球前三位，2022年我国对外直接投资流量位居全球第二，占全球总流量的比重为10.9%（见图1）。

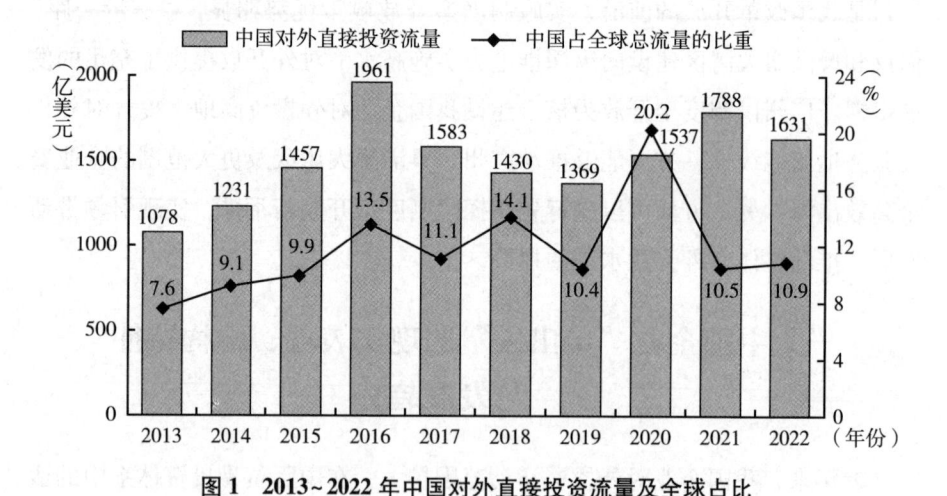

图1　2013~2022年中国对外直接投资流量及全球占比

资料来源：商务部2013~2022年度《中国对外直接投资统计公报》。

---

① 《2023年我国全行业对外直接投资简明统计》，商务部网站，2024年1月29日，http://hzs.mofcom.gov.cn/article/date/202401/20240103469616.shtml。

（二）投资动因：内需驱动与优势发挥并存

我国企业对外投资经历了从"井喷式"快速增长到理性精准的转变，投资活动不再限于寻求资源和扩大市场，而是伴随生产能力与技术理念的传播。得益于市场开放与技术进步，中国企业能更好地在全球配置资源，通过"走出去"战略配合产业升级，为产能扩大增值空间。从投资目的地来看，中国企业在发达国家通过发挥成本与价格优势来提升投资规模、扩大产品市场的同时，通过与发达国家的企业合作，学习先进管理理念；在发展中国家则发挥技术和管理模式方面的优势，占据市场的领先地位，同时通过加大投资和技术外溢等方式，带动当地经济发展。随着我国创新驱动发展战略的持续推进、战略性新兴产业的深度布局，我国企业在新能源等领域快速发展，拥有了全球领先的行业优势，相关领域企业的全球投资布局也开始向发达国家延伸，实现互惠共赢。

（三）产业分布：向产业链高端延伸

我国企业在对外投资合作领域日趋广泛、业务规模不断扩大的同时，对外投资产业结构进一步优化调整。近十年，我国企业投向先进制造业的资金规模大幅增加，投资重心逐步从传统的服装、建材、箱包等劳动密集型产业转向电子、机电产品等技术含量更高的产业。电力生产等能源领域投资表现瞩目，光伏、风电等新能源领域投资表现亮眼，软件信息、技术服务等产业虽然占比不高，但是增速快且始终呈现上升趋势，成为产业转型的后继动力。中国按行业分对外投资流量变化趋势如表1所示。近年来，我国企业在新能源汽车、锂电池、光伏产品等"新三样"方面表现亮眼，其中动力电池企业海外投资项目2022年有15个，2023年增加到18个。[①]"新三样"属于与绿色发展高度相关的新兴产业，位于产业技术前沿，我国企业在相关领域的对外投资规模快速扩大，代表了对外投资产业结构的优化调整。

---

① 《卢锋：从开放宏观视角看我国"新三样"对外投资浪潮》，腾讯网，2023年11月27日，https://new.qq.com/rain/a/20231127A0AC0H00。

表1 中国对外投资流量变化趋势：按行业分

单位：亿美元，%

产业类型	行业分类	2022年流量值	占当年总流量的比重	较2013年的增幅
第一产业	农林牧渔业	5	0.3	-72
第二产业	制造业	272	16.6	277
	采矿业	151	9.3	-39
	建筑业	15	0.9	-67
	电力、热力、燃气及水的生产和供应	55	3.3	701
第三产业	租赁和商务服务业	435	26.7	61
	批发和零售业	147	13.0	45
	金融业	151	13.6	46
	其他	266	16.3	119

资料来源：商务部《2022年度中国对外直接投资统计公报》。

（四）区域格局：向共建"一带一路"国家和地区拓展

中国企业通过"一带一路"倡议的指引，投资目的地向五大洲不断拓展。亚洲是我国对外直接投资的主要阵地，2022年流向亚洲的对外投资金额高达1243.0亿美元，占当年流量的76.2%。香港是我国连接全球市场的桥梁，资金流动便利，高端服务资源集聚，是我国企业开展境外投资的重要中转点。我国对共建"一带一路"国家和地区的直接投资保持增长趋势，2013~2022年，我国对共建"一带一路"国家和地区的直接投资累计1800多亿美元[1]，主要集中在新加坡、印度尼西亚等东盟国家，占比达85.5%，并在共建"一带一路"国家和地区设立境外企业1.6万家，占比超三成。得益于中国与东盟之间的自贸区建设不断取得突破，双方在经贸领域合作持续深化，流向东盟国家的对外直接投资额呈增长趋势（见图2）。

---

[1] 《共建"一带一路"对经济学的创新和发展》，中国一带一路网，2023年7月11日，https：//www.yidaiyilu.gov.cn/p/0NMP7IFA.html。

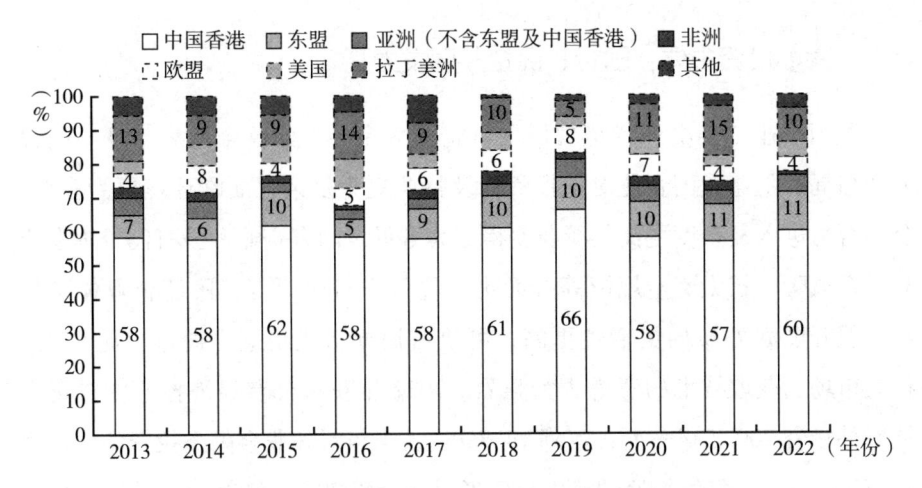

图 2 2013~2022 年中国对外直接投资流量各国家和地区占比

资料来源：商务部 2013~2022 年度《中国对外直接投资统计公报》。

（五）投资形式：复杂形势下选择更加多元

为应对复杂多变的国际投资环境、满足企业发展需求，我国企业对外投资的形式更加多元，并购占比由 2013 年的 31.3% 下降至 2022 年的 9.3%，绿地投资成为对外投资主引擎。一方面，国际贸易局势震荡和东道国政治经济环境改变促使我国企业选择多元投资模式，在东道国加强外资审查的时候，能源及基础设施领域更可能倾向于绿地投资。由于欧盟多个国家限制半导体、基建等行业投资，我国对欧洲的投资逐年递减，其中 2022 年绿地投资首次超越并购成为中国对欧洲的主要投资形式。[①] 另一方面，由于资金、技术实力的提升，出于更长远的考虑，我国企业对外投资不再只是获取利润与降低成本，而是抢占蓝海，谋划全球布局。相较于国内市场和技术水平有比较优势的海外企业，中国企业更倾向以并购的方式拉动本国企业技术水平的提升。

---

① 荣鼎咨询《中国对欧洲直接投资回顾 2022》。

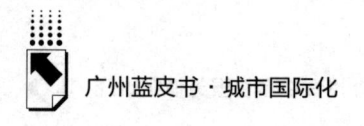

（六）投资主体：国企、民企共同发力

我国企业"走出去"呈现以国有企业为主导、民营企业参与度不断提升的格局。随着我国企业对外投资涉及行业更为复杂、面临环境更为多变，公私合力进入复杂度更高的行业变得更为常见。国有企业和公有制资本在应对投资风险、扩大资金规模等方面更具优势。对比而言，民营企业体量较小，但开展海外布局灵活性更高，可快速捕捉市场机遇，通过"走出去"扩大市场、获取技术的意愿更为强烈。2022年我国公有经济控股的投资主体对外投资700.6亿美元，下降14.7%，占当年对外非金融类投资的比重为49.7%；非公有经济控股的境内投资者对外投资709.4亿美元，增长1.5%，占50.3%。从企业类型来看，在矿产、能源、交通、建筑、农业等产业领域占主导优势的中央企业是对外投资的主导力量，2022年中央企业和单位对外非金融类直接投资流量549.5亿美元，占非金融类投资流量的比重为39.0%。①

在国内国际形势发生变化的背景下，我国企业在国家发展战略的指引下不断扩大投资规模、拓展投资目的地范围，投资主体和投资方式愈加多元化，是新时期推动高水平对外开放、推动经济高质量发展的重要支撑力量。

二 新形势下中国企业"走出去"的新需求

在国际环境不断变化的背景下，我国企业"走出去"面临机遇与挑战并存的局面，对管理服务水平提出了新要求，其中对集成化、一站式、全周期的服务需求更加迫切。一方面，新兴经济体在全球经济治理格局中的话语权增强，给我国企业"走出去"带来了发展机遇；另一方面，复杂的国际形势导致国际合作风险呈现长期化、严峻化、复杂化的趋势，企业"走出去"面临新挑战。

---

① 《2022年度中国对外直接投资统计公报》。

(一)对外投资地域广,迫切需要扩大服务的覆盖范围

不同国家和地区在法律制度、市场环境、文化习俗、基础设施等方面存在巨大差异,已有成熟的对外投资经验在更换投资目的地时不一定能取得预期的效果,能够整合资源渠道、实现对现有投资目的地全覆盖的投资服务体系亟待建立。早期企业出于更加贴近市场前沿、便利获取资源的考虑,将欧美及日韩等发达国家作为投资的热门目的地,投资经验较为成熟。随着"一带一路"倡议向纵深推进,共建"一带一路"国家和地区正成为我国企业开展对外投资的主要目的地。共建"一带一路"国家和地区的市场完善程度、基础设施建设情况、文化宗教信仰等与发达国家存在很大差距,我国企业在欧美市场积累的投资经验不能很好地发挥作用。

(二)海外运营阻力大,迫切需要更高水平的专业服务

受东道国营商环境影响,我国企业在海外运营阻力较大,在国内拥有的行业优势不能有效发挥。在市场考察方面,受地理距离、可获得的资讯等因素影响,考察内容与考察时长均存在较大的局限性,从而导致我国企业不能完整、详尽地获知东道国的市场情况。在在地运营方面,由于我国企业海外机构对当地融资政策、法律体系、用工标准等缺乏足够的了解,我国企业在国内建立起来的运营模式难以在海外取得预期效果。此外,文化、宗教等社会性因素,也导致我国企业海外机构不能顺畅融入当地社会网络,从而降低了运营效率。基于此,能够链接各类服务资源、覆盖企业全流程投资运营活动的高水平专业服务体系亟待建立。

(三)对外投资周期长,迫切需要更具全过程集成化的服务

海外投资涉及在海外设立运营企业的全生命周期,"走出去"服务应着眼于为企业提供在海外"登陆"、运营以及退出的全过程服务。海外投资常常高度复杂,各种法律和实际问题相互交织。以复杂和重大的标的履约为例,自合同拟定伊始就聘请具备跨国争议解决经验的国际律师事务所、确定

争议适用的国际商事规则、选取权威争议解决机构，对提高谈判、诉讼或仲裁效率和维权质量具有重要意义。由于我国当前"走出去"服务业尚处于成长期，集成化服务能力不强，大多数企业倾向于选取知名的国际咨询机构、国际律师事务所、国外的争议解决机构和不熟悉的争议解决规则，海外经营的沟通成本高、适应性体验感受差，在一定程度上削弱了企业快速国际化的意愿。对外投资服务要从企业在海外的长远发展需求考量，为企业提供从设立到运营、成本利润分配，再到清算注销等全周期服务，让企业"走出去"走得安心、走得稳健。

（四）对外投资需求复杂，迫切需要科技赋能提供快速响应服务

"走出去"服务需求内容多、分布地域广、时效性要求高，使得服务响应难度变大。"走出去"服务对象包括企业的国内母公司和海外网点两端。母公司往往希望选择国内的服务机构，沟通对接方便快捷，有任何问题可以第一时间联系到自己的负责人处理；海外网点则更希望服务机构在当地有网点和将当地人作为服务人员，这能够提供更多的落地资讯、人脉，实时跟进投资经营情况和反馈项目动态。海外服务涉及距离远、时差等问题，沟通成本更高，很多服务机构利用互联网技术开发24小时服务响应软件和实时视频连线等方式提高服务交互体验和反馈服务质量。

三 广州把握机遇建设对外投资服务枢纽的原则方向

广州是我国改革开放的前沿，以先行先试为路径探索制度型开放新举措优势明显。依托国家发展战略和自身功能定位，广州通过出台措施、汇聚资源、扩大宣传等方式，在服务本地企业"走出去"方面已取得一系列成效。被纳入第三届"一带一路"国际合作高峰论坛务实合作项目清单的中国企业"走出去"综合服务基地已于2023年10月正式启动，面向全国为"走出去"企业提供综合性服务。广州以制度创新为核心，以协同港澳为路径，

在以提升对外投资服务水平为抓手提升城市发展能级的同时,更加深入服务国家整体战略,推动我国对外投资整体高质量发展。

(一)服务全国大局与促进广州高质量发展相结合

推动企业安全高效出海、保障企业海外运营能力与水平,是国家推动高水平对外开放的重要内容。当前,中国对外直接投资流量已跻身世界第二位,在海外的中国企业已成为中国高水平对外开放一支不可小觑的有生力量,迫切需要更加专业、全面、便捷的配套服务。在开放型经济发展水平高、企业"走出去"规模大、制度型开放空间足的区域,建设我国企业"走出去"的前沿,先行先试累积高水平对外投资管理服务经验,符合我国高水平对外开放由点到线及面的梯次发展模式。广州以建设我国企业对外投资的综合性服务枢纽为抓手,抓住国际经贸格局变革的新机遇,主动推动深层次的制度改革,创新发展模式,汇聚港澳以及全球的高端服务资源,搭建更稳定、健康、长效的国际贸易和投资发展平台,加强内外经济互动性,提高对外开放水平,推动经济高质量发展。

(二)用好优惠政策与争取制度创新相结合

用好各级政策红利,是广州先行先试探索制度型开放新举措的坚实基础。近年来,在国家、省级各层面的支持下,广州在新兴产业形态、试点区域范围、市场环境建设等方面不断推出各类创新性措施,在探索制度型开放管理措施方面走在全国前列。2021年3月,广州制定并出台全国首个RCEP跨境电商专项政策,包括引导企业拓展海外营销网络、建立国际商事争议解决平台等内容,支持跨境电商等新型市场主体,重点面向RCEP国家开展海外布局。作为粤港澳大湾区重大合作平台,广州南沙拥有"双区"叠加的政策优势,以创新为驱动先后承接国家级新区、自贸试验区、粤港澳全面合作示范区等国家战略,推出拓展双向跨境投融资新渠道、建设面向全球的法律服务集聚区等代表性措施,进一步强化了区域推动企业"走出去"的服务支撑。

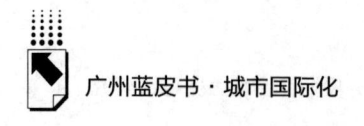

（三）发挥自身优势与对接港澳资源相结合

2023年4月，习近平总书记视察广东时，赋予了粤港澳大湾区新发展格局的战略支点、高质量发展的示范地、中国式现代化的引领地（即"一点两地"）的全新定位。① 广州与香港、澳门同为粤港澳大湾区核心增长极，协同港澳提升对外投资服务水平的潜力巨大。粤港澳大湾区内部城市优势各异，其中香港是全球性金融中心，高端要素集聚、资金往来自由，是我国企业对外投资最主要的窗口；澳门是国际自由港，要素流动自由化程度很高，是我国与葡语国家之间沟通的桥梁；广州拥有广阔的经济腹地、优良的产业结构，开展国际化运营的企业数量较多，并且具有先行先试的政策优势，承接港澳优质资源空间广阔。广州通过发挥自身政策创新和经济建设优势，以协同发展为路径，可以更为便利地利用香港的"超级联络人"功能和澳门的葡语国家沟通桥梁功能，服务中国企业高效出海。

（四）提升便利水平与确保安全可控相结合

新形势下，在提升服务水平以推动企业更加快速、低成本"走出去"的同时，要确保企业安全、高效、有序出海。从企业层面来看，对外投资强调安全性对保护运营资金、维护企业声誉、保护知识产权和技术秘密、应对地缘政治风险等方面至关重要。通过对投资安全性的重视，企业能够在确保自身利益的同时，促进对外投资可持续发展。从国家层面来看，如果缺乏有效的引导措施，企业无序出海极易造成行业内的不良竞争，从而导致投资行为失败、降低企业在国际市场上的竞争力；资金出海，即脱离了现有的金融监管体系，如果缺乏科学有效地监管，资金流出过快将对金融、财政及宏观经济的稳定性造成冲击。广州要想打造我国企业对外投资综合性服务枢纽，须统筹考虑发展与安全。

---

① 《大湾区，牵引着什么》，《南方日报》2023年12月25日。

（五）设立实体机构与优化整体环境相结合

打造对外投资综合性服务型枢纽意味着区域内须集聚相当数量的专业服务机构，满足企业对咨询、法律、金融、翻译、安保等多种服务的需求。除了实体机构之外，能够汇聚服务资源、链接服务网络的市场环境，对提升区域内服务企业"走出去"水平也至关重要。一方面，通过优化市场环境，为人才及机构提供稳定、可预期的发展前景，有利于集聚各类专业服务机构，持续扩大实体机构的规模，提升与扩大服务水平和覆盖面；另一方面，在面向全国企业提供专业服务时，快速准确地链接各类专业要素的对外投资服务平台建设也非常必要，平台整合全国范围内的专业服务机构，链接主要投资目的地国家和地区的服务网络，能够极大地提升区域内整体服务水平。

四 打造对外投资综合性服务枢纽提升广州发展能级的建议

广州发挥政策优势打造我国企业"走出去"的前沿阵地与制度型创新高地，可以通过对接优质资源、创新监管模式、提升管理服务水平等举措，着力建设我国企业对外投资综合性服务枢纽，助力广州提升发展能级、扩大全球影响力，推动广州建设成为中心型世界城市。

（一）争取先行先试，建设企业对外投资制度型创新高地

一是用好用足政策叠加优势，以制度型创新为核心，争取中央层面支持，在资金跨境流动与监管、专业人才及机构集聚、粤港澳三地政府部门协作等方面先行先试，推动将南沙建设成为我国企业对外投资制度型创新高地。二是推动建立"走出去"企业"在地监管+离岸运营"新模式，鼓励企业在自贸区等制度型创新的重点区域内，在符合宏观审慎管理要求的前提下，对接香港高标准投资规则。对企业申请境外直接投资、投资核查及监管等程序，在投资规模、资金跨境、备案等方面享受的政策待遇，在现行法律框架下实施基本等

同于香港的标准与要求，营造类"港式"对外投资制度环境。三是探索对接港澳跨境专业服务规则，推动包括金融、法律、人力资源等在内的专业服务人才及机构集聚，向"走出去"企业提供便捷高效的专业咨询和服务。

(二）整合机构资源，推进服务平台和网络集成化建设

一是引进整合境内外企业"走出去"专业服务资源，建设企业"走出去"综合服务平台。该平台除对接国家"走出去"综合服务平台的应用之外，还协同香港提供包括尽职调查、法务咨询、可行性研究等内容在内的特色服务，实现企业不跨境即可便利获得香港的专业咨询服务。二是建设面向企业"走出去"重点目的地的海外投资服务网络。充分发挥广州外事资源丰富的优势，为企业提供政策咨询、市场环境介绍、投资决策等服务，搭建双向投资促进网络。三是充分发挥广州会展业发达、重大展会平台具有全球影响力的优势，建立企业"走出去"综合服务平台与中国进出口商品交易会、中国广州国际投资年会、大湾区科学论坛等国际高端会展活动之间的资源共享机制，扩大宣传覆盖面，提升知名度和影响力。

(三）创新人才管理，便利专业人才跨境流动与执业

一是重点面向在港执业的核数师、商业仲裁及诉讼律师等专业服务人才，实施更为便利化的粤港澳大湾区内跨境执业安排。香港作为国际知名的金融中心集聚了大量专业服务人才及机构，可以充分满足我国企业"走出去"对人才的需求。二是实施更加便利的工作许可政策。放宽对"走出去"专业服务人才在申请认定各类人才称号时的工作经历等的限制；对"走出去"专业服务人才实行分类、分级、分阶段的评价管理及待遇兑现机制，提升人才引进的效率。三是试行港澳金融、法律等专业从业人员在广州开设事务所或办事处，给予其等同于粤港澳大湾区内地居民的创业支持。

(四）试点"电子围网"，创新资金使用及监管模式

一是争取中国人民银行、中国银保监会、中国证监会、国家外汇管理

局、广东省政府的支持,以便利企业开展对外直接投资为目的,试行建设协同香港金融体系的资金"电子围网"。由国家金融监管部门向特定金融机构授权,允许"走出去"企业开设自由贸易账户进行资金分账核算,视同企业在香港开立的账户,资金投向海外目的地实行"只监测、不限制",营造金融上的"境内关外"。二是在"电子围网"的范围内,分类核算业务实行"一线放开、二线管住"的监管原则,资金在自由贸易账户与境外账户、自由贸易账户之间可自由划转;自由贸易账户与境内居民账户之间的资金往来被视为跨境交易,按现行措施实施监管。三是设立我国企业"走出去"投资资金池并纳入"电子围网"管理范围,资金池内汇聚来自政府、投融资机构、大型国有企业、跨国公司等提供的投资基金,为国家重点布局的海外投资行业、具有良好前景的海外投资项目等提供投融资支持。

(五)加强涉外协同,完善涉外争端解决机制

一是加强涉外法律服务能力,探索试点中外律师事务所联营,引进专业商事诉讼代理人才及团队,提升本地法律服务机构服务企业"走出去"的能力和水平;推动本地法律服务机构在企业"走出去"重点目的地开展海外布局,为我国在海外的企业提供在地法律服务。二是主动对接香港国际化、专业化、知名度高的商事争议仲裁解决机制,鼓励香港的律师事务所在广州设立办事处,为"走出去"企业提供专业商事仲裁咨询服务;利用企业"走出去"综合服务平台的资源对接功能,实现"走出去"企业与香港商事律师事务所之间的在线联络沟通与咨询。三是充分发挥南沙国际仲裁中心已探索实行的"3+N"仲裁模式,不断丰富符合"走出去"重点国家和地区仲裁法特征及仲裁程序的"N"种庭审模式,在推动跨境仲裁提质增效的同时,提升全球知名度和影响力。

(六)强化安全保障,推动跨区域联合监管

一是强化部门间合作,开展常态化境外安全防范专题培训,针对企业进行国际布局可能遇到的在地突发事件,组织"走出去"领域专业研究人员、

监管机构工作人员、企业管理人员等，提供政策宣讲、应急管理制度体系建设、境外安全风险防范工作层级管理安排等方面的讲解。二是搭建跨境监管交流平台，充分发挥谈判、磋商、对话以及监管联席会议的作用，加强三地监管机构的信息共享与合作，基于国家对外经济合作领域的信用体系，结合"双随机、一公开"机制，制定企业"白名单"制度。三是加强三地监管部门与行业协会的沟通联系，根据企业违法违规及不良行为等情况制定境外投资企业"黑名单"制度，明确列入"黑名单"的企业标准，定期更新名单并向金融机构、行业协会等发布。

（七）链接海外网络，强化投资者利益保护

一是充分发挥本地企业海外布局早、分支机构多的优势，推动建立企业海外利益保护协会并广泛鼓励各类民营企业参与。该协会作为政府与企业间的桥梁、纽带，为企业提供安全预警、政策宣讲、在地响应、风险管理等服务。二是发挥广州侨务资源丰富的优势，推动建立企业对外投资海外工作站，将为企业"走出去"提供的各项服务向海外延伸，协助"走出去"企业便利对接各种资源，提升利益保护水平。三是统筹各方资源，建立紧急、特殊情形下的应急响应机制，实行分级分类的企业安全报告制度，完善与各国领事馆的沟通机制，使企业在发生紧急情况时可以快速获取信息，并与住在国官方机构及时建立沟通渠道，便于开展后续救援行动。

参考文献

刘春艳、赵军：《"一带一路"倡议下中国企业对外投资的增长路径》，《国际商务研究》2024年第1期。

李富有等：《"一带一路"背景下健全促进对外投资政策和服务体系研究》，《西安交通大学学报》（社会科学版）2023年第6期。

洪联英等：《全球政策不确定性、组织控制与民营企业海外投资安全》，《世界经济研究》2022年第9期。

汪丽娟:《中国对外直接投资对国内经济高质量发展的影响研究》,《国际商务》(对外经济贸易大学学报) 2019 年第 5 期。

吴先明、黄春桃:《中国企业对外直接投资的动因: 逆向投资与顺向投资的比较研究》,《中国工业经济》2016 年第 1 期。

B.8 广州外资发展形势分析与对策

陈雪玉*

摘　要： 过去十年，广州积极出台招引外资举措，外资保持平稳发展态势，但与中心型世界城市建设要求相比还有差距。广州积极响应市委"二次创业"再出发的号召，对标中心型世界城市建设目标，围绕高质量发展首要任务，加大吸引和利用外资力度，在招引重点上坚持先存量、后增量、防变量，在招引对象上坚持稳港澳、拓日韩、调欧美，在招引产业上坚持抓二产、兴三产、重融合，在招引环境上坚持求创新、增资源、提效率，在招引导向上坚持提能级、促转型、强辐射，在招引路径上坚持争示范、建网络、保公平，努力打造全球外商投资首选地和最佳发展地。

关键词： 外资　高质量发展　中心型世界城市

一　新时代广州外资发展的背景

中央广州市委十二届七次全会暨市委经济工作强调，广州要统筹推进、聚焦重点、开拓进取，奋力谱写广州高质量发展新篇章，朝着中心型世界城市大步迈进，在推进中国式现代化的广州实践中展现新作为、创造新业绩，继六次全会后再次向全市发出了"二次创业"再出发的号召。

---

* 陈雪玉，广州工程技术职业学院财经管理学院讲师，研究方向为城市发展战略。

(一)开放循环是中心型世界城市的核心竞争力之一

借鉴全球化与世界城市研究网络(GaWC)世界城市分级①、科尔尼管理咨询公司全球城市指数②等具有代表性的城市评价方法,中心型世界城市至少应当具备经济影响、创新集聚、枢纽辐射、开放循环、服务支撑、文化融合六个方面的引领带动功能。其中,开放循环功能与构建新发展格局的要求不谋而合,体现了城市在沟通国内国际双循环、推动资源要素集聚扩散中的影响力和配置力。开放循环功能越强,说明中心型世界城市在全球城市网络中的连通性越强,串联、聚合全球城市的作用就越突出,从而有更大意愿和能力辐射、影响国际产业链和供应链。

(二)广州开放循环功能面临招引外资下滑的严峻挑战

广州作为中国向世界展示改革开放成就、国际社会观察中国改革开放的重要窗口,提升开放循环功能势在必行。其中,首先要加大吸引和利用外资力度,展现其在世界产业链、供应链中的影响力和辐射力。当前,世界经济恢复缓慢,全球外商直接投资受俄乌冲突、能源和食品价格抬升、公共债务高涨等因素影响,总体呈现下滑趋势,仅2022年就下降12%,未来下行压力仍然很大。③ 2023年,我国实际利用外资约1.13万亿元,下降8.0%④;广州实际利用外资483亿元,⑤ 下降16%左右,为近20年(2002年下降24%)首次大幅下落⑥。在国际环境不容乐观的大背景下,我国制定了《国

---

① 英国拉夫堡大学全球化与世界城市研究网络(GaWC),https://www.lboro.ac.uk/gawc/gawcworlds.html。
② 科尔尼管理咨询公司,https://www.kearney.com/service/global-business-policy-council/gcr。
③ 联合国贸易和发展会议(UNCTAD)发布的《2023年世界投资报告》。
④ 《2023年全国吸收外资1.1万亿元人民币》,商务部网站,2024年1月19日,http://www.mofcom.gov.cn/article/xwfb/xwrcxw/202401/20240103467642.shtml。
⑤ 《市商务局召开2024年市稳外资工作专班会议》,广州市商务局网站,2024年1月19日,http://sw.gz.gov.cn/swzx/wstz/content/post_9452592.html。
⑥ 后文数据如无另外说明,均出自广州及其他城市统计年鉴,以及在此基础上进行计算而得。

务院关于进一步优化外商投资环境 加大吸引外商投资力度的意见》，出台了新一批24条稳外资政策措施，努力克服全球跨国投资低迷、乏力等不利影响。国内各大城市也纷纷围绕外资企业的重点关切，完善配套措施，提高服务保障针对性，争相打造外商投资兴业的热土。面对国际大环境的严峻形势、国内小环境的竞争挑战，广州的压力前所未有。

（三）广州推动外资良性发展的方向

2024年广州市政府工作报告强调，出台支持外资发展工作举措，加大重点国家和地区招商力度，实现实际利用外资量稳质升。综上，广州应当对标中心型世界城市建设目标，建设更高水平开放型经济新体制，坚持将外资规模的合理增长与外资质量的有效提升紧密结合起来，坚持将外资良性循环发展与外资促进城市经济增长、产业转型升级、创新能力提升一体推进，坚持将提高外资各个评价指标与开展外资综合效益评估统筹考虑；加快形成与高标准投资规则相衔接的外资制度体系和服务监管模式，依法保障外资企业平等享受政策、使用资源要素、公平参与竞争，在产权、知识产权、商业秘密保护和贸易、金融、物流、数据跨境流动等重点领域先行先试，增创优势；巩固、提升外资进入中国的主要投资目的地之一和前沿阵地的地位、作用，努力打造全球外商直接投资首选地和最佳发展地，不断强化具有世界影响力的双向开放门户枢纽功能，提升全球资源要素集聚能力和城市能级量级，更好促进国内国际两个市场、两种资源联动流通，继续在高质量发展方面发挥领头羊和火车头作用。

二 近十年广州外资发展分析

（一）数据分析

近十年，广州外资工作取得长足进步，呈现总体向好发展的趋势，但与中心型世界城市建设要求相比仍有不小差距。

1. 广州外资规模保持增长态势，与全国的位势能级持平

2013~2022年①，广州实际利用外资规模从48.0亿美元增加到85.4亿美元，年均增长6.6%，高于全国同期平均增速4.8%。但广州2022年外资规模落后于上海（239.6亿美元）、北京（174.1亿美元）、武汉（129.4亿美元）、深圳（109.7亿美元），外资体量在全国各大城市中排名第五。结合各个城市的经济体量进行分析，广州外资规模和经济体量的不匹配进一步凸显。通过计算城市实际利用外资的区位熵指数②发现，2022年广州此项指标值为1.9，位居武汉（4.5）、上海（3.3）、杭州（2.9）、北京（2.3）、深圳（2.3）、天津（2.2）之后，仅排名第七。

2. 广州外资对经济增长贡献良多，但对产业结构转型升级的牵引带动潜力还有待激发

截至2023年底，广州实际利用外资累计超过1300亿美元，在穗投资世界500强企业345家、投资项目1968个。3万多家外资企业贡献了广州超三成的税收收入、近四成的进出口总值、超一半的规上工业总产值和增加值，以及超六成的规上工业高技术产值，对广州经济持续平稳发展发挥了重要作用。但是，从外资来源国（地区）结构和流入产业结构看，外资对广州提升产业核心竞争力的作用还有很大提升空间。2013~2022年，港澳资本在广州外资的占比总体保持上升态势，从57.4%提高到92.4%，年均增加近4个百分点。同期，流向制造业的外资占比从32.8%降低到17.0%，年均减少近2个百分点，而生产性服务业的外资占比从13.6%提高到74.1%，年均增加近7个百分点。显然，港澳资本的相对增长与制造业、生产性服务业的外资占比此消彼长存在高相关性。这说明过去十年间，广州制造业对外资的吸引力持续下降，外资推动广州制造业提能升级的作用也持续减弱。资本和技术密集度相较于较低的资本占据太大比重，客观上对产业转型很难发挥重要的牵引作用。外资不断加大对生产性服务业的投入，同时减少对制造业的支持，因此生产性服

---

① 注：至截稿时，2023年国内主要城市外资数据大部分未公布，下同，此后不赘。
② 城市实际利用外资占全国的比重除以该城市GDP占全国的比重后所得的商，区位熵指数值越大，则招引外资的表现越突出。

务业的不断壮大与本地制造业创新发展出现脱节现象，不利于第二、第三产业平滑衔接和高效协同，长远看也不利于产业结构平稳升级。

3. 广州外资实际到位率名列前茅，但未来发展潜力仍有待释放

2013~2022年，广州外资实际到位率（实际利用外资额除以合同利用外资额）最高为67.5%，最低为16.5%，平均为45.3%，位居第三，仅次于杭州（67.5%）、重庆（66.8%），但高于上海（44.7%）、天津（41.0%）、深圳（39.2%）。这说明过去十年间，广州招引外资的投入产出比处于相对合理水平，外资意向分析、产业供需对接、资源要素保障等方面的前期准备工作成效在合理区间，外商在初步签订来穗投资协议后，通过后期深入考察、比选研究，最终有接近一半的合同外资落地。但是，从中短期来看，一方面世界跨国直接投资形势不容乐观；另一方面广州吸引外资的要素条件存在不足，外资发展潜力面临瓶颈。本文运用联合国贸易和发展会议（UNCTAD）发布的世界投资报告所采用的潜力指数，评价广州吸引外资的竞争力和潜力。其中，人均GDP、人均电力消耗、受到高等教育的人数占总人口的比重和R&D支出占GDP的比重，分别反映了对商品和服务需求的规模和高级程度、能源的可获得性和成本、高技术劳动力的质量与成本，以及科技创新综合能力，分别体现了对市场拉动型、效率导向型、资源寻求型、创新资产型外资的吸引力。将广州的各项指标数值与参照城市的最小值相减，然后除以所有城市的最大值与最小值的差，即得到广州的外资潜力指数。

如表1所示，通过计算，广州这四项指标的潜力指数值分别是0.63、0.19、0.45、0.17，与上海、北京、深圳、重庆、苏州、杭州、武汉、天津相比，分别排名第五、第六、第六、第八，说明广州对市场拉动型、效率导向型、资源寻求型、创新资产型外资的吸引力逐渐下降。这从侧面反映出广州自身资源禀赋的特点和存在的短板，虽然市场体系完善、发展潜力大，但资源保障还要巩固、人才储备有待充实、创新供给尚需扩大，特别是在需求扩张缓慢的大背景下，广州单靠市场拉动型外资的支撑难以稳定推动外资提质增效，而创新、资源、效率等要素处于相对的竞争劣势，对招引外资、提高本地外资黏性势必造成明显制约。

表1　广州与国内其他主要城市外资潜力指数比较

	上海	北京	深圳	广州	重庆	苏州	杭州	武汉	天津
人均GDP(元)	180343 (0.90)	190500 (1.00)	183398 (0.93)	153972 (0.63)	90663 (0)	185577 (0.95)	151478 (0.61)	137772 (0.47)	119670 (0.29)
人均电力消耗（度）	7050 (0.32)	5864 (0.18)	6082 (0.20)	5972 (0.19)	4369 (0)	12871 (1.00)	7674 (0.39)	5370 (0.12)	7472 (0.36)
受到高等教育的人数占总人口的比重(%)	33.9 (0.70)	42.0 (1.00)	28.8 (0.50)	27.3 (0.45)	15.4 (0)	22.5 (0.27)	29.3 (0.52)	33.9 (0.70)	26.9 (0.43)
R&D支出占GDP的比重(%)	4.44 (0.47)	6.83 (1.00)	5.49 (0.70)	3.22 (0.17)	2.36 (0)	4.01 (0.37)	3.68 (0.30)	3.51 (0.26)	3.49 (0.25)

注：表中每个城市每个项目的数据依次为原始值和潜力指数值。
资料来源：各城市的统计年鉴、国民经济和社会发展统计公报。

（二）原因分析

作为广州经济建设的主力军之一，外资企业创新发展成效对广州高质量发展影响深远。近年来，逆全球化思潮抬头，单边主义、保护主义明显上升。同时，受阵营贸易扩大等因素影响，以及我国经济发展方式的转变，土地、劳动力等要素价格上涨，外资企业到成本更低的东南亚、墨西哥等国家和地区投资建厂，在穗发展黏性总体不足，不利于为广州高质量发展提供持续强劲的动力支持。这主要体现在以下三个方面。

1. 外资企业增资扩产意愿有待加强

2013~2022年，广州外资项目平均规模的平均数仅为289万美元，与上海（375万美元）、苏州（603万美元）、杭州（1144万美元）、天津（1220万美元）、重庆（1251万美元）相比，分别只相当于其77.1%、47.9%、25.3%、23.7%、23.1%。这在一定程度上说明了，广州在地外资企业持续扩大生产经营的意愿偏弱，长期以来外资招引更注重增量外资注入而非存量外资扩张，深耕广州、扩大布局、拓展业务还不够。这不仅提高了外资工作的难度和招引的成本，不利于树立与扩大外资投资热土的城市形象和国际影

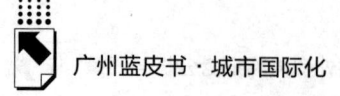

响力，也可能降低增量外资对落地广州的信心和预期。

2. 外资企业提质增效步伐有待提速

2022年，广州外资规上工业企业的资本保值增值率、工业产成品存货可供销售天数分别为106.64%、13.44天，与全市工业平均水平（113.53%、12.71天）相比，分别低大约7个百分点、高0.73天，说明外资企业资本利用效率相对较低、转化为发展效益的能力有待提升，而且库存消化周期更长，工业产成品在市场上的竞争力也需要进一步增强。外资规上工业企业亏损面25.51%，分别高于国有企业（14.29%）、集体企业（16.67%）大约11个百分点、9个百分点，说明在穗外资规上工业企业由于产品更新换代不及时等，加之库存更多，在与内资规上工业企业的竞争中落于下风。

3. 外资企业辐射带动作用有待突出

2022年，广州外商控股规上服务业企业利润率为12.1%，比内资规上服务业企业（7.6%）高了4.5个百分点。但是，外资规上工业企业的工业增加值率为22.48%，分别低于国有企业（37.41%）、集体企业（55.04%）大约15个百分点、33个百分点，说明外资规上工业企业在穗的技术创新能力、劳动生产水平不占优势，工业产成品的附加值并不高。显然，外资企业没有将其核心研发、成果转化环节布局在广州，在本地创造的增加值比重不高，带动广州及珠三角周边地区产业链、供应链创新发展的能力也不强，导致本地生产要素参与程度不深，对本地技术的转移与扩散效应不够显著。

（三）新一轮政策举措

面对外资招引的严峻形势，广州近年来围绕打造广大外商投资兴业的开放热土，出台吸引和利用外资一系列举措，2023年初和年末接连出台《广州市促进外资高质量发展若干措施》《广州市优化外商投资环境加大吸引外商投资力度若干措施》两项政策，直击外资企业关心的四个方面痛点问题。一是面向外商投资全流程提供服务保障。围绕外资企业引进、落地、达产、运营全过程，从财税支持、商事登记、用地用电、物流通关、金融外汇、人才保障、出入境便利化等方面作出具体规定，努力提升外商投资便利化、外资权益保障和投资促进服务水平。二是围绕国家重大战略和政策细化落实。与粤港澳大湾区建设、国家服务业扩大开放综合试点、国际消费中心城市培育建设、《广州南沙深化面向世界的粤港澳全面合作总体方案》（以下简称《南沙方案》）等落地实施紧密结合，将其中符合广州实际、操作性较强的措施吸纳进去。三是注重外资的质量效益和本地黏性。强调优化调整外资结构，聚焦制造业外资，着眼推动制造业与服务业融合发展，引导外资参与绿色低碳循环发展，支持国家、省级重大发展平台外资集聚发展，凸显更高水平对外开放新优势。四是突出对外资发展的保障和要素支持。完善稳外资工作专班机制，促进在地外资制造业骨干企业稳定产业链、供应链。对外资新设、增资项目，在省财政奖励的基础上，市、区按比例予以支持。在一系列"组合拳"的作用下，短期看招引外资形势正在企稳，但要长期持续提升外资质量，还需要推出更全局性、更精细化的举措。

三　国内城市招引外资的经验借鉴

（一）积极争取压力测试

上海根据国家部署实行外商投资试验性政策措施，承担开放压力测试任务，开展更加开放的外商投资自由化便利化政策和制度差异化探索，实施高标准国际投资贸易通行规则，推动落实银行、证券、保险、期货、信托投资、资产管理、信用评级等金融领域率先开放。北京聚焦生物医药、增值电信、汽车金融、自动驾驶等重点产业领域开展开放压力测试，以及跨境贸易投融资高水平开放外汇管理试点。

（二）主动布局全球招商

北京连续实施外商招引全球合作伙伴计划，邀请中外企业家联合会、英

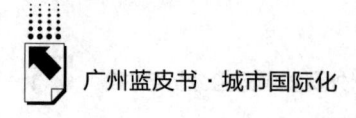

中贸易协会、戴德梁行、普华永道、三菱日联银行等全球知名商协会、龙头企业、会计师事务所，合计14家外商开展以商引商。深圳建立全球经贸网络指挥中心，招募产业、科技、金融、商业等领域的行业翘楚担任招商顾问，通过"深圳总部+海外网络""线下+线上"等形式开展招商，搭建国内外风投与高科技资源对接渠道。上海全球招商合作伙伴计划实施3年来，招引重大外资产业项目超40项，总投资逾500亿元。

（三）重视提升外资能级

苏州一方面发挥邻近上海的区域优势，与上海在外资母公司总资产、注册资本等方面的认定标准上保持一致；另一方面坚持与上海错位互补发展，依托先进制造业的雄厚基础，"一事一议"将市跨国公司地区总部、功能性机构以及江苏省外资总部机构纳入总部经济奖励范围。重庆发布《重庆市建设高质量外资集聚地三年行动计划（2022—2024年）》，全面打造高能级外资总部经济，大力支持外资企业在渝设立跨国公司总部以及功能性机构。

（四）推进落实公平待遇

重庆在资质许可、标准制定、要素获取、经营运行、知识产权保护、招标投标、政府采购等领域，严格依法保障外资企业的相关公平待遇；外资企业发现政府采购中存在违反法律、法规与歧视性采购条件或行为的，可依法询问、质疑、投诉。北京扩大外资企业投诉受理范围，对于其反映的投资环境存在的歧视性做法和现象，以及相关意见建议，均正式纳入办理渠道。

（五）突出支持在地外资

南京在江苏省政策框架下，对境外投资者以分配利润直接投资的，暂不征收预提所得税，同时鼓励各区、开发区给予与新增外资相同的配套支持政策。天津推出稳住外资基本盘的若干措施，围绕电子信息、机械制造、汽车及零部件等外向型重点产业，搭建产业链撮合对接平台，加强企业在研发创新、生产制造、物资采购、创意设计等方面的合作,提高本地产业配套率。

四 促进外资发展,提升全球资源要素集聚能力的对策建议

在当前和今后一段时期,广州应当聚焦高质量发展这一首要任务,进一步加大吸引和利用外资力度,有效对冲增量外资增长缓慢的普遍性风险,促进提升全球资源要素集聚扩散能力。

(一)在招引重点上坚持先存量、后增量、防变量

根据调研,目前全国各地招引外资都面临很大挑战:一方面,阵营贸易可能迫使一些外资企业继续迁往东南亚、墨西哥等国家和地区,造成存量外资外流;另一方面,不少外资企业存在明显的观望态度,对各地伸出的"橄榄枝"不主动也不拒绝,不利于营造外资稳中向好的局面。在这种情况下,建议广州招引外资应当优先考虑稳住存量,以支持增量外资的同等力度支持在地外资企业增资扩产、扩大布局,通过与市属国企、优质民企强强联合,拓展产业链、供应链、创新链,提高本地外资黏性;帮助其转变过去"主要对外"的营销策略,促进开拓国内大市场,稳定企业需求端,从根本上推动其扎根广州、安心发展。在此基础上,继续加大对外招引力度,持之以恒做好增量外资拓展工作,与广州中心型世界城市建设结合起来,注重引进枢纽型、联通型、节点型外资,让来穗落户发展、投资兴业的新外资企业产值、增加值、税值全部归集到本地,提升招引外资的实际效益,避免有"面子"、没"里子",有"名号"、没实效。同时,注意把握外资招引与战略性新兴产业培育壮大、未来产业布局建设的互动关系,对产业处于变革期、技术路线激烈竞争的外资企业加强研究论证,不贸然全盘引进产业链,防止既有产品技术因为颠覆性创新而"一夜归零"、前功尽弃,防止政府被动为外资相关产业变革的高度不确定性"买单"。

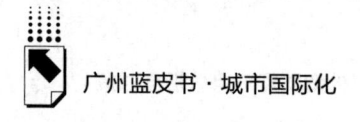

（二）在招引对象上坚持稳港澳、拓日韩、调欧美

港澳资本中不少与中央企业关系密切，有一些实际上是中央企业在港澳融资、注册后成立的下级机构，其业务方向与发展定位从中短期看没有太大变化，况且从港澳资本所占比重不断高企的发展趋势看，只要稳住港澳资本的主体地位，就能在复杂严峻形势下保住外资基本盘。因此，在招引对象的优先顺序上，即使港澳资本的资本、技术密集度总体并不高，仍然必须欢迎和支持港澳资本进驻广州，引导其转型升级，确保外资基本盘稳定。但是，为推动科技创新强市和先进制造业强市建设，促进产业科技深度融合创新，对于技术水平较高、工业基础厚实、与广州产业转型升级需求更加契合的日韩资本，应当高度重视，加大引进跨国公司总部及研发、物流、财务、结算中心等功能性机构，为"产业第一、制造业立市"的发展战略提供坚实支撑。对于资本密集度更高的欧美资本，则应当加大产业结构优化调整力度，同时尽量避开阵营贸易的障碍，重点发展高端生产性服务业，推进智能与新能源汽车、生物医药与健康、智能装备与机器人、新能源与节能环保、新材料与精细化工、数字创意等新兴产业创新发展。

（三）在招引产业上坚持抓二产、兴三产、重融合

深入研究制造业外资占比逐年下降的不利局面，结合推进新型工业化，积极转变招引制造业外资的思路，将重心从以加工制造为主转向以科研创新为主，充分发挥我国超大规模市场优势，引导制造业外资在穗设立研发中心，便于面向国内推动产品和服务更新、升级、换代，特别是将重大科研基础设施、大型科研仪器、共性技术基础平台、科技信息公共服务等资源向外资研发中心开放，通过引进链主企业、加固产业链关键环节等方式定向招商、精准招商。同时，利用《广东省国土空间总体规划（2021—2035年）》报批的良好契机，围绕广州新的城市性质和核心功能定位，包括国家历史文化名城、彰显海洋特色的现代化城市、国际性综合交通枢纽城市、科技教育文化中心以及国际商贸中心、综合性门户、国际科技创

新中心等,有的放矢开展服务业外资招引,聚焦文旅、会展、对外交往、科学研究和技术服务、时尚设计、航空航运物流、大健康大养老等领域出台优惠政策,促使各类资源要素的流量优势转化为发展动能。另外,对境外服务业制造化、制造业服务化趋势应当给予更多关注,积极利用广州在国际供应链体系中的重要战略节点地位和作用,鼓励外资推进本地产业融合创新。例如,广州连续3年成为外贸和消费"双万亿元"城市,网络零售店铺数量和直播场次数量均位居全国第一,连续9年跨境电商进口规模位居全国第一,年快递业务量位居全国第二,全国性资本市场全覆盖进驻,同时是联合国工业发展组织首批全球定制之都、世界显示之都、全国最大汽车城、华南地区工业门类最齐全的城市,为二三产业融合发展,培育致景科技等数智转型的平台企业提供了丰富的资源和底层支撑,有利于助推广州抢抓新一波产业、消费、互联网发展红利。对此,应当从政策、规划、用地、用房、用能、环保、物流、建设、融资等方面给予便利和支持,尤其是在监管上保持足够的宽容和谦抑,将广州工业、服务业的比较优势与外资企业的战略、经验、管理优势结合起来。

(四)在招引环境上坚持求创新、增资源、提效率

针对广州对创新型、资源型、效率型外资吸引力不够的劣势,结合落实《南沙方案》,发挥现有国家级发展平台的集聚效应,有针对性地补短板、强弱项、固根基。对于创新型外资,充分发挥国家发展改革委、商务部、国家市场监管总局联合支持南沙放宽市场准入、加强监管体制改革等先行试点作用,用好中新广州知识城、临空经济示范区、广州琶洲人工智能与数字经济试验区等平台,围绕海陆空全空间无人体系等11个领域,加大引进外资力度,抢占发展制高点。对于资源型外资,用好南沙自贸片区、南沙进口贸易促进创新示范区和广州白云机场、黄埔、南沙三个国家级综合保税区,深入实施"湾区通"工程,进一步加快与港澳在金融、贸易投资、公共服务和社会管理等领域的规则衔接,强化全球高端资源要素集聚、扩散能力,促进人流、物流、资金流、信息流、技术流加速汇聚,为外资利用在地产业、

资本、市场、创新、人才、数据等资源拓展空间。对于效率型外资，巩固优化中小企业发展环境、（数字）政府服务、服务贸易创新、信用承诺应用、政府网站绩效、政府透明度、法治政府等评估居于全国前列的改革成果，按照世界银行新的营商环境评估体系（Business-Ready），突出产权保护、优化中小企业融资环境、惠企政策落地机制、健全商业纠纷解决机制、完善办理破产相关制度、规范执法行为等环节，认真听取企业的意见建议，立足用户视角推进营商环境改革，努力打造企业和群众可知可感、满意度最高的市场化、法治化、国际化一流营商环境，提升广州作为世界一线城市的投资贸易便利化水平。

（五）在招引导向上坚持提能级、促转型、强辐射

近年来，国家调整实际利用外资的统计方法，将外资企业在华投资数据全部归集到其在华总部注册地，外资项目落户地利用外资情况无法从统计数据上得到反映。因此，应当把重点放在高能级外资企业招引上，把培育发展独角兽企业、瞪羚企业等高成长性企业与外商投资宣传推介一体推进，着眼于打造一批诸如希音的供应链链主企业，帮助加快行业上下游垂直整合，带动产业链本地布局、联动发展，以高效生产供应提高产业空间黏性，促使其根植广州、增强位势、提升能级。推动成长空间大的新外资企业的培育与发展，尽管难度较大，但应当用足本地产业链的规模优势和技术影响力，借鉴广汽集团推动供应链企业在工厂周边半小时车程内设厂、建仓、驻点的做法，带动外资企业将境内外的事业型、贸易型、研发型总部和功能性结构建立或迁移到广州。在提升外资能级的过程中，有必要针对在地外资企业技术能力整体偏弱、带动本地产业发展不够有力的短板，重点面向集成电路、生物医药、人工智能等先导产业和电子信息、生命健康、汽车、高端装备、先进材料、时尚消费品等重点产业以及新赛道产业与未来产业，加强对外资的扶持保障，搭建产业链撮合对接平台，加强企业在研发创新、生产制造、物资采购、创意设计等方面的合作，提高本地产业配套率，同时把附加值率更高的生产经营环节留在本地，增强外资推动广州工业强链聚能、转型升级能力。

（六）在招引路径上坚持争示范、建网络、保公平

应当进一步体现广州作为改革开放排头兵、高质量发展领头羊和火车头的担当，凸显广州、南沙、增城三大国家级经济技术开发区平台功能，特别是发挥南沙打造立足湾区、协同港澳、面向世界的重大战略性平台的政策优势，继续向上申请新兴产业和未来产业开展开放压力测试，在产业导入、资本流通、外汇管理、人才出入境、货物通关、服务国际化、创新要素跨境等方面争取先行先试，进行政策和制度差异化探索，促进跨境贸易投融资高水平开放。借鉴上海、北京、深圳等城市经验，搭建全球招商网络，充分发动链主企业、中介组织、行业协会、专业机构、友城友港（国际友城105个，国际友好港55个）、驻穗领馆（外国驻穗总领事馆68家）、机场港口、商业平台（《财富》《福布斯》等）、国际地方政府合作组织（世界大都市协会、世界城市和地方政府联合组织等）等国际交往资源的作用，广泛招募环球招商合作伙伴，并邀请产业、科技、金融、商业等领域知名人士担任招商顾问，用好专家咨询"智库"，提高招商工作成效。最后，针对外商直接投资企业最为关心的公平待遇问题，应完善外资工作或招商工作联席会议机制，明确外资企业投诉问题诉求的受理范围和办理流程。建议将投诉人反映的本市投资环境方面存在的问题、完善有关政策措施的行为，与资质许可、标准制定、要素获取、经营运行、知识产权保护、招标投标、政府采购等领域反映的问题，一并纳入投诉受理内容。同时，建立重点外资企业及其上下游关联企业"白名单"，对生产、用能、用工等予以重点保障。

参考文献

蔡利超、何悦、刘佐菁：《国内外建设外资研发中心的经验分析及对广东的启示》，《科技创新发展战略研究》2023年第5期。

朱福林：《中国服务业利用外资基本脉络、重大挑战与高质量战略——改革开放45周年回顾与展望》，《当代经济研究》2023年第11期。

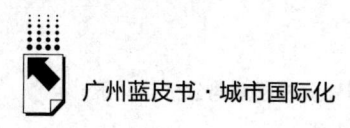

高凌云：《更大力度吸引和利用外资的意义、挑战与推进建议》，《国际贸易》2023年第11期。

颜杰等：《外资进入、市场不确定性与本土企业商业信用供给》，《中国工业经济》2023年第12期。

张哲人、张一婷：《当前世界经济形势以及对我国外贸外资市场影响研究》，《中国物价》2024年第1期。

张滢：《外资进入与中国全球价值链地位：低端锁定还是高端攀升？》，《企业经济》2024年第1期。

B.9
广州企业"走出去"海外知识产权保护的对策研究

李国强　常廷彬　翟溯航　廖恒旺*

摘　要： 广州外向型经济特点明显，随着全球化深入，越来越多的企业走出国门。政府不断完善海外知识产权政策体系、逐步加大企业海外知识产权布局力度、进一步健全海外知识产权维权服务体系，逐渐形成国际知识产权纠纷化解"优选地"。但还存在企业海外知识产权布局不尽合理、企业应对海外知识产权的诉讼意识不强、海外知识产权维权政策服务体系不完善等问题，主要受海外品牌全球化运营意识有待增强、海外知识产权布局成本高、海外知识产权纠纷取证较难的影响。结合美国、欧洲、日本等重点国家和地区的知识产权法律环境，本文对广州完善企业"走出去"海外知识产权保护提出建议，通过建立健全海外知识产权政策服务体系、鼓励支持企业海外知识产权布局、提升应对海外知识产权纠纷的能力，发挥知识产权引领作用，有效服务和保障广州企业"走出去"，助力打造"一带一路"枢纽城市的广州样本。

关键词： 广州　企业"走出去"　海外知识产权

"一带一路"倡议，是以习近平同志为核心的党中央主动应对全球形势深刻变化、统筹国内国际两个大局作出的重大决策，是一项关乎全球和平发展的重

---

* 李国强，广州市市场监督管理局综合处副处长，研究方向为市场监管综合规划；常廷彬，广东外语外贸大学华南国际知识产权研究院常务副院长，教授，博士，研究方向为民事诉讼法、知识产权保护等；翟溯航，广州市市场监督管理发展研究中心，工程师，研究方向为市场秩序构建；廖恒旺，广州市市场监督管理发展研究中心，研究方向为市场秩序构建。

要倡议，紧密连接亚洲、欧洲和非洲等地区，有效促进国际范围内的互信合作。广州市是广东省首个国家知识产权强市创建市、国家知识产权运营服务体系建设城市，也是国内领先、国际有影响力的知识产权强市和具有聚集、引领与辐射作用的知识产权枢纽城市。"十四五"时期，国家大力支持粤港澳大湾区建设，作为粤港澳大湾区区域发展核心引擎之一，广州市紧抓广东省以支持深圳市同等力度支持广州市改革发展的重大历史机遇，围绕构建"3+5+X"战略性新兴产业梯次发展格局，加快聚集高端要素，引领科技创新，打造更具竞争力和吸引力的智慧之城。为了深入推进、积极参与"一带一路"建设，有效服务和保障广州企业"走出去"，打造"一带一路"枢纽城市的广州样本，根据《关于强化知识产权保护的意见》①《"十四五"国家知识产权保护和运用规划》②《广东省知识产权保护和运用"十四五"规划》③《广州市知识产权保护和运用"十四五"规划》《广州市关于强化知识产权保护的若干措施》，本文就广州企业"走出去"海外知识产权保护问题进行调研，为广州企业"走出去"海外知识产权保护提供切实可行的方案、建议，拓展广州企业"走出去"的国际视野，助推将广州建设成为"一带一路"枢纽城市、国家中心城市、国际商贸中心。

一 广州企业"走出去"海外知识产权保护现状

（一）工作成效

1. 海外知识产权政策体系不断完善

2023年，广州市出台《广州市知识产权工作专项资金管理办法》，设

---

① 《关于强化知识产权保护的意见》指出，健全海外知识产权沟通机制，"推动改善我国企业海外知识产权保护环境"。
② 《"十四五"国家知识产权保护和运用规划》明确提出，到2025年，"我国在全球知识产权治理体系中的作用更加凸显，知识产权国际协调更加有力，'一带一路'知识产权合作实现新进展，海外知识产权获权维权能力进一步提高，有力推进高水平对外开放"。
③ 《广东省知识产权保护和运用"十四五"规划》提出："加强企业知识产权海外保护，夯实高标准市场体系制度基础，建设支撑国际一流营商环境的知识产权保护体系。"

立专项资金，支持广州企业申请国外发明专利权、国际注册商标权以及对涉外知识产权进行维权，最高资助金额达100万元。广州市黄埔区、广州开发区、广州高新区作为知识产权密集区域，政策支持力度更为明显。《广州市黄埔区 广州开发区 广州高新区进一步加强知识产权运用和保护促进办法实施细则》明确指出，企业开展国外知识产权维权行动并胜诉的，每件最高资助200万元，每年最高资助500万元；对提供知识产权海外侵权责任保险业务的保险机构，按每单保费的6%给予扶持，每张保单最多扶持30万元。

2. 企业海外知识产权布局力度逐步加大

广州市PCT国际专利申请量从2019年的1622件增至2022年的1869件（见表1），马德里商标国际注册申请量从2018年的106件增至2022年的395件（见表2），体现了广州经济外向程度进一步提高，广州企业"走出去"步伐加快，知识产权创造能力和知识产权意识进一步增强。2022年5月5日，《工业品外观设计国际注册海牙协定》在中国生效，当天共有49家中国企业提交外观设计国际申请108件，其中广州视源电子科技有限公司、广州视睿电子科技有限公司成功提交外观设计国际申请。

表1 2018~2023年广东省、广州市PCT国际专利申请量

单位：件

年份	广东省	广州市
2018	25256	2088
2019	24725	1622
2020	28098	1785
2021	26079	1900
2022	24314	1869
2023	23541	1857

资料来源：粤港澳知识产权大数据综合服务平台、《珠海市知识产权统计简报》（2023年1~12月）、《深圳市2018年度知识产权统计分析报告》、《广州知识产权发展与保护状况（2019年）》、《2021广东省知识产权统计数据小册子——精简版》。

表2　2018~2023年广东省、广州市马德里商标国际注册申请量

单位：件

年份	广东省	广州市
2018	988	106
2019	1325	194
2020	1448	249
2021	1513	266
2022	1551	395
2023	582	63

资料来源：粤港澳知识产权大数据综合服务平台、《2019年广东省马德里商标国际注册数据报告》、《2020年广东省知识产权保护状况》、《一册在手，读懂2019广东省知识产权统计数据》。

3. 海外知识产权维权服务体系进一步健全

中国人保财险粤港澳大湾区知识产权保险中心作为全国首个知识产权保险中心，于2021年在广州挂牌成立，全国首单海外知识产权侵权责任险在广州落地。国家海外知识产权纠纷应对指导中心广东分中心在广州成立，开展海外知识产权纠纷应对指导工作。新加坡知识产权局中国代表处，以及全国首批2家外国专利代理机构——法国利维知识产权公司、法国诺华技术股份有限公司落地广州。2022年，首个广东省海外知识产权保护（德国）服务工作站在德国法兰克福正式揭牌，后续将积极稳妥增设。

4. 国际知识产权纠纷化解"优选地"逐渐成形

近年来，广州知识产权法院受理涉外案件的当事人涉及美国、日本、欧盟等世界主要发达国家和经济体，且知名外国跨国企业选择该院诉讼情况显著增多，高通、苹果、三星等跨国科技企业和华为、TCL等国内高科技龙头企业选择该院作为解决知识产权纠纷之地。广州知识产权法院与广州市市场监管局（知识产权局）、广州仲裁委员会、广东知识产权纠纷人民调解委员会等部门建立诉调对接机制。广州仲裁委员会首创跨境商事争议在线解决平台（ODR平台），打造全球互联网仲裁首选地。此外，"广东广州建立专利侵权纠纷行政裁决书面审理机制"入选第二批全国专利侵权纠纷行政裁决建设典型经验做法。

（二）存在问题

1. 企业海外知识产权布局不尽合理

与广州的经济规模相比，广州企业 PCT 国际专利申请量、马德里商标国际注册申请量偏少。例如在粤港澳大湾区城市群中，2022 年深圳、东莞的 PCT 国际专利申请量分别达 15892 件、4224 件，远高于广州的 1869 件①；2021 年深圳的马德里商标国际注册申请量为 818 件，稳居全省第一位，是广州 266 件的近 3.1 倍②。广州企业海外专利布局的目标国家或地区分布不均匀，PCT 申请进入国家阶段所指定的国家相对集中于美国、日本、欧洲等少数几个市场需求较大的发达国家或地区，对其他发展中国家和地区的关注度不足，尚未形成全球性的专利战略格局。广州企业核心技术的掌控力普遍较弱，企业的核心技术大多为单件专利，对组合式或专利池的保护不够。

2. 企业应对海外知识产权的诉讼意识不强

在遭遇海外知识产权侵权诉讼时，应诉企业以及向外国企业主动提起诉讼的企业较少，在绝大多数案件中，广州企业更多的是作为被告。例如，2020 年，9 起美国 337 调查终裁为缺席被告的案件共涉及 27 家中国企业，包括 10 家广东企业；2020 年，23 家中国企业作为原告共提起了 27 起海外商标诉讼，仅包含 2 家广州企业；2021 年，39 家中国企业作为原告共提起了 32 起海外商标诉讼，仅包含 1 家广州企业。③

3. 海外知识产权维权政策服务体系不完善

海外知识产权维权援助尚需加强，海外知识产权维权与保护体系也有待健全。目前，广东省内仅有 1 家海外知识产权保护服务工作站，人员配置及海外知识产权保护经验尚不成熟。海外知识产权维权援助经费补助机制尚需

---

① 详见广东省市场监督管理局（知识产权局）网站，http://amr.gd.gov.cn/zwgk/sjfb/xsfx/index.html。
② 详见《2021 广东省知识产权统计数据小册子——精简版》。
③ 详见《2020 年中国企业在美知识产权纠纷调查报告》《2021 年中国企业在美知识产权纠纷调查报告》。

改进，资金资助的对象未体现对中小企业的关怀，且广州市内仅有广州开发区设置了海外知识产权维权援助专项资金，这对于其他区企业顺利开展海外知识产权维权援助工作十分不利。海外知识产权信息资源普及、更新和覆盖率不足也是企业遇到的一大难关，广州企业普遍对国际知识产权认识不足，应对海外知识产权纠纷的能力较弱。

（三）成因分析

1. 海外品牌全球化运营意识有待增强

随着企业品牌走出国门，企业品牌遭遇的知识产权阻力逐渐显现，主要体现在商标抢注方面。① 很多企业并没有树立自家企业品牌的风险管理意识，商标在海外被抢注的情形司空见惯，这产生的直接后果是该企业海外市场业务无法拓展、电商平台无法入驻以及该企业产品出口将面临侵权。根据相关调查得知，事实上只有极少数广州企业，如广州骑安科技有限公司、广东天科雅生物医药科技有限公司、广州超视计生物科技有限公司等会选择在孵化期或初创期注册马德里商标。

2. 海外知识产权布局成本高

与国内可预期的、固定的申请费用支出相比，进行海外专利、商标申请和维护的费用较高，且汇率涨跌浮动较大、申请程序环节复杂等问题也持续抑制着广州企业知识产权国际布局的动机。例如，企业通过《专利合作条约》进行 PCT 国际专利申请，在国际阶段时需缴纳国际阶段的申请费用，进入国家阶段时仍需缴纳各国的申请费用。除此之外，企业还需根据专利申请类型和维持的年份缴纳不同价格的年费。广州企业不仅需要注册自身的品牌商标，还要注册防御商标和联合商标，为自家企业的商标建立起"防火墙"，这将进一步增加企业知识产权保护成本。

3. 海外知识产权纠纷取证较难

在知识产权域外维权诉讼中，证据链长、周期长、证据易销毁且域外形

---

① 马一德：《"老字号"品牌的国际化保护》，《北京观察》2016 年第 11 期。

成的证据须进行公证认证,涉及外文的还须进行翻译。一个案件中往往涉及不同的证据链条,得到一份合格的域外证据的流程周期至少需要半年时间,更不论其中所需花费的金钱和精力。知识产权制度差异也是海外知识产权纠纷取证难的原因之一。例如,在商标领域,我国的《商标法》规定商标的注册公示期为三个月,但在美国商标的注册公示期仅为一个月,在相对较为短暂的公示期内,广州企业发现海外侵权行为并及时采取维权措施的难度较大。

二 广州企业"走出去"重点国家和地区知识产权环境

(一)美国知识产权法律环境

在美国知识产权的管理体系中,美国专利商标局主要承担专利、商标的登记、审查、公开等事务性工作;美国图书馆下设的版权局,主要负责美国的版权登记管理。司法方面,联邦地区法院负责审理涉及版权、注册商标、专利等知识产权侵权案件,上诉案件由联邦巡回上诉法院管辖,当事人若对联邦巡回上诉法院之判决不服,可以向美国最高法院申请上诉。比较特殊的是,美国国际贸易委员会(ITC)对根据美国《1930年关税法》第337条款规定的案件(包括侵犯知识产权的进口商品的案件)拥有管辖权。

美国已经形成了一套完整的应对本国海外知识产权风险及纠纷的政策手段。最有效的措施是推动知识产权国内立法的国际化延伸。为了维护本国利益,美国于《1984年贸易和关税法》中,首次以法律的形式把知识产权与外贸的关系加以明确,并在《1988年综合贸易与竞争法》中作了进一步补充,俗称"特别301条款"。该条款规定,美国贸易代表办公室(USTR)要对"缺乏对美国知识产权的充分和有效保护以及对公平市场准入的拒绝,严重阻碍了依靠知识产权保护的美国人的出口能力"的国家保持特殊关注。USTR每年发布《特别301报告》,确定本年度的重点国家(PFC)名单并对其发起301调查,确定优先观察国家(PWL)名单并有针对性地制订

"行动计划",帮助美国企业实现公平公正的市场准入。301调查报告主要涉及市场准入、技术转让的缔约自由、中国对美国的投资及商业秘密问题。①

(二)欧洲知识产权法律环境

在欧洲知识产权的管理体系中,欧洲专利局(EPO)是专利主管审查机构,欧盟知识产权局(EUIPO)是商标和外观设计主管审查机构。司法方面,目前欧洲的专利案件仍在各个成员国国内进行诉讼活动。欧盟的主要知识产权法律包括:《欧洲专利公约》《欧共体商标条例》《信息社会的著作权及邻接权指令》等。跨境诉讼问题在欧盟境内主要依据《布鲁塞尔条例》来解决。

若在欧盟被控知识产权侵权,首先需要具体查看是哪一个国家,对该国的国内法进行研究。但专利纠纷裁判的国内效力存在例外,如荷兰法庭颁布所谓的"跨境禁令"。在异议程序中,任何第三方在一定期限内可向欧洲专利局就专利的有效性提出异议,一旦异议成立,该专利在全欧洲范围内将被撤销或被认定无效。但一旦该专利进入各国变成一揽子国家专利,就需要向逐个国家提出无效请求。对于商标而言,在一个欧盟国家侵犯他人合法注册的商标可以在该国被起诉,被起诉人在做好积极应诉答辩的同时,可考虑申请撤销该商标,理由包括商标为商品通用名称、5年内未真实使用等。

(三)日本知识产权法律环境

在日本知识产权管理体系中,日本特许厅负责发明、实用新型、外观设计专利的审查,以及商标的注册。日本文化厅负责著作权的管理工作,民间成立的各种法人性质的协会也能通过著作权法保护其会员的合法权利。日本的法院分为最高法院和地方法院。地方法院原则上是一审法院。日本知识产权诉讼实行专属管辖,技术性较强的案件审理由东京地方法院和大阪地方法院管辖,还专门组建了东京的知识产权高等法院。知识产权高等法院不仅对

---

① 易继明、李春晖:《我国知识产权制度及科技法律政策之新节点——评2017美对华301调查报告及我国之应对》,《陕西师范大学学报》(哲学社会科学版)2019年第1期。

知识产权纠纷民事案件的二审进行审理，还对不服日本特许厅决定的行政案件享有专属管辖权。

日本知识产权保护制度对商业秘密的制度安排要重点关注。日本的商业秘密是根据1934年创立的《反不正当竞争法》来进行保护的。日本将保密性、有用性和不披露性定义为商业秘密的要求，并规定了侵犯商业秘密的行为类型。同时，日本将侵犯商业秘密的行为中违法性质最恶劣的行为类型作为刑事处罚的对象，包括使用、公开通过非法手段取得的商业秘密；使用、公开通过非法手段取得的存有商业秘密的存储媒体等。

三 广州完善企业"走出去"海外知识产权保护的建议

（一）建立健全海外知识产权政策服务体系

1. 优化海外知识产权维权援助资助政策

一是转化知识产权专项资金的使用方向，加大对后续转化运用的支持，加快实现知识产权从重申请向申请与实施并重转变，为海外知识产权的实施创造良好环境。各区可根据本区的特色产业/行业制定具体的海外知识产权资金管理办法，提升区域知识产权创造活力、运用能力和加大保护力度。二是鼓励设立市场化运作的海外知识产权维权互助基金。按照"政府引导、市场运作、科学决策、防范风险、滚动发展"的原则，探索设立市场化运作的海外知识产权维权互助基金，为相关企业开展海外知识产权维权提供必要的资金支持。互助基金实行决策与管理相分离的管理体制，成立互助基金的专责小组，负责互助基金所资助企业的资格审核、后续情况跟踪，以及确定互助基金的合作机构、委托第三方机构审计互助基金的使用情况等事宜。

2. 建立健全海外知识产权维权援助体系

一是织密知识产权保护跨部门协作网络，推动建立海外知识产权协同保护机制。市场监管（知识产权）部门进一步加强与海关、知识产权法院、广州国际商贸商事调解中心、粤港澳大湾区知识产权调解中心等的沟通联系，拓展知识产权纠纷多元化解渠道，共同构建知识产权大保护格局。广州知识产权保护中心加强与广州市贸促会的合作，在国际贸易集中的国家/地区如东南亚、欧盟等建立广州海外知识产权保护服务工作站，开通海外知识产权维权服务热线电话，提供海外知识产权维权及纠纷应对指导服务。二是扩大海外知识产权信息服务供给。依托广州市知识产权维权援助中心，建立广州市知识产权维权援助公共服务平台，开设包括海外知识产权动态、海外知识产权法律法规、知识产权域外环境指引、服务机构与专家团队、海外知识产权信息检索、海外知识产权纠纷应对指导等功能的海外知识产权专栏，编撰发布美国、日本、巴西、印度、西班牙、加拿大等重点贸易对象国家和地区的知识产权纠纷实务指南。广泛链接广东省等知识产权公共信息综合服务平台，促进全国各级知识产权公共服务平台互联互通，加大海外知识产权数据信息开放共享力度。

3. 建立健全海外知识产权风险预警机制

一是建立海外商标、专利预警机制。在海外商标预警方面，依托广州市海外知识产权保护服务工作站，开展企业商标海外抢注、撤销和无效情况等监测，及时形成商标预警分析报告、涉外商标抢注预警提示。在海外专利预警方面，依托广州知识产权保护中心、广州市知识产权维权援助中心等，建立三级预警机制，实时监测海外重点国家/地区的专利动态，主动跟踪企业的海外专利状态，开展海外专利风险预警分析，发布"红黄蓝"三级预警的警讯，根据海外专利预警的内容形成专属报告并反馈给企业，为"出海"企业保驾护航。二是提高企业境外参展知识产权预警能力，防范海外展会知识产权侵权风险。建立广州重点参展企业及跨境电商名录清单，制定海外展会及跨境电商领域的知识产权维权援助与纠纷应对指南。引导企业对参展产品进行专利侵权风险分析（FTO）①。对存在专利侵权风险的展品方案进行及时调整。

---

① FTO，即 Free To Operate，指的是技术实施人在不侵犯他人专利权的情况下对技术的自由使用和实施，更准确地理解为专利侵权风险分析。

（二）鼓励支持企业海外知识产权布局

1. 增强企业自主创新意识与能力

完善和落实鼓励自主创新政策，根据不同阶段的不同特点，有针对性地给予分类支持。在研发阶段，重点是鼓励企业进行技术创新投入和实践；在产业化阶段，重点鼓励企业技术成果进入市场，鼓励企业技术创新活动与产业发展相结合。加强有关部门与企业间的沟通联系，为企业提供技术服务，及时帮助企业解决实际困难。

2. 鼓励企业围绕自身核心技术和发展优势进行战略布局

为应对全球性竞争，知识产权运营的全球化布局十分关键。[①] 引导企业构建全方位、多层次、有特色的海外知识产权布局，包括PCT国际专利、马德里商标等，并在企业布局的基础上，积极制定广州地区的行业标准，整合产业链。优化广州市知识产权公共服务平台，利用平台资源在申请前为企业提供专业性调查，减少企业申请专利、商标的盲目性。梳理、发布头部企业海外知识产权布局经验，增强企业海外知识产权布局能力。

3. 适应战略布局，加大海外知识产权人才培养力度

健全海外知识产权专家顾问制度，加强海外知识产权专家库建设，大力吸纳具有海外知识产权布局实务经验的专业人员，为企业海外知识产权布局提供咨询服务。制订与企业"走出去"配套的海外知识产权专项人才培养计划，鼓励企业与知识产权服务机构合作，共建海外知识产权人才培育基地，联合进行海外知识产权实务人才培养，加快海外知识产权高层次、复合型、应用型等高端涉外人才的培养。

（三）多措并举、凝聚合力，提升应对海外知识产权纠纷的能力

1. 加强企业海外知识产权培训

以"知识产权日""科技活动周"等为契机，借助网络、直播等媒体平

---

① 吴汉东：《知识产权商业运营的基本路径》，《河南科技》2016年第22期。

台,开展海外知识产权专题活动,组织海外知识产权专题培训班、讲座,让企业知悉、尊重和运用国际知识产权规则,提高企业应对海外知识产权纠纷的能力。筛选、编撰并发放企业在美国337调查等海外知识产权纠纷中胜诉的可复制、可借鉴的典型应用案例,形成示范带动效应。

2. 加强企业知识产权合规建设

企业设置知识产权合规管理部门或合规人员,建立海外知识产权合规审查制度,建立对技术人员、知识产权管理人员、全体员工的分级合规培训制度,树立尊重和保护知识产权的合规企业文化。通过贯标、认证等多种方式推广《企业知识产权国际合规管理规范》,引导外向型企业树立知识产权国际合规意识,进一步完善内部知识产权合规和管理制度。

3. 创新知识产权保险金融产品

按照"政府支持、机构运营、市场主导、企业参与"的新模式,大力推动知识产权保险金融产品的创新工作,健全海外知识产权保险金融体系,拓展知识产权金融服务,降低海外纠纷应对成本。建立知识产权质押融资平台,帮助广州科创型企业享受知识产权金融"红利",加快知识产权的转化与实施。依托中国人保财险粤港澳大湾区知识产权保险中心,建立广州知识产权保险运营服务中心,完善海外知识产权保险服务,扩大海外知识产权保险的覆盖范围,鼓励保险机构在已有的知识产权海外侵权责任险等基础上,推出PCT国际专利申请费用补偿保险、马德里商标国际注册申请费用补偿保险、海牙工业品外观设计国际注册申请费用补偿保险、知识产权海外诉讼保险等知识产权保险新产品,以保险服务优势驱动知识产权保护创新,助力广州企业"走出去"。

4. 建立健全海外知识产权纠纷应对体系

一是成立国家海外知识产权纠纷应对指导中心广州分中心。依托广州知识产权保护中心,开展海外知识产权纠纷应对指导工作,为企业提供公益性指导服务,构建海外知识产权维权的"广州模式"。二是依托海外商会组织畅通海外知识产权维权渠道。充分发挥海外商会组织协调的作用,加强与行政、司法机关联合协作,构建高效的海外知识产权维权途径。加强与广东省海外知识产权保护促进会等的合作，及时跟踪企业海外知识产权纠纷信息，为企业提供沟通渠道，并就美国337调查、知识产权侵权诉讼、跨境电商平台知识产权纠纷等案件提供指导服务。三是建立企业海外知识产权联络员机制。要求在相关企业中明确至少一名专人全程负责企业海外知识产权的工作，包括海外专利和商标申报、维护与管理、海外知识产权纠纷处理、参与海外知识产权专项调研等，发挥好企业与相关部门沟通的桥梁作用。

参考文献

邓福平、许洪强、高正宏：《新形势下知识产权行政保护相关问题探索》，《法制博览》2023年第19期。

董新凯：《论全链条体系化的海外知识产权纠纷防范应对机制之构建》，《科技管理研究》2022年第11期。

胡钰：《政府如何支持企业自主创新》，《科学咨询（决策管理）》2006年第2期。

冯冬冬：《乡村振兴背景下农业知识产权软法保护》，《西北农林科技大学学报》（社会科学版）2022年第2期。

王赛赛：《多边贸易下中国海外知识产权维权援助的路径》，《科技和产业》2023年第5期。

B.10
广州游戏产业出海的特征、成效与发展战略研究

刘 佩　罗子怡*

摘　要： 近年来，广州游戏产业出海快速发展。宏观数据显示，广州市2023年游戏产业营收实现逆势增长，网络游戏出口营收达215亿元，占全省的五成以上。在游戏出海营收能力上，广州仅次于北京、上海，位列全国第三。广州在游戏产业出海方面取得如此成功，离不开其多产业的循环联动、政府的大力支持、顶尖的科技创新能力以及深厚的文化底蕴。广州游戏产业出海的快速发展带动了广州文化"走出去"，提高了广州的国际影响力，反哺了广州科学技术以及实体产业的发展。未来，广州可以通过优化全球化市场布局战略、强化研发支持、抓住市场新增长点、加强流程管理和搭建信息交流平台等方式助力游戏产业高质量、可持续出海。

关键词： 广州　移动游戏出海　高质量发展　数字贸易　文化"走出去"

在数字经济浪潮中，广州抓住了产业数字化的机遇，推动产业高质量发展。广州游戏产业推动数字经济持续发展，2023年广州的游戏市场实际销售收入高达1058亿元，约占广东省的43.2%，占全国的35%，营收增幅约8.6%，①进一步稳固了广州作为游戏产业重镇的地位，也展示了广

---

* 刘佩，广东外语外贸大学新闻与传播学院副教授，广州城市舆情治理与国际形象传播研究中心研究员，研究方向为新媒体国际传播、数据与信息可视化；罗子怡，广东外语外贸大学新闻与传播学院2020级本科生。

① 《2023年广州游戏产业营收1058亿，出海态势向好》，《南方都市报》2024年1月25日。

州在高质量发展道路上的坚定决心和显著成果。当前,全球数字贸易蓬勃发展,成为国际贸易的新亮点。广州正积极加快游戏产业的国际化步伐,向全球玩家展示广州游戏的独特魅力。2023年,广东网络游戏出海营收规模达到385.4亿元,同比增长4.1%。① 其中,广州市2023年网络游戏出口营收预计达215亿元,约占全省营收的55.8%。② 广州游戏产业出海态势向好。为了进一步掌握广州游戏产业出海的发展现状和未来趋势,本文通过宏观数据分析和实地参与式考察等方式,对广州的出海游戏厂商进行了深入研究,分析了广州游戏产业出海的历史、成效,并以此为基础,提出进一步推动广州游戏产业出海向纵深发展、促进广州数字经济蓬勃发展的建议。

一 广州游戏产业出海的发展历程

广州游戏企业拥有超前的"触觉",它们开始出海的时间远早于全国。从出海最早的网页游戏发行商"游莱互动",到如今长居中国出海游戏厂商TOP 5的网易和三七互娱,广州游戏企业在出海的道路上从未停止步伐。

(一)端游盛行的时期

2002~2007年被称为端游盛行的时期,广州的游戏厂商就已经开始了出海之旅。网易自研并运营的《大话西游》和《梦幻西游》端游在海外取得一定的成功,在出海市场上留下一抹亮色,并长线运营至今,全球注册人数超2亿人。虽然其出海脚步主要停留在与中国文化有深厚渊源的东南亚等地区,但此次初步尝试为广州游戏产业出海积累了宝贵的经验,为未来国风游戏"走出去"提供了重要参考。

---

① 《2023年广东游戏产业数据报告》。
② 《2023年广州游戏产业营收1058亿,出海态势向好》,《南方都市报》2024年1月25日。

（二）页游黄金时代

2008~2014年，页游黄金时代来临。端游由于上手门槛高、开发时间长，进入发展瓶颈期，同时网络宽带的进步加上Flash技术的应用，使更加简单、快捷的页游应运而生。这个时期，广州的三七互娱便已确立了自己的出海战略，在2012年成立了37GAMES，主攻出海业务。同年，广州易幻网络科技有限公司（Efun）于广州市天河区成立，发行的《重装武士》抢占海外华语市场，取得了巨大成功，2013年迅速打开东南亚和韩国两个核心市场，Efun成为东南亚和韩国市场上最具有代表性的中国游戏发行商。

（三）手游时代

2015~2017年，进入手游时代，游戏出海的步伐加快。在这个阶段，国内手游市场呈现头部竞争垄断的格局，激烈的国内市场竞争迫使许多企业将目光转向海外市场。2016年，中国出海游戏数量同比增长80%；2017年，中国自主研发的网络游戏海外市场实际收入达到82.8亿美元，较2015年的53.1亿美元增长55.9%，[①] 国产游戏产品逐步走向世界，而其中广州的游戏厂商尤为显眼。2015年，网易推出三国主题模拟游戏《率土之滨》，在海外掀起三国热；2016年，网易推出《阴阳师》手游产品，在日本服务器上线24小时内就冲上了苹果应用商店免费榜第一名，并保持了整整一周；2017年，广州星辉游戏公司上线了第一款头部产品《霸王之业》，至今在海外市场的流水已累计超过20亿元。这段时间可以说是广州游戏厂商在全球市场的崛起之时。

（四）全面繁荣阶段

2018年是中国游戏产业由全国性转向海外的重要转折点。当年，由于

[①] 《中国游戏出海简史：征程与远眺》，21经济网，2022年6月16日，https://www.21jingji.com/article/20220616/herald/5fe7b5ab9a7641f6d5f73b8b44e84cb0.html。

游戏版号审批的暂停，国内游戏市场呈现饱和态势，海外游戏市场竞争全面开启。广州的游戏厂商，如网易、三七互娱、4399等，依然占据市场头部位置。同时，一些新兴的游戏厂商展现了强大的竞争力和突破性的创新。灵犀互娱在2019年9月凭借自主研发的SLG游戏《三国志·战略版》，成功进入Seneor Tower手游收入榜TOP 20，成功敲开日本、繁体中文市场的大门，后续的《三国志幻想大陆》《代号鸢》等产品也在海外市场有所突破，展现出强大的竞争力和广阔的市场前景。

广州游戏企业经过近二十年的不断发展和壮大之后，已经形成了一条完整且成熟的游戏产业出海链，影响力广泛且深远。2022年，广州的游戏产业营收接近千亿元，位居全国第二，全国市场份额约为1/3。[①] 2023年，广州的游戏产业营收更是成功突破千亿元大关，达到了1058亿元，占全国的35%。[②] 广州的游戏产业营收能够在全国范围内"一骑绝尘"，离不开一众优秀的游戏企业。广东省聚集着全国近1/3的游戏企业，总数达到了8.41万家，位居全国第一。其中，广州市就有4.74万家游戏企业，同样位居城市榜单之首。上市游戏企业15家，包括网易、三七互娱、4399等一批龙头企业。[③] 广州的游戏企业在2022年缴纳的税收达到了80.58亿元，为社会提供的就业岗位超过了10万个，并且有9家广州游戏企业入选了"2023—2024年度国家文化出口重点企业"。[④] 2023年出海收入TOP 100的中国游戏厂商中，总部位于广州的游戏厂商有15家，数量排名第三，仅次于北京和上海（见图1），营收占比达到15%（见图2），这些数据显示出广州游戏产业出海的势头正盛，也预示着广州将在未来的全球游戏市场中持续发挥重要作用。

---

① 《"'二次创业'再出发"之文化创意产业媒体访谈会》。
② 《2023年广州游戏产业营收1058亿，出海态势向好》，《南方都市报》2024年1月25日。
③ 《2021年度广东游戏产业发展报告》。
④ 《2021年度广东游戏产业发展报告》。

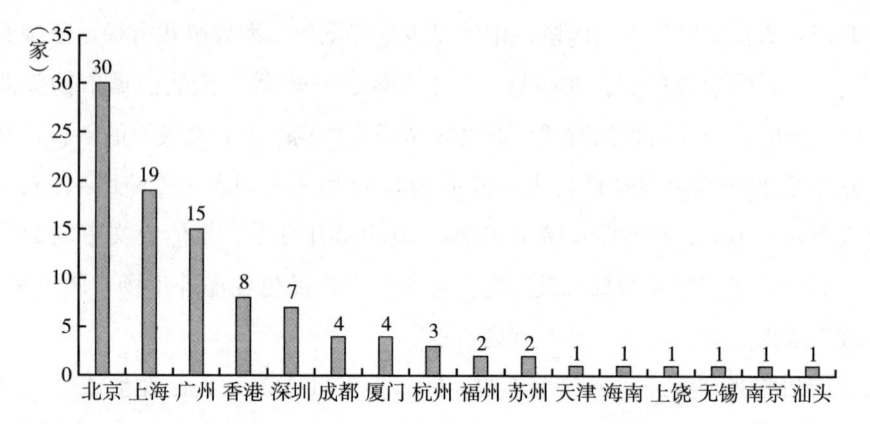

图1　2023年出海收入TOP 100的中国游戏厂商总部所在城市分布情况

注：本文图表系作者绘制。
资料来源：data.ai平台，https：//www.data.ai/cn/，图2至图11相同，此后不赘。

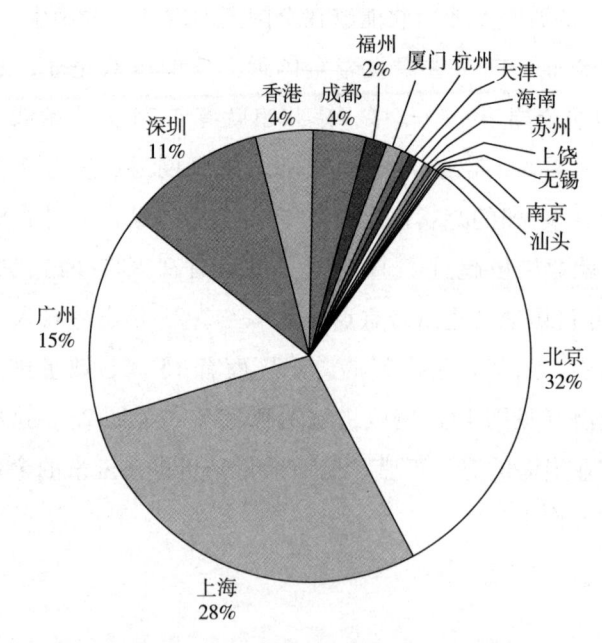

图2　2023年出海收入TOP 100的中国游戏厂商总部所在城市营收占比

注：未注明百分比的城市由于占比不大，不在本文分析对象之内，故未列出百分比，图4至图11相同，此后不赘。

二 广州游戏产业出海的发展成效

（一）承载广州传统文化，赋能文化传播

游戏作为一种具有高度互动性、全感官体验的媒介，成了一种"世界新语言"。国产游戏随着在全球市场的份额不断扩大，逐渐在国际传播中扮演着重要角色。广州的游戏企业成为推动文化强市建设的重要力量。广州三七互娱作为国家文化出口的重点企业，在游戏产品中推出了"千年商都，掌柜同游"的广府文化探寻版本活动，设置了广府木偶剧、南粤醒狮等关卡，以及粤语讲古、广东音乐科普等互动环节，用新颖且具有更强互动性的方式，让全球玩家深入了解广府文化的内核，为传承和推广广州传统文化开辟了新的道路。作为中国龙头游戏企业，三七互娱对广州故事的讲述并没有停留在数字游戏这个单一渠道上，而是以更加多元化的方式传播广州文化。三七互娱打造"非遗广州红"元宇宙虚拟营地，让用户通过手机即可欣赏到粤剧大戏台的表演，感受醒狮、粤剧等非遗项目的经典韵味。同时推出"非遗广州红"乐享系列数字藏品，让非遗以现代潮流的方式走入年轻群体。以游戏为载体，以游戏化思路进行创作，实现传统文化的双向赋能，广州游戏厂商在商业价值和文化传播上找到了自己的成功之道，取得累累硕果，为中国游戏行业树立标杆。

（二）提高国际影响力，彰显大国形象

近年来，全球多个国家推出了扶持游戏行业的政策。2022年11月，欧洲会议以压倒性的投票结果通过了扶持全欧洲"电子游戏生态系统"发展的决议。[1]

---

[1] 《欧洲议会通过首项电子游戏产业发展决议》，人民网，2022年11月13日，http://world.people.com.cn/n1/2022/1113/c1002-32565002.html。

德国在会后批准将游戏行业的国家预算增加到7000万欧元,爱尔兰推出了最高可抵扣游戏开发工作室32%税收的政策,法国则宣布将游戏行业的免税计划延长至2028年,沙特阿拉伯也曝出了要投资378亿美元建立游戏帝国的消息。① 这些国家对游戏行业的重视,印证了游戏作为软实力的一部分,具有影响国家经济发展的潜力。2022年11月,彭博社(日本)刊载的一篇文章指出,中国游戏产生的文化影响力在国际舞台上冲击了日本游戏的地位。这进一步揭示了中国重视游戏行业的内在逻辑:游戏可以增强中华文明的传播力,从而提高中国的文化软实力、国际影响力。广州游戏产业出海的行动通过推动游戏全球化,践行人类命运共同体理念。广州市游戏行业协会第二届会员大会发布《广州市游戏企业出海发展自律公约》,倡导广州市游戏行业从业者积极加强自律,遵循"八条原则"。其中,"合作共赢原则"明确指出,要构建本地生态圈,互惠共赢,带动本土的基础设施、软件应用等共同发展,充分展现了中国的大国形象。

(三)多产业联动,反推技术发展

游戏对高精度、高性能、高体验的内在追求是推动前沿技术研发、引领核心技术攻关的重要动力源泉,它不仅是新兴技术落地应用的重要试验场,也是实现技术跨界应用的重要桥梁。基于游戏建模与映射技术,可以创建出与真实的城市建筑、文化遗产和自然景观等相对应的数字资产;游戏引擎和云计算等技术助力数字工厂的建设,推动传统工业产业信息化转型;以人工智能配合游戏引擎模拟驾驶场景,为自动驾驶技术研发提供了重要支持。"游戏+科普"以寓教于乐的方式,面向青少年普及航空航天、动物植物等知识,增强其对科学的热情;向老年人普及智能手机常用软件使用方法,帮助消除"数字鸿沟"。"游戏+公益",即游戏企业积极与高校及研究院

---

① 《美媒操心中日游戏全球影响力之争,要当心崛起的中国游戏被捧杀!》,腾讯网,2022年12月5日,https://new.qq.com/rain/a/20221205A09HNQ00。

所等科研机构合作,以产学研合作的方式,推动游戏切实解决现实问题,如三七互娱研发的功能游戏《星星的生活乐园》,助力孤独症儿童辅助训练,用温和的方式帮助孤独症儿童学习社交行为。"游戏+文旅"又是另一种创新模式。2023年底,由广州市文化广电旅游局主办,三七互娱承办的"游戏中的广州"文旅科技创意联动系列活动在广州市文化馆拉开序幕。玩家可以线上在游戏里云游广州文旅景点,沉浸式体验广府风情,也可以线下实地探访,免费获得专属套章以及"广旅见面礼"游戏道具礼包,线上线下双向联动,让玩家三维体验广府文化。游戏技术的跨界融合已成为广州科技创新提质升级的内生动力。广州游戏产业的科技创新影响力正辐射各个传统领域,为实体产业注入了活力,为广州的高质量发展贡献了自身力量。

三　广州游戏产业海外市场地域发展态势

从全球的移动游戏出海数据来看,中、美、日、韩凭借庞大的用户群体和高度普及的互联网设施,依旧占据着全球四大移动游戏市场的位置,累计占据全球移动游戏市场规模的77.9%。① 近年来,头部移动游戏市场规模变化较小,已陆续进入存量竞争状态,东南亚、中东、南美等新兴市场越来越成为全球化企业提高自身增量的重要发展方向。

(一)广州在美国市场的营收占比高,精品竞争力强

从大盘数据来看,2023年美国游戏市场的营收在全球范围内位列第一(见图3),约占全球总营收的29.68%。与2022年相比,尽管美国游戏市场的总收入略有下降,但这种下滑幅度远低于全球游戏市场的平均水平,显示出其相对稳健的市场地位。② 然而,在2023年出海美国营收TOP 50的中国

---

① 《2023全球移动游戏市场企业竞争力报告》。
② 《2023全球移动游戏市场企业竞争力报告》。

游戏厂商中，广州游戏厂商的数量仅占8%（见图4），但其在美国市场上的营收占比却达到9%（见图5）。

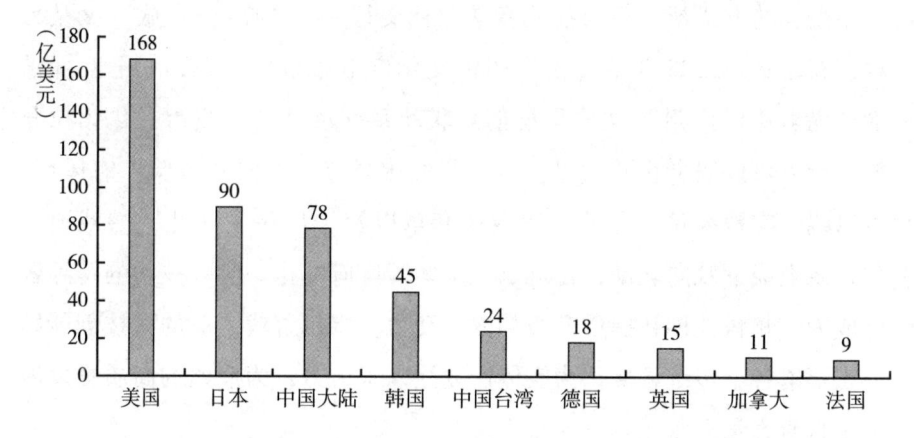

图3 2023年全球游戏市场营收排名前列的国家和地区

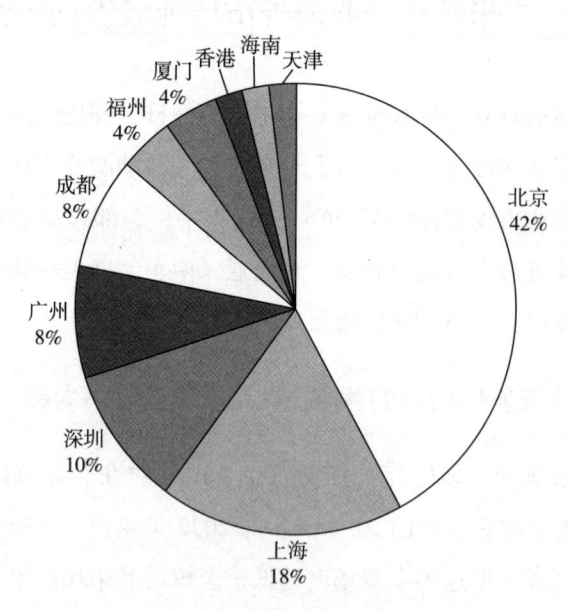

（美国168、日本90、中国大陆78、韩国45、中国台湾24、德国18、英国15、加拿大11、法国9；单位：亿美元）

图4 2023年出海美国营收TOP 50的中国游戏厂商总部所在城市分布占比

（北京42%、上海18%、深圳10%、广州8%、成都8%、福州4%、厦门4%、香港4%、海南、天津）

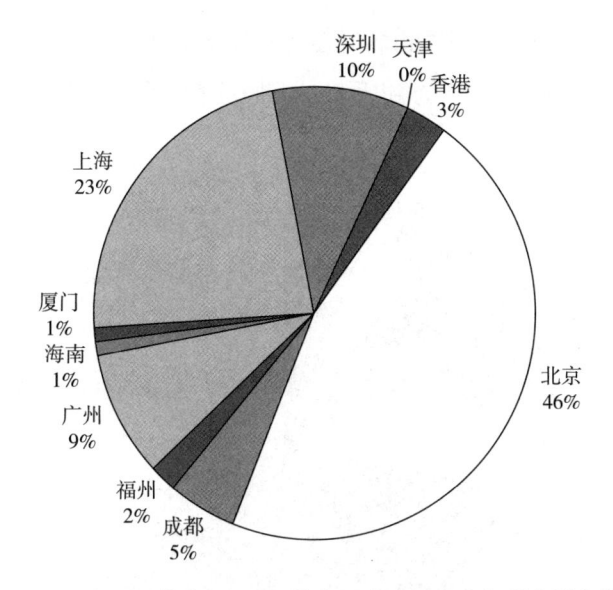

图 5　2023 年出海美国营收 TOP 50 的中国游戏厂商总部所在城市营收占比

（二）出海日本机会增多，广州游戏厂商营收能力强

日本游戏市场发展时间长，已孕育出大量本土老牌企业。这些企业在游戏行业内积累了丰富的经验和良好的口碑，使得它们在市场中具有显著的优势。2023 年移动游戏流水榜 TOP 200 的产品中，日本本土研发的游戏产品占据了半数以上的份额。然而，与 2022 年和 2021 年相比，日本本土游戏产品的市场份额呈现逐年下降的趋势，非日本本土游戏产品的市场份额则有所上升。[①] 国际游戏市场的竞争日趋激烈。

在 2023 年出海日本市场并取得营收 TOP 50 的中国游戏厂商中，广州游戏厂商的数量达到了 9 家，与上海并列，仅次于北京，占据了国内游戏出海日本市场的重要位置。然而，从营收角度来看，这 9 家广州游戏厂商的营收占比高达 26%，远超过其在厂商数量上的 18% 的占比（见图 6、图 7）[②]，充分展现了

---

① 《2023 全球移动游戏市场企业竞争力报告》。
② data.ai 平台，https：//www.data.ai/cn/。

广州头部游戏厂商在出海日本市场时强大的营收能力。这不仅证明了广州游戏厂商具有优秀的产品研发实力，也反映了它们对市场策略和运营的精准把握。

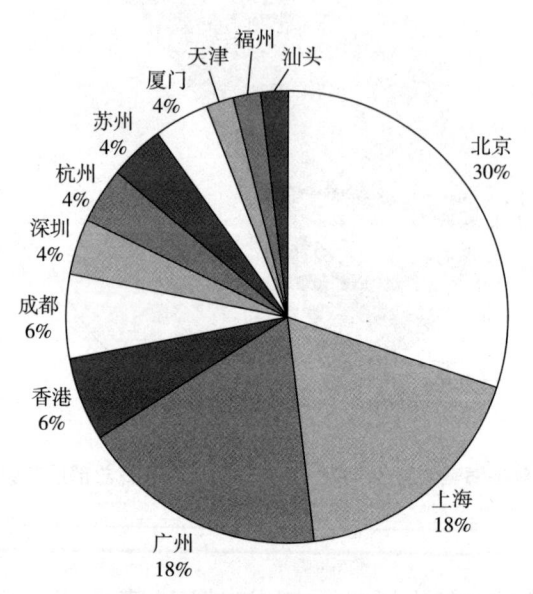

图6 2023年出海日本营收TOP 50的中国游戏厂商总部所在城市分布占比

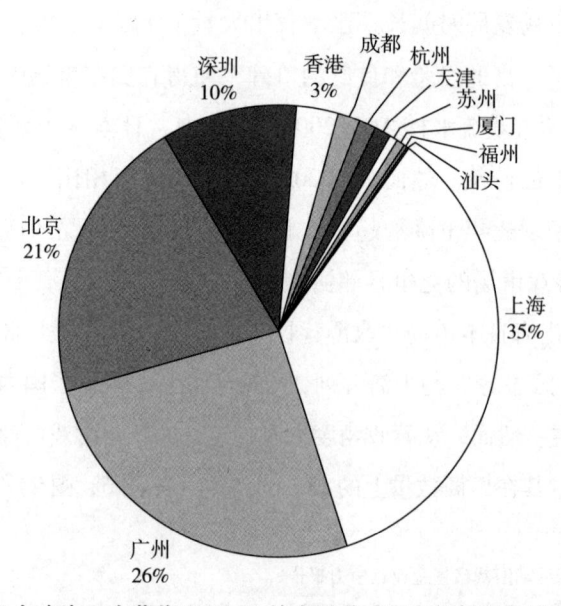

图7 2023年出海日本营收TOP 50的中国游戏厂商总部所在城市营收占比

（三）韩国市场中游戏产品迭代速度加快，广州游戏厂商表现稳健

2023年韩国移动游戏流水榜TOP 200中，新上线的产品市场份额为18%。[①] 这一比重尽管相较于前两年有所下滑，但仍然超过全球主要市场的平均水平。这一数据反映出韩国市场中游戏产品迭代速度加快，广大游戏厂商在韩国的机会较多。2023年，广州游戏厂商表现尤为抢眼，11家（22%）游戏厂商成功进入出海韩国营收TOP 50（见图8），营收总计约为2.28亿美元。在国产游戏出海韩国市场中，北上广三座城市依然领跑，营收份额超过了80%。其中，广州的营收占比约为23%（见图9），市场表现稳健。

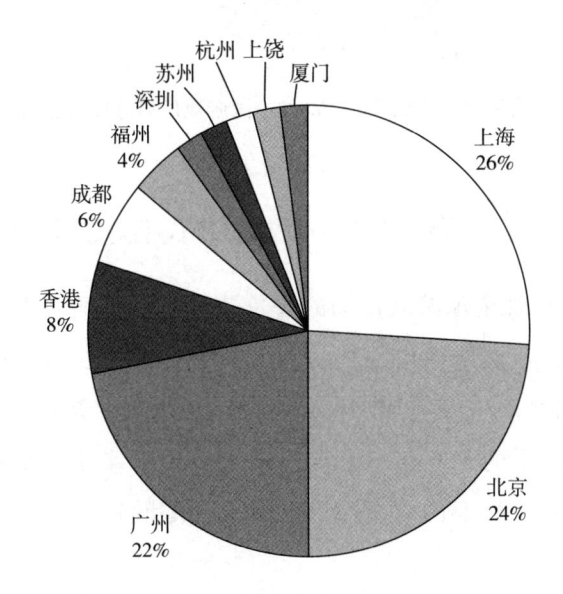

图8 2023年出海韩国营收TOP 50的中国游戏厂商总部所在城市分布占比

---

① 《2023全球移动游戏市场企业竞争力报告》。

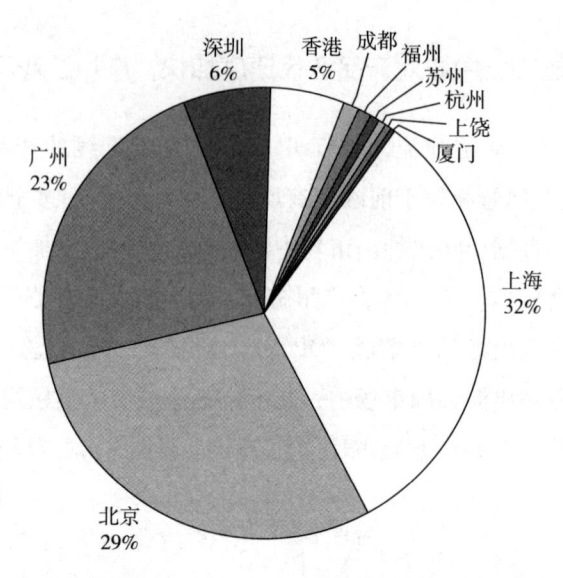

图9　2023年出海韩国营收TOP 50的中国游戏厂商总部所在城市营收占比

（四）新兴市场崛起，广州游戏扩张步伐相对较慢

2023年，尽管全球游戏市场的增长速度有所放缓，但新兴市场，特别是中东地区，依然展现出强劲的活力和增长潜力。据游戏市场分析机构Newzoo的观察，2019~2024年，中东、北非和拉美地区的复合增长率达到全球平均水平的1.6倍，是全球增长最快的移动游戏市场。亚太地区增长速度最为显著的是东南亚市场，其增速为全球平均水平的1.4倍。①

2023年出海新兴市场营收TOP 50的中国游戏厂商中，广州游戏厂商占据9个席位，占比达到18%，位居第三（见图10）。然而，这9家广州游戏厂商的营收占比相对较低，仅为8%（见图11），与其数量占比相比，显得相对较弱，且在营收排名上被其他城市超越。这一数据反映出，广州游戏厂商在新兴市场的竞争力相对较弱，营收能力仍有待提升。

---

① Newzoo，https://newzoo.com/.

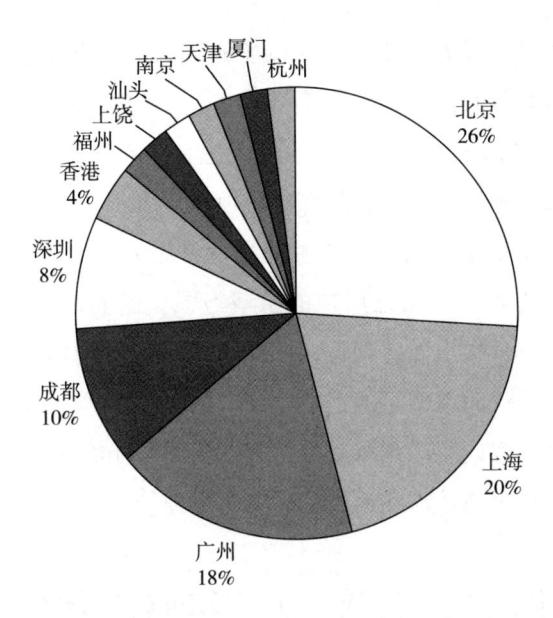

图10 2023年出海新兴市场营收TOP 50的中国游戏厂商总部所在城市分布占比

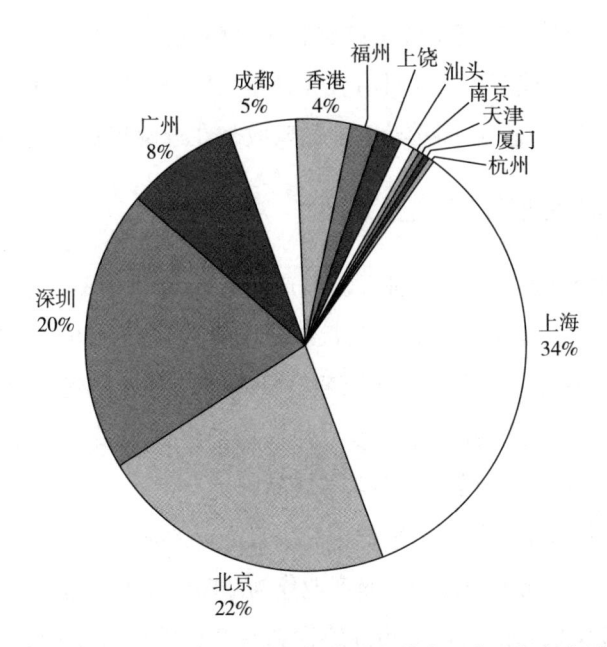

图11 2023年出海新兴市场营收TOP 50的中国游戏厂商总部所在城市营收占比

随着市场的日益成熟，新兴游戏市场的进入门槛也在逐渐提高。过去，广州游戏厂商可通过对国产游戏简单"换皮"，轻松进入新兴市场。但如今新兴市场已进入"强本地化"的阶段。要想在新兴市场取得成功，游戏厂商需要进行全面的本地化，尤其是在中东地区，由于文化、宗教、语言的差异，产品的本地化难度更大。广州游戏厂商在游戏设计时应该通过文化传统、宗教特色等内容，来贴近用户的游戏习惯。例如，将本地元素融入游戏，或者在传统节日推出限定素材，以此来提高游戏的本地化程度。同时，阿拉伯语玩家更喜欢简单明了的产品，复杂的运营形式，如抽卡等，在中东市场并不受青睐。因此，广州游戏运营方需要尽可能简化阿拉伯语玩家需要计算的过程，让玩家清楚地知道付费后能够得到什么。

四 广州游戏产业出海的竞争优势

2023年全球游戏市场呈收缩趋势，中国游戏厂商在海外市场的盈利能力也随之下降，游戏产业出海具有较大的增长压力。然而，在这种全球市场整体下行的大背景下，广州游戏产业的营收却在近两年实现逆势增长。

（一）多产业联动高效出海

广州的动漫产业、直播产业、游戏产业三者联动，形成一个完整且高效的产业链。相较于其他城市的产业状态，广州游戏产业可谓"既有月亮也有星星"。广州聚集了网易、三七互娱、4399等多家头部游戏企业，孕育了YY、虎牙、CC三大知名直播平台，并成功推出了"梦幻西游""神武""阴阳师""永恒纪元"等多个知名游戏品牌。

动漫产业具有丰富的创意素材，为游戏产业的发展提供了无尽的灵感和可能。近年来，广州市坚持把动漫产业作为战略性新兴产业，建优建强动漫产业链。2022年发布的《广州市战略性新兴产业发展"十四五"规划》提出，要培育一批数字创意头部企业和精品IP，打造"动漫游戏产业之都"。2023年发布的《广州市建设国际消费中心城市发展规划（2022—2025

年）》明确提出，要围绕动漫、游戏等领域，打造具有国际竞争力的数字IP。广州动漫产业成绩斐然，总产值近 300 亿元，原创漫画发行量占全国漫画市场的 30% 以上。① 这样的优秀表现，为游戏产业的发展提供了肥沃的土壤。广州三七互娱就是利用动漫 IP "斗罗大陆"改编出手游《斗罗大陆：魂师对决》，"与动画一模一样"的口号，使其上线初就冲上多地区 App Store 免费榜和畅销榜的前五位，全球月流水达到数亿元之巨。

广州的直播产业为游戏产业提供了全新的营销渠道。2022 年 6 月发布的《广州市工业和信息化发展"十四五"规划》明确提出，要构建游戏电竞产业生态圈，推动游戏电竞动漫一体化发展，打造"世界电竞名城"。在国内顶尖的电竞战队中，广州 TTG 王者荣耀战队将主场落户广州，使广州成为王者荣耀职业联赛（KPL）的第四座电竞主场城市。此外，《第五人格》职业联赛联盟也落地广州，进一步推动了广州电竞产业的全球化发展，该联盟在日韩、欧美、东南亚等地区选拔战队，赴广州进行国际性赛事。在《第五人格》日本赛区，已有超过万名电竞选手参与，参赛队伍超过百支，极大地提升了该游戏在海外的知名度。《第五人格》甚至成为日本的国民级手游，多次登顶日本畅销游戏排行榜。

（二）政策支持助推高质量发展

广州市政府在多重维度推出了一系列政策，以促进本地游戏产业的发展。在技术研发方面，2022 年 7 月，广州市人民政府发布了《广州市海珠区推进游戏产业在琶洲人工智能与数字经济试验区健康发展的促进措施》，从研发创新奖金、人才奖励、人才引进扶持等多个领域支持游戏原创精品的研发，激励游戏类企业持续进行技术创新。在可持续发展方面，广州市游戏行业协会第二届会员大会发布《广州市游戏企业出海发展自律公约》，网易、灵犀互娱、钛动等多家出海游戏企业带头签署了该公约承诺书，共同发

---

① 《广州多措并举打造"动漫之都" 动漫产业总产值全国领先》，广东省文化和旅游厅网站，2022 年 11 月 25 日，https://whly.gd.gov.cn/news_newdsxw/content/post_4052205.html。

挥产业力量，建立广州市游戏企业出海发展自律体系，以实现广州市出海游戏企业全球化高质量发展的目标。在产业联动方面，2020年5月，广州市人民政府宣布在黄埔区打造中国游戏软件谷。按照规划，建成后的中国游戏软件谷将囊括手机游戏研发中心、电子竞技人才培养中心、5G网络直播中心等六大游戏产业功能板块，促进相关产业的聚集，实现跨界联动和互助发展。在广州市人民政府一系列扶持政策的推动下，广州市有望涌现更多的游戏企业和专业人才，推动广州游戏产业高质量发展。

（三）强科技创新提供出海竞争力

完善科技创新体系，是加强国际合作和发挥竞争优势的基础保障。同样地，科技创新是促进游戏产业高质量发展的内生动力。近年来，广州先后印发了《广州市关于推进新一代人工智能产业发展的行动计划（2020—2022年）》《广州市人工智能产业链高质量发展三年行动计划（2021—2023年）》等政策文件，扶持培育壮大人工智能产业链。多重政策的扶持加速了广州生成式人工智能（AIGC）技术的发展。广州游戏厂商乘上AIGC技术的快车，将AIGC技术融入游戏制作。游戏开发是一项复杂的工程，周期通常较长，需要投入大量的人力、物力、财力。面对越来越高的开发成本，广州游戏企业充分利用本市AIGC技术领先的优势，将其与游戏产业深度结合，提高开发人员的创造效率、缩短研发周期、压缩所需的人员规模，显著降低游戏研发成本。例如，网易在其产品《天下3》中，就运用了"资源超分"技术，对旧的纹理资源进行超分和去噪处理，使游戏中的纹理精细度得到了质的提升。整个过程完全由算法完成，不需要美术人员的参与，大大提高了制作效率，降低了制作成本。除了降本提效，AIGC技术还能为游戏赋能，为玩家提供千人千面的游戏反馈。网易在其产品《逆水寒》中加入捏脸系统，借助AlxFace面部实时动捕技术，为角色添加了颜艺系统，使玩家不仅能自定义角色面部特征，还能DIY角色表情包，极大地提高了游戏的可玩性和自由度。如今，游戏产业出海的竞争越发激烈，精品化路线是必然走向，广州强大的科技创新、对新技术的把握和实践能力，为其提升游戏产品质量提供了有力支持，使其在激烈的国际市场竞争中具备了强大的竞争力。

（四）深厚的文化底蕴为游戏注入内核

传统文化是游戏创作的"文化基底"，为游戏的开发赋予了丰富的内容生态和深厚的文化内涵。在游戏产品的设计和开发中，深度挖掘传统文化的精髓、汲取优秀文化的养分，不仅可以推动传统文化的传播，还可以提升游戏的可玩度与文化深度，使用户沉浸于游戏宏大的文化背景中，获得用户对产品的好评。广州作为"千年商都"，历史文化悠久，具有深厚的文化底蕴，为广州游戏的创作提供了肥沃的文化土壤。近年来，广州多家游戏企业将数字化和科技创新引入传统文化的传承和创新中，为众多游戏产品注入了文化内核。以三七互娱发行的《叫我大掌柜》游戏产品为例，该产品以宋朝商贸文化为玩法设计的底层逻辑，选择了北宋时期画家张择端的代表作《清明上河图》作为场景设计的蓝本，并在游戏中添加"对对子""投壶""蹴鞠"等宋朝文化特色元素，让玩家获得极具沉浸感的两宋繁荣盛景体验。此外，该游戏还推出了以"海上丝绸之路"为核心的"南海丝路"版本，使全球玩家对中国的"一带一路"倡议有了更加深入的了解。这款游戏获得了玩家的一致好评，并在日本和中国港澳台等地区市场品类畅销榜的排名有所跃升，带动了企业营收的增长，形成了文化与经济的双向互利。

五 广州游戏产业提升海外竞争力的对策建议

（一）优化全球化市场布局战略

广州游戏产业在国际化的进程中，既要稳步把握头部市场的机遇，也要重视新兴市场的开发。目前，头部移动游戏市场基本成形，美、日、韩三大市场竞争激烈，广州游戏厂商在头部市场继续扩大份额的难度较大。东南亚、中东、南美等新兴市场越来越成为全球化企业提高自身增量的重要发展方向。广州游戏进入新兴市场，一是要注意不同地区市场的需求差异，做到精准推广。在中东地区，强社交属性的游戏品类机会丰富。广州游戏厂商可以在中东地区尝试推出足球类游戏、第一人称射击游戏（FPS）、大型多人在线游戏（MMO）等具有强社交属性的游戏品类。东南亚地区是休闲游戏最适配的市场。广州游戏厂商可据此调整出海策略，针对东南亚市场推出更符合当地用户需求的休闲游戏产品，进一步提升市场份额，提高知名度和影响力。二是要注重产品的本土化适应性。深入研究目标市场的文化、消费习惯和用户偏好，严格遵守当地的法律法规，特别是关于游戏内容、数据保护和版权的规定，采用适应当地市场的营销策略，利用当地流行的社交媒体和广告渠道进行推广，并建立有效的反馈机制，根据用户的反馈和行为数据，持续优化本地化内容，使游戏能够不断适应市场变化和用户需求，保持竞争力，从而在全球市场上取得更好的成绩，完成更广泛的市场覆盖。

（二）强化研发支持，分担创新成本

近年来，海外各国各地区愈加重视游戏产业在经济、文化以及科技等方面的作用，游戏技术或成大国竞争的前沿阵地，有必要采取有针对性的措施来应对广州游戏产业目前面临的产学研合作不深入、投资回报率低、研发积极性不足等挑战。一是构建游戏产业科技创新的沟通与协作平台，链接企业、高校与研究机构，实现技术研发与市场需求的紧密结合。通过充分利用本地的人才和创新资源，加速科技成果转化，提升行业的生产力。国际层面已有的如"游戏开发者大会"等行业活动，为游戏企业提供了分享科技创新经验的机会，广州亦需建立类似的技术交流平台，以促进集思广益和资源共享。二是政府可为游戏技术研究与开发提供支持，包括在资金方面设立专项基金、提供低息贷款或税收优惠、加强知识产权保护等，以降低企业在科技创新过程中的风险和成本。三是建立游戏人才的培育和引进机制，与教育机构和研究组织协作，培养高水平的游戏研发人才，为企业提供专业的人才支持，从而提升研发能力和创新水平。这些措施将有效提升广州游戏企业从事科研创新的动力，同时促进广州游戏产业的创新发展，实现健康、可持续的产业进步。

（三）新增长点频出，寻找新兴蓝海

面对全球日益激烈的市场竞争，广州游戏开发商在拓展国际市场时遭遇了更为严峻的挑战。在这样的高压环境下，广州的中小游戏开发团队亟须寻找并把握自身的发展机遇。从小市场做起是一个不错的选择，任何一个所谓的小众领域都可能成为巨量的未来。广州的众多游戏企业应当深入研究目标市场的细分领域，并主动探索分析自身的竞争优势，找到市场的新增长点并把市场机遇与自身游戏相匹配，寻求独特的发展空间。在进入蓝海后依然要保持游戏内容的持续更新和迭代，引入新功能、新角色或新故事线，拒绝故步自封，要保持游戏的新鲜感，延长游戏的生命周期。同时，广州市人民政府的支持也不可或缺，应通过制定相关政策、提供市场分析报告和信息咨询服务，帮助企业洞察海外市场的需求和特性，精准定位市场，从而提升游戏产品的国际竞争力。同时，设立风险基金，为游戏企业提供一定程度的风险保障，减轻广州游戏企业在尝试新领域过程中的资金压力。政府的经济和政策激励措施能显著增强游戏企业开拓新业务领域的信心和动力，赋予它们探索市场蓝海的勇气和力量。

（四）加强流程管理，注重长效评估

评选与补贴重点文化出口企业、奖励优秀出口数字文化作品是鼓励广州游戏走向国际市场的重要方式。然而在这一过程中，广州市人民政府需要确保真正优质的游戏企业得到政策的扶持和补贴。一是建立详尽的评选机制，精准识别那些真正致力于文化传播和具有国际竞争力的游戏企业，确保补贴资金流向那些有潜力、有诚意的企业，避免出海传播中华文化沦为个别企业申请地方补贴的虚假宣传手段；二是强化流程监管，对获得补贴的企业实施严格的项目管理和监督，确保资金用途的合规性，防止资金被挪用或用于非重点游戏出海项目，从而保证补贴资金的高效使用，避免资源浪费；三是构

建科学的持续性绩效评估体系，定期对获奖及获补贴项目的效果进行评估，包括市场表现、文化传播效果、创新能力等，以此推动广州游戏产业持续高质量发展，为广州乃至中国的数字文化产业注入新的活力，促进地方经济发展和就业。

（五）搭建信息交流平台，提高产品本地化效率

当前，全球游戏市场竞争愈加激烈，广州游戏企业在获取国际市场信息和理解玩家偏好方面面临诸多挑战。为了进一步提升广州游戏企业在全球市场的竞争力，广州市人民政府可以采取多层次的措施。一是建立全球市场信息交流中心，集中收集和分析全球游戏市场的各类数据，包括市场趋势、用户偏好、竞争对手动态等，为游戏企业提供实时的市场信息支持。二是搭建本地化资源对接平台，连接广州游戏企业与海外本地化服务提供商，包括翻译、文化顾问、本地推广等，帮助企业与各出口国的本土宣传媒体建立合作关系，获得更广泛的宣传渠道，更精准地进行产品本地化，扩大国际市场的影响力。三是定期组织国际市场研讨会和培训，邀请行业专家分享市场洞察和本地化经验，提升游戏企业对国际市场的理解和应对能力。四是组织专家团队，为游戏企业提供各国法律法规、宗教习俗和文化禁忌的咨询服务，降低企业在本地化过程中的风险。五是建立游戏产品本地化质量评估体系，定期评估游戏产品的本地化质量，并提供优化建议，确保产品能够满足目标市场的需求。

参考文献

杨枭枭、李本乾：《中国电竞游戏：产品与文化"双出海"模式》，《上海广播电视研究》2023年第4期。

《2022年中国游戏产业报告》，"文创宁波"微信公众号，2023年2月16日，https://mp.weixin.qq.com/s?__biz=MzI4ODQ1NTMyNw==&mid=2247691734&idx=2&sn=2061a8f048460ce73a3f5141d3f2fe84&chksm=ec338226db440b30d5dcc5c87e98ee3457f5deb54

be57937961e12d9781ed5c4032acc2e1a11&scene=27。

《2023年中国游戏出海研究报告：自研游戏海外收入163.66亿美元 美德英日韩等成熟市场仍是主要方向》，"中国网科技"百家号，2023年12月15日，https://baijiahao.baidu.com/s? id=1785335703051090376&wfr=spider&for=pc。

《游戏行业专题报告：游戏出海正当时，直挂云帆济沧海》，未来智库网站，2022年4月22日，https://www.vzkoo.com/read/20220422b84f07e12575baa2cacaf802.html。

交往与传播篇

B.11
《粤港澳大湾区发展规划纲要》实施五周年：建设成效与提升对策*

刘 伟**

摘　要： 粤港澳大湾区建设是习近平总书记亲自谋划、亲自部署、亲自推动的国家重大发展战略，肩负着高水平对外开放和高质量发展的重要使命，也是加快形成新发展格局的战略支点。《粤港澳大湾区发展规划纲要》是大湾区建设的总蓝图，提出深化粤港澳创新合作、构建开放型融合发展的区域协同创新共同体、打造高水平科技创新载体和平台等重大远期规划。2024

---

* 本文系国家社会科学基金青年项目"空间治理视域下收缩型城市的治理阻梗及优化机制研究"（项目编号：22CZZ017）、上海市哲学社会科学规划青年课题项目"大城市周边'收缩性中小城镇'的治理研究"（项目编号：2021JG006-EZZ275）、中共浙江省委党校2024年度国家社会科学基金和青年预研项目"中国式现代化视阈下城市化模式的中国道路研究"（项目编号：ZX250199）阶段性成果。
** 刘伟，博士，中共浙江省委党校（浙江行政学院）马克思主义研究院讲师，浙江省习近平新时代中国特色社会主义思想研究中心省委党校基地研究员，中共浙江省委党校浙江省"八八战略"创新发展研究院研究员，研究方向为城市化模式、城乡治理、区域经济。

年是该纲要颁布实施五周年，五年以来在中央政府的统筹规划和全力支持下，粤港澳三地紧密协作、相互理解、相互配合，使得大湾区从概念的落地到形成发展建设的奔涌态势，充分证明了该纲要的先进性和科学性。当前，大湾区在该纲要的引领下，"硬联通""软衔接""心相融"已悄然形成，大湾区已成为世界级的知名科技、金融、人文湾区，国际竞争力和知名度显著提升，也成为展示中国式现代化实践成果的重要窗口。

关键词： 粤港澳大湾区　《粤港澳大湾区发展规划纲要》　科技创新　数字湾区

建设粤港澳大湾区（简称"大湾区"）是新时代推动形成全面开放新格局的新举措，也是推动"一国两制"事业创新发展的新构想、新实践。《粤港澳大湾区发展规划纲要》（简称《纲要》）落地实施五年以来，伴随宏观规划和微观实践，大湾区内各城市间产业分工已逐步形成，资源互联互通体系初步建立，信息、资金和人员往来日益频繁，各项公共政策相互衔接，积极打造高质量融合发展典范，大湾区正在成为推进高水平对外开放的新窗口和中国式现代化高质量发展的缩影。回溯五年的发展历程，可以验证《纲要》的前瞻性和指引性，系统总结《纲要》的初步成果和先进经验，也可以为大湾区更高水平的发展建设提供经验与启示。

一　《粤港澳大湾区发展规划纲要》的实施背景与目的

（一）粤港澳大湾区的形成背景

大湾区从概念的产生到方案的设计再到实施并非一蹴而就，而是在粤港澳三地多年合作互动的基础上形成的。第一阶段是珠江三角洲城市群时期。

20世纪90年代后期,在二十多年改革开放的基础上,珠三角地区的工业化和城市化加速推进,在国内较早地实现了工业现代化的聚集,其主要特征是工商业门类齐全、工业现代化程度高、城镇化率高、外来人口持续增长。在此背景下,2004年广东省层面最早提出了"珠江三角洲城市群"的区域概念,从省级政府层面利用政策驱动加强了珠三角地区各个地级市的规划协同,主要是城市规划、交通路网、基础设施、产业结构等领域的优势互补,主要侧重于"硬实力"的体系化。这个时期,在地理范畴方面率先促成了珠三角地区各个地级市之间的互联互通,在广东省辖区空间内保证了规划的整体性和协同性,大大削弱了今后规划的滞后性,为今后"大湾区"的形成奠定了物质基础和提供了条件。

第二阶段是环珠江口宜居湾区时期。在珠三角地区的经济社会发展基础得到明显夯实、国内产业结构优化的背景下,2009年"环珠江口宜居湾区"概念被提出。此时,港澳地区体制性的障碍逐渐被消除,珠三角地区的产业结构不断优化,与港澳的产业结构差距逐渐缩小,三地的经贸往来、文化交流、人口流动日益频繁,中央层面需要加强粤港澳三地的互联互动。珠三角地区急需进行新一轮的产业结构优化,以满足经济社会的健康可持续发展,形成一个具备国际竞争力的城市群。这一时期,广东省分别与港澳签订了合作框架协议,在珠三角地区内部增强了城市群协同规划、产业结构互补性、宜居环境打造、生态环境保护等"软实力",进一步深化了粤港澳三地的体制性融合,为"大湾区"的形成提供了坚实的制度保障。

第三阶段是粤港澳大湾区时期。2015年3月,由国家发展和改革委员会、外交部、商务部联合发布的《推动共建丝绸之路经济带和21世纪海上丝绸之路的愿景与行动》,首次提出"粤港澳大湾区"概念。从国际环境来看,全球国际分工和产业结构调整加快,经过十多年的珠三角地区深化合作之后,单一的地区实力提升已经不能满足国家战略层面的需要,中国整体经济实力的提升急需一个跨地区的城市群参与国际的产业格局竞争。从国内环境来看,粤港澳地区的统筹性得到了加强,便利的跨境互联互通已经有显著成效,粤港澳地区已经跨过了要素融合、资源融合的阶段,进入制度融合的新阶段。如表1所示,从以上历程可以看出,规划目标在三个阶段逐步清晰,从城镇协调发展到生态宜居,再到产业与制度创新,大湾区实现了从目标到路径,再到成效的递进式发展。

表1 粤港澳大湾区总体性规划经历的三个阶段

第一阶段:珠江三角洲城市群	第二阶段:环珠江口宜居湾区	第三阶段:粤港澳大湾区
《珠江三角洲城镇群协调发展规划(2004—2020)》(2005)	《环珠江口宜居湾区建设重点行动计划》(2010)	《推动共建丝绸之路经济带和21世纪海上丝绸之路的愿景与行动》(2015)
《泛珠三角区域合作发展规划纲要(2006—2020年)》(2006)		《国务院关于深化泛珠三角区域合作的指导意见》(2016)
《广东省珠江三角洲城镇群协调发展规划实施条例》(2006)	《珠江三角洲城市群协调发展规划研究》(2010)	《粤港澳大湾区城市群发展规划》(2017)
《珠江三角洲地区改革发展规划纲要(2008—2020年)》(2008)		《深化粤港澳合作推进大湾区建设框架协议》(2017)
《珠江三角洲城镇群协调发展规划》(2009)	《粤港合作框架协议》(2010)	《粤港澳大湾区发展规划纲要》(2019)
《珠江三角洲城乡规划一体化规划(2009—2020年)》(2010)		《河套深港科技创新合作区深圳园区发展规划》(2023)
《珠江三角洲基础设施建设一体化规划(2009—2020年)》(2010)	《粤澳合作框架协议》(2011)	《粤港澳大湾区国际一流营商环境建设三年行动计划》(2023)

(二)《粤港澳大湾区发展规划纲要》的实施目的

大湾区具有全球罕见的"一个国家、两种制度、三个关税区、四个中心城市"的独特性,虽然具有制度优势,但也存在规则不统一、边界过多、机制衔接不畅等现实问题。大湾区是超越行政区的多个国家级发展战略的叠加和综合,2017年7月,习近平总书记在香港亲自见证了《深化粤港澳合作推进大湾区建设框架协议》的签署,拉开了粤港澳大湾区建设序幕。2019年2月,中共中央、国务院印发《纲要》,为高水平谋划推进粤港澳大湾区建设提供顶层设计和行动指南。《纲要》的颁布,对大湾区的战略定位、发展目标、空间布局等作出全面规划,标志着大湾区建设进入全面实施阶段。《纲要》特别强调要重视区域协调发展,提出构建"分工合理、功能互补、错位发展的城市群发展格局","形成梯度发展、分工合理、优势互补的产业协作体系"明确要求。2020年10月,习近平总书记在深圳经济特区建立40周年庆祝大会上指出,要"积极作为深入推进粤港澳大湾区建设"[1]。2023年4月,习近平总书记在考察广东时指出,要"使粤港澳大湾区成为新发展格局的战略支点、高质量发展的示范地、中国式现代化的引领地"[2]。这都为《纲要》走深走实提出新的要求和希望。

一个新的发展机制要想发挥出体制效力,健全科学的顶层设计是关键,合理高效的顶层设计可以最大限度地释放机制潜能。《纲要》的主要目的就是推进粤港澳区域规划的整体协作,提高地区内的生产效率、竞争实力和国际影响力。首先,解决顶层设计统筹性的问题。中央政府为了统筹大湾区建设,成立了专业的协调机构——粤港澳大湾区建设领导小组,港澳地区领导人作为小组成员参加决策,保证了港澳地区在中央规划层面的话语权。《纲要》实施以来,粤港澳大湾区建设领导小组共推出24项政策措施,推动粤港澳三地的规划落地。其次,建立港澳深度参与大湾区建设的机制。香港特区和深圳市形成了常规性的合作机制,澳门特区和珠海市也建立了密切的合作机制,香港、澳门特区政府分别成立了参与大湾区建设的统筹协调机构,并将相关工作纳入特首《施政报告》及发展规划。在这个体系规划的过程之中,港澳地区是大湾区建设顶层设计的贡献者,港澳地区始终是大湾区建设的主人翁,而非"被规划者"。再次,强化中央到地方一以贯之的政策支撑。从国家的"十四五"规划和广东省各地的"十四五"规划,都结合大

---

[1] 《习近平:在深圳经济特区建立40周年庆祝大会上的讲话》,中国政府网,2020年10月14日,https://www.gov.cn/xinwen/2020-10/14/content_5551299.htm。
[2] 《习近平在广东考察时强调:坚定不移全面深化改革扩大高水平对外开放 在推进中国式现代化建设中走在前列》,中国政府网,2023年4月13日,https://www.gov.cn/yaowen/2023-04/13/content_5751308.htm?eqid=ec17395c00693773000000464700928。

湾区中长期发展要求，聚焦大湾区居民关切的热点难点问题，规则衔接、机制对接领域不断拓展。广东省从现有机制的完善角度出发，稳步推进港澳居民在内地户籍管理、执业资格、社会保障、购房创业、教育医疗、跨境支付等重点领域的全面融合，如今粤港澳三地规则衔接、机制对接领域已基本覆盖经济社会发展的各领域各方面。最后，部署亟须突破的重大合作平台建设。大湾区各类重大合作平台建设创新突破加快，特色合作平台建设有序推进，全面推进内地与港澳在社会、民生、文化、教育、环保等领域的合作。同时，大湾区以补短板为抓手，以推动产业发展为落脚点，全方位、立体式实现基础设施互联互通。

二 粤港澳大湾区建设的重点内容

（一）推进粤港澳的规则衔接和机制对接

大湾区的建设首先需要有完善、科学的规则和机制，尽快消除规则、机制差异导致的要素流动不畅、信息交流误差、标准边界模糊不清等制约区域一体化发展的因素，以保证粤港澳三地在不同的社会经济制度下能够平稳顺畅地互联互通。广东省和大湾区内地城市积极出台相关政策，设立相关专责机构，对标港澳规则、机制，有效推进与港澳规则、机制深度对接。根据广东省大湾区办整理统计，《纲要》发布以来各级各单位公开发布涉大湾区政策602条，其中国家层面发布超过100条、省级层面发布近200条，涉及营商环境、合作平台、现代产业、科技创新、基础设施、优质生活圈等领域。近年来，粤港澳三地之间的规则衔接进一步细化、深化，具体举措涵盖了金融、交通、教育、医疗、科技等诸多领域，各类"湾区标准"相继出台。例如，"港车北上""澳车北上""港澳药械通""跨境理财通""湾区社保通"等一系列便民措施相继落地，人民币成为粤港澳跨境收支第一大结算货币，32个领域183项"湾区标准"充分发挥标准协商一致的技术性作用。这些规则、标准、认证体系的紧密衔接，不断促进大湾区各类要素便捷流动和优化配置，助力让港澳民众和内地居民的互联互通日益便捷顺畅。

（二）促进粤港澳三地的社会服务衔接与配套

民生融合是建设大湾区宜居、宜业、宜游优质生活圈的关键所在，也是促进三地居民"心相融"的关键，中央政府从国家战略高度重视港澳居民在内地工作、学习、旅游、定居的民生项目的政策配套工作。大湾区内地城市逐步完善政策支持体系，出台一系列便利措施，探索推进在广东工作和生活的港澳居民在教育、医疗、养老、住房、交通等民生方面享有与内地居民同等的待遇。深圳市《关于进一步便利港澳居民在深发展的若干措施》、珠海市《便利港澳居民在珠海发展60项措施》、惠州市《便利港澳居民在惠州发展若干措施》等，涵盖了港澳居民学习、就业、创业、生活等各个方面。在就业方面，全面取消港澳居民在内地就业许可审批。截至2023年，已经有超3200名港澳专业人士取得内地注册执业资格，超20万名港澳居民在粤工作发展。落实便利港澳居民政策措施，在生活方面，推进港澳居民享有"市民待遇"，实质性地推动了大湾区优质生活圈的建设。例如，大湾区内地符合条件的医疗机构可按规定使用已在港澳上市的药品和医疗器械，港澳居民及随迁子女可以同等享受学前教育、义务教育、高中阶段教育以及参加中高考，"湾区社保通"措施顺利落地，港澳居民在大湾区内地购房豁免提供相关证明，且可按规定使用港澳银行跨境按揭购房。这些配套措施均促进了人流、物流、资金流、信息流等要素跨境高效流动，有效提高了大湾区市场一体化水平。

（三）推进粤港澳重大合作平台建设

粤港澳合作平台是大湾区建设的重要战略部署，也是大湾区科技创新、产业协同发展以及制度创新的重要载体。五年来，粤港澳合作平台不断取得创新和突破。首先，立足粤港澳合作发展新阶段，在自贸区、示范区、试验区等重大合作平台寻找新"切口"。以深港河套、粤澳横琴"两点"为结合点，以广深港、广珠澳"两廊"为主骨架，加快构建重大合作实验平台的创新体系。目前，结合不同区域的独特优势，大湾区形成了一批特色合作平台，打造协同港澳发展的各具特色的重要阵地，初步形成了由横琴、前海、南沙、河套四个重大合作平台，大广海湾经济区、银湖湾滨海新区、东莞滨海湾新区等六大特色合作平台以及其他相关合作平台构成的"4+6+N"多层级、多样化平台体系。这些合作平台通过"以点带线"引领大湾区建设向纵深推进，成为破解三地融合发展瓶颈问题的"金钥匙"。除重大合作平台、特色合作平台外，深港口岸经济带、环珠江口100千米"黄金内湾"等平台也积极推进建设。这些平台找准自身战略定位，结合自身不同的地理空间优势，明确与港澳合作的侧重点，在体制机制、产业协同、科技创新、公共服务、生态环境、政策创新等方面逐步实现突破，成为粤港澳合作平台建设体系化、特色化、协同化的有力支撑。例如，河套深港科技创新合作区深圳园区汇聚了7家世界500强研发中心、10个国家重大科研平台、10个香港高校科研机构、超150个高端科研项目，正在成为深港科技创新合作紧密度最高、融合度最高的区域之一，成为打造具有全球影响力的国际科技创新中心的缩影。

（四）推动粤港澳基础设施水平的整体提升

基础设施互联互通是大湾区区域经济一体化的前提和条件，日趋完善的基础设施"硬联通"是大湾区的骨骼与框架，以科技、人才、金融等规则衔接、要素流动为主要表现的"软衔接"，则是大湾区的神经系统。大湾区作为"一带一路"的重要枢纽，其基础设施水平的提升具有极强的引领性作用。加强基础设施建设，形成布局合理、功能完善、衔接顺畅、运作高效的基础设施网络，将为大湾区经济社会发展提供强有力的支撑。首先，积极打造内通外联、高效便捷的大湾区交通基础设施网络。以《纲要》为引领，围绕上述大湾区基础设施短板领域，联动项目供给、资金供给、制度供给"三大供给"着力提升大湾区基础设施供给能力。其次，构筑大湾区快速运输体系，以国家层面的高速铁路网、珠三角的城际

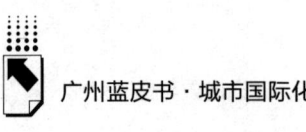

铁路网、大湾区各个城市的地铁网对接的三个层次集体交通运输体系为架构，以城际铁路网与地铁网项目的落地建设为抓手，建设大湾区低碳环保的一小时交通圈。再次，广东省"海陆空铁"齐发力，加速建设基础设施成为大湾区和广东省经济发展的"助燃剂"。广东省过去五年开工建设广湛高铁、广汕高铁、粤东城际铁路、深中通道等重大项目，建成赣深高铁、南沙大桥等重大基础设施，"3+4+8"世界级机场群加快成形。"海陆空铁"基础设施建设加速推进，进一步完善以大湾区为核心的"三横四纵"综合运输通道，成为广东省经济发展的"压舱石"。最后，这些重大基础设施建设完成以后，不仅有利于珠江口两岸城市的人流、物流来往，而且能够助推珠江口两岸城市的真正同城化，有利于推动"广深港创新走廊"和大湾区城市群一体化发展的实现。

（五）助力青年友好型—发展型湾区的建设

民心的互通互助是大湾区发展壮大的终极目标。习近平总书记高度关注港澳居民的发展问题，在多个场合强调支持港澳居民（青年）到大湾区发展，增强对祖国的向心力。首先，广东省政府与大湾区内地各市历来重视便利港澳居民（青年）在大湾区的发展问题。《纲要》颁布五年来，各地政府不断优化公共卫生、教育等服务，推动大湾区个人信用数据互联互通，落实港澳居民与内地居民同等待遇，进一步便利港澳居民在大湾区的发展。其次，在科技、创新创业等重大项目申报上，破除人才、资金、技术等跨境流动和区域融通壁垒，科研项目面向港澳科研机构开放。在科技资源上，粤港澳三地共享超算中心等重点科技基础设施。同时，粤港澳大湾区（广东）人才港正式开港，深圳参与科技人才评价改革试点工作有序推进。再次，港澳青年在内地就业创业的支持政策不断完善。2023年，深圳针对跨境政策供给与衔接性不足等问题，继续推出深港"联合政策包"，提出28条具体举措，并制定申报指南，让科创项目和人才同时享受深港两地的政策支持。目前，大湾区已建成"1+12+N"港澳青年创新创业孵化基地体系，港澳青年创新创业累计孵化港澳项目超过4800个、吸纳港澳青年就业超过5500人。最后,通过大湾区青年创业资助计划、大湾区青年就业计划、粤港澳大湾区大学生就业实习双选会等,大湾区为港澳青年的发展拓展新空间、提供新机遇。习近平总书记期待的"吸引更多港澳青少年来内地学习、就业、生活,促进粤港澳青少年广泛交往、全面交流、深度交融"① 日渐成真。

三 粤港澳大湾区发展的成效

《纲要》提出的阶段性目标高标准实现,大湾区建设与2017年实质性启动时相比取得长足进步,多项指标跃升至全球湾区前列,完满实现《纲要》设定的各项目标。

(一)经济体量显著增大,地区综合实力显著增强

一是经济总量显著提升,地区经济实力显著增强。2023年,大湾区经济总量超13.6万亿元,比2018年增加约3.8万亿元,相较于《纲要》印发之前增长了约20%。在国际竞争力方面,大湾区经济增速分别是纽约湾区、东京湾区、旧金山湾区的2.26倍、2.19倍和2.93倍,经济增速已经领跑四大湾区。在产业结构转型方面,广东省加快建设大湾区现代化产业体系,加速打造具有国际竞争力的先进制造业基地,已形成电子信息、绿色石化、智能家电等7个超万亿元产业集群。一个产业基础高级化、产业链现代化的大湾区正加速形成。在贸易畅通方面,通过强强联合并船出海,大湾区已形成世界级的机场群和港口群,其中机场旅客吞吐量超过2.8亿人次,港口集装箱吞吐量达1140万吨。

二是人口吸附能力显著增强,人力资源质量显著提升。目前,大湾区常住人口增加到8631万人,是东京湾区的2倍。五年来,大湾区吸引

---

① 《习近平:在深圳经济特区建立40周年庆祝大会上的讲话》,中国政府网,2020年10月14日,https://www.gov.cn/xinwen/2020-10/14/content_5551299.htm。

了大量科技创新人才，新引进一批科技领军人才和高水平创新团队，海外发明专利授权量占全国的1/4以上，全职在粤工作的两院院士达135人，研发人员数量达130万人，充分彰显了大湾区对海内外人才的强大吸引力，形成了高端人才聚集的优势。城市产业发展带动了劳动力的空间移动，同时各类人才集聚，促进了区域产业结构优化升级。《纲要》发布的五年间，大湾区的常住人口从五年前的约7000万人，增加到目前的超8600万人，新增常住人口约1600万人①，外来流入人口中以35岁以下的青年人为主。对年轻人的吸引力不断增强，使大湾区保持了创新的活力和创造的潜力。

三是投资兴业环境持续优化，营商环境对标世界一流。大湾区的核心城市深圳已经连续三年被全国民营企业评为"全国营商环境最佳口碑城市"，广州连续两年在国家发展和改革委员会营商环境评价中排名全国前列，其中有18个指标获评全国标杆，大湾区各项政务服务和营商环境改革一直是内地各省（区、市）学习和借鉴的范本。2023年，国家发展和改革委员会发布《粤港澳大湾区国际一流营商环境建设三年行动计划》，为大湾区打造市场化、法治化、国际化营商环境制定了"时间表"。如今，大湾区头部企业国际竞争力越来越强，一批专精特新企业快速成长，投资创业机会不断涌现，大湾区成为全球唯一集科技创新、综合商贸、金融中心和制造业腹地于一体的世界级湾区。

（二）科技创新实力越来越强，形成高质量发展的良好态势

面向建设全球顶级科创湾区的时代使命，共享创新是关键破题之道。一是采用"共享创新"的新模式，打造科技创新硬件优势。充分发挥大湾区市场化创新特征、数字经济特性、龙头企业所长，以企业为主体，以市场为本底，强化科创资源共创共享，提升大湾区科创"向心力"，成为建设全球

---

① 《广东举行粤港澳大湾区建设集中采访吹风会》，国务院新闻办公室网站，2023年11月6日，http://www.scio.gov.cn/xwfb/dfxwfb/gssfbh/gd_13844/202311/t20231109_778362_m.html7。

最强科技圈的关键方向。大湾区被确定为国家级工程"东数西算"8个国家算力枢纽节点之一,已经建立国家重大科技基础设施9个,国家重点实验室30个,推动组建粤港澳联合实验室31家,打造了5G、集成电路、纳米、生物医药四大产业创新基地。二是以科技走廊为载体,协同合作平台建设迅速发力。大湾区初步形成以"广深港""广珠澳"科技创新走廊为主干架构的区域创新格局。大湾区科技创新的引领能力、成果转化的市场能力、数字转型的创新能力、要素流动的创新能力都有了显著提升。三是以大湾区综合性国家科学中心为承载,引领粤港澳大湾区国际科技创新中心的建设。中国散裂中子源、鹏城实验室、广州实验室等一大批科研中心聚集了众多国际顶尖水平的国内外科学家。世界知识产权组织发布《2023年全球创新指数报告》,粤港澳大湾区的深圳—香港—广州科技集群连续4年位居全球科技创新集群第二。四是不断优化区域创新体系,推动国际科技创新中心建设。当前,大湾区持续完善"基础研究+技术攻关+成果转化+科技金融+人才支撑"全过程创新生态链,在科技创新上加速范式变革,先强带后强。"港澳高校—港澳科研成果—珠三角转化"的科技产业协同发展模式逐步形成,强化"共享创新"科创生态的"榕树效应",加速推动大湾区跻身全球顶尖科技集群。

(三)港澳积极主动融入国家发展大局,服务高水平对外开放

推进大湾区建设的主要目的之一,就是推动香港、澳门与内地的体系接轨,融入国家发展大局。当前,港澳结合国家发展战略和自身特色优势,使"港澳所长"对满足"湾区所需"发挥了重要作用,协助在大湾区构建国际化、法治化、市场化的营商规则。五年来,在科学教育融入上,随着大湾区建设的不断推进,香港大学、香港科技大学、香港城市大学、香港理工大学、香港公开大学、澳门科技大学等6家港澳高校加快在大湾区内地城市布局,极大促进了港澳和内地高等教育的融合发展。在区域规划的协同上,香港北部都会区建设是推进大湾区建设的重大举措,香港特区政府于2021年10月发布《北部都会区发展策略》,提出将香港北

部建设成为宜居、宜业、宜游的都会区，并开拓更多可供居住和产业发展的土地，对深港的规划协同进行了有力补充。在科技创新上，随着大湾区朝高技术、高增值方向发展，2022年12月，香港特区政府颁布的《香港创新科技发展蓝图》是一份兼具战略性、系统性、突破性和可操作性的发展规划，包含了基础研究、成果转化、新型工业化、创投融资、科创人才、智慧城市、与内地创科合作、与全球创科合作等诸多方面，是香港首份关于创新科技发展的蓝图规划，打破了以往分散在各部门规划中的状况，突破了香港传统发展思路。总之，五年以来，香港和澳门在"一国两制"下拥有背靠祖国、连通世界的独特优势，香港和澳门充分发挥"超级联系人"和"超级增值人"双重角色的作用，发挥国内国际双循环连接点、"一带一路"重要节点的关键作用，推动经济全球化朝更加开放、包容、普惠、平衡、共赢方向发展。

（四）大湾区的国际影响力显著增强，产业竞争力持续加强

当今，国家与国家之间、地区与地区之间转向"经济力+科创力"综合竞争。大湾区是国家建设世界级城市群和参与全球竞争的重要空间载体。为了将大湾区建设成为世界一流湾区，《纲要》颁布五年以来，粤港、粤澳30多个科技合作资助项目启动，深圳前海累计培育高新技术企业6万家，比2017年增加2万多家。目前，大湾区已经有25家企业进入世界500强，拥有50多家独角兽企业、1000多个产业孵化器和近1.5万家投资机构。与国内相比，大湾区以仅占全国0.6%的国土面积，占全国6%的人口，创造了全国11%的GDP。与国际相比，对照世界银行2021年6月公布的数据，大湾区经济体量相当于韩国的1.2倍、俄罗斯的1.3倍，紧追全球排名第八的意大利。如表2所示，当前，大湾区核心城市的各项指标都位居世界前列。根据来自中国发展研究基金会的《中国城市群一体化报告》预测，大湾区经济总量很快将超越东京湾区，成为世界经济总量第一的湾区。

表 2　粤港澳大湾区核心城市的各项指标排名

	广州	深圳	香港	澳门
全球(国家)城市经济竞争力 200 强(2019—2020)	18	7	13	113
全球城市可持续竞争力 200 强(2020—2021)	69	9	4	—
全球城市竞争力(2020—2021)	42	9	11	124
全球科研城市 50 强(2023)	12	19	16	—
全球城市排名 500 强(2023)	85	73	41	81
全球经济活力指标(2020—2021)	26	5	44	—
全球城市营商软环境前 100 强(2020—2021)	25	29	6	—
2023 年世界最富裕城市	42	24	7	—

四　新发展格局下推进粤港澳大湾区建设的优化对策

展望未来，大湾区被赋予新发展格局的战略支点、高质量发展的示范地、中国式现代化的引领地的全新定位，肩负高水平对外开放的重要使命。粤港澳三地需要对照《纲要》描绘的 2035 年远景目标，一张蓝图绘到底，紧盯规划具体目标，细化责任落实，充分实现与发挥《纲要》的目的和作用、功能、意义；在大国竞争中扛起"科技自立自强"的大旗，在科技突围中肩负"内引领外竞合"的使命，在成果转化中成为"超级孵化器"，在市场能力上成为"创新创业沃土"。在以中国式现代化全面推进中华民族伟大复兴的进程中，粤港澳三地携手同心、协力共进，努力打造富有活力和国际竞争力的一流湾区和世界级城市群，成为践行中国式现代化发展之路的先锋和典范。

（一）继续推进资源要素聚集，提升区域整体竞争实力

大湾区已进入产业转型和空间升级的重要阶段，共享发展、要素流动、包容学习的制度是维持创新系统的关键。第一，大湾区需要加快融入全国统一大市场，进一步强化"硬联通"和"软衔接"，推动三地经济运行的规则

衔接、机制对接，促进人员、货物等各类要素高效便捷流动，提升大湾区市场一体化水平。推进产业互联互通和资源要素的高效配置，带动粤东、粤西、粤北地区更好承接珠三角产业有序转移，重塑区域发展空间格局。第二，搭建城市空间资源市场与公共利益的协商平台，以实现城市土地价值向空间价值的转变。通过网络协作，整合人力、技术、信息、资本等创新要素，有效汇聚、协同创新，创造价值，基于城市空间支持和保障创新生态系统，打造最能促进产业转化的创新湾区。第三，创新科研要素跨境流动的制度安排。着力解决资金、科研设备、科研数据、人员等跨境流动问题，探索最大力度的科技创新协同机制。支持重大科技基础设施、重要科研机构和重大创新平台在大湾区布局建设，发展特色城镇，推动城市更新，加快"海洋—海岛—海岸"旅游立体开发。第四，港澳特区政府紧扣国家发展战略部署，加快推进深港、珠澳的区域规划协同配合，紧扣港澳居民的重点关切，更大力度强化社会民生领域的合作。加快推进大湾区人文生活融合，共同把大湾区建设成宜居、宜业、宜游的国际一流湾区。

（二）加快创建多功能智慧城市，打造"数字湾区""人文湾区"

"智慧化"行动的深入开展，将大力加快大湾区智慧城市群的建设步伐，助力打造城市治理和数字经济协同发展的"数字湾区""人文湾区"。第一，强化共享创新，充分发挥大湾区市场化创新特征、数字经济特性、龙头企业所长，以企业为主体，以市场为本底，强化科创资源共创共享，提升大湾区科创"向心力"。进一步推动以新基建为基础的"新城建"高质量发展，以信息化赋能网格化与数字化的城市管理模式。第二，加速智慧城市基础设施建设，以智慧交通和智慧社区为切入点，打造新型智慧城市运营服务平台，推动城市信息化向新型智慧城市发展，推进"政务服务一网办"、"城市运行一网管"和"城市建设一张图"完全实现，促进城市治理更加科学高效、人们生活更加智能便捷。第三，充分利用互联网、大数据、云计算等信息技术手段在城市治理中的效用。一方面，提高城市科学化、精细化、智能化管理水平，可以通过推动人工智能、区块链等前沿信息技术服务与新型智慧城市建设相结合,通过物联网把实体城市与数字城市连在一起,实现数字城市的智能化;另一方面,为传承和创新城市文化引入新的动力,打造独一无二的"人文湾区"。深度融合数字化技术手段,有助于传承与创新大湾区城市群传统文化,为大湾区文化产业创新发展提供新动能、新增长点。

(三)继续发挥港澳的制度优势,形成高水平对外开放新格局

粤港澳三地需要进一步细化下一阶段目标,用好用足中央政府政策释放的更多红利。第一,要认真研究谋划新阶段大湾区全面深化改革开放的重大举措,积极探索广东省与香港北部都会区和澳门经济适度多元发展策略的对接,积极探索规则衔接、机制对接的新模式、新路径,推动大湾区高质量发展。第二,要着力增强大湾区畅通国内大循环和联通国内国际双循环的功能,加快基础设施互联互通,打造世界级机场群、港口群,加强大湾区与国家重大战略的协同联动,积极对接高标准国际经贸规则,在服务和融入新发展格局中不断拓展发展空间。第三,要加快建设全球科技创新高地和新兴产业重要策源地,畅通创新要素跨境高效流动渠道,深化创新人才交流合作,开展从技术研发到企业孵化,再到产业培育的全链条合作,更好地打通从科技强到企业强、产业强、经济强的通道。第四,要高水平推进重大合作平台建设,扎实抓好横琴总体发展规划落实,加快南沙湾先行启动区基础设施建设、产业导入和功能提升,落实河套深港科技创新合作区深圳园区发展规划。在构建新发展格局下,借助大湾区的差异化制度,内地城市与港澳可以相互补充,共同构建畅通国内国际双循环的战略支点,引领对外开放,推动世界级湾区建设。

(四)对标世界一流湾区,继续巩固薄弱环节

对标世界级湾区的发展路径,经济融合发展是以基础设施互联互通为前提的,大湾区在这方面与世界级湾区仍有较大差距,必须通过政策端、供给端持续发力,科技化、平台化持续助力,协同、开放持续释放活力。下一阶段仍需要以补短板为抓手,以推动产业发展为落脚点,破除生产要素

自由流通的障碍，全方位、立体式实现基础设施互联互通。粤港澳三地要进一步通力合作，充分发挥各自的优势，贯彻优势互补、互利共赢的精神，持续推动大湾区更高水平、更广领域、更深层次的规则衔接和机制对接。推出更多改革举措服务科技创新、投融资等重点领域，不断提升大湾区市场一体化水平。加快建设深圳先行示范区和横琴、前海、南沙三大合作平台，推动大湾区与京津冀地区、长三角地区、海南自由贸易港等的联动发展。在创新和产业发展上形成更紧密的联系及合作，在面向国际的制度型开放上大胆探索与尝试，加强人文交流及增强文化认同，携手加快建设国际一流湾区和世界级城市群。

参考文献

陈朋亲、毛艳华：《粤港澳大湾区基础设施互联互通的底层逻辑与推进策略》，《港澳研究》2023年第1期。

郭磊贤等：《行政管理与空间治理单元的尺度协调与优化——基于粤港澳大湾区的实践与探索》，《国际城市规划》2022年第5期。

鞠洪润、张生瑞、闫逸晨：《1980—2020年粤港澳大湾区城镇用地空间格局类型演变及其驱动力多维探测》，《地理学报》2022年第5期。

闫梅、刘建丽：《"十四五"时期粤港澳大湾区工业高质量发展的思路与对策》，《企业经济》2020年第12期。

马向明、陈洋、黎智枫：《粤港澳大湾区城市群规划的历史、特征与展望》，《城市规划学刊》2019年第6期。

叶玉瑶等：《粤港澳大湾区建设国际科技创新中心的战略思考》，《热带地理》2020年第1期。

林先扬：《粤港澳大湾区科技创新发展特征、瓶颈与策略探讨》，《岭南学刊》2018年第4期。

许培源、吴贵华：《粤港澳大湾区知识创新网络的空间演化——兼论深圳科技创新中心地位》，《中国软科学》2019年第5期。

张喆：《粤港澳大湾区高质量协同发展路径研究》，《理论学刊》2023年第5期。

《成为新发展格局的战略支点——把握粤港澳大湾区发展新定位》，《人民日报》（理论版）2023年9月5日。

陈平、韩永辉：《粤港澳大湾区创新链耦合协调度研究》，《学术研究》2021年第9期。

程风雨：《粤港澳大湾区物质资本配置效率及时空演化特征》，《统计与决策》2022年第14期。

韩永辉、麦炜坤、何珽鋆：《新发展格局下粤港澳大湾区如何建设具有国际竞争力的现代产业体系》，《治理现代化研究》2021年第5期。

B.12
擦亮广州广府文化品牌：传承、创新与国际化

陈旻 牛战力*

摘　要： 广府文化历史积淀厚重，具有物质文化遗产丰富、非物质文化遗产独特、历史街区保护稳步推进、文化旅游融合发展、教育研究不断深化的优势，但在全球化和城市化的背景下，如何克服文化资源存续维艰、避免文化同质化的趋势，实现广府文化的创造性转化、创新性发展，提升广府文化国际辨识度与影响力，成为亟待解决的关键问题。本文借鉴了东西方历史文化名城传承传统文化的经验举措，并紧密结合广州当前的经济社会发展实际，提出了制定广府文化品牌建设的总体规划、加强资源保护与传承、创新传播方式与渠道、精心培育特色品牌与精品项目、深度整合文化资源、全方位推进广府文化产品出海与产业合作、构建助力文化产业高质量发展和产品出海的政策支撑体系等策略，进一步擦亮广州广府文化品牌。

关键词： 广府文化　品牌塑造　国际化

广府文化，即广府民系的文化，是由中原与江南移民文化所形成的，"以粤语为主要标志、以广州为核心、以珠江三角洲及其周边的粤西、粤北部分地区为通行范围的区域文化"，[①] 传承了中原文化的精髓，发展出务实重商、经济活跃的地域特质，直至现在，广府地区的经济发展水平仍居全国

---

* 陈旻，博士，广州市政府办公厅一级主任科员，研究方向为跨文化传播；牛战力，硕士，广州市政府研究室二级调研员，研究方向为城市绿色发展。
① 何丽君：《广府文化在粤港澳大湾区企业文化建构中的作用》，《对外经贸》2020年第10期。

前列。城市品牌塑造与传播是体现广州城市定位和核心功能的重要支撑性工程，是对"两个窗口"和"核心引擎"的具体化工程，也是强化广州"国际存在感"和城市名片的品牌工程。在当前全球城市竞争更趋激烈的背景下，擦亮广州广府文化品牌，不仅有助于提升广州文化软实力，还能促进经济社会的可持续发展，推动实现老城市新活力、"四个出新出彩"。本文旨在全面梳理广州广府文化资源的现状，评估其面临的机遇与现实挑战，探讨擦亮广州广府文化品牌的策略建议，力求为广州城市品牌建设提供决策参考。

一 广州广府文化资源的现状

广州拥有丰富的广府历史文化遗产，包括古建筑、古遗址等物质文化遗产以及非物质文化遗产等，具有厚重的历史积淀和独特的地域特征，是广府地区文明发展的重要标志。

（一）物质文化遗产丰富

广州市是国务院公布的首批24座历史文化名城之一，拥有众多的物质文化遗产，如南越王墓、陈家祠、镇海楼等具有极高历史价值的古迹。传统建筑群丰富多彩，展现了独特的地方建筑风格和工艺技艺，如番禺余荫山房、沙湾古镇等。据不完全统计，广州市现有不可移动文物约3800处，其中全国重点文物保护单位33处、省级文物保护单位63处、市级362处、区级364处，[1] 文物实体资源丰富。此外，广府物质文化遗产还包括特定的物质载体，如木雕、石雕、牙雕、砖雕与广彩、广绣等传统工艺品，它们不仅工艺精湛，而且拥有深厚的文化底蕴，广绣、牙雕等均享誉全国，甚至走向世界舞台。

（二）非物质文化遗产独特

广州广府文化中包含丰富的非物质文化遗产，如粤剧、粤曲、广府菜、

---

[1] 《听民声看转变⑤｜文物定期"体检" "健康"更有保障》，大洋网，2023年10月17日，https：//news.dayoo.com/guangzhou/202310/17/139995_54596597.htm。

广府靓汤、广式茶点、龙舟、桑园围、广东音乐、岭南古琴、庙会、飘色、镬耳屋、迎春花市等。截至2023年3月，广州市国家级非遗代表性项目达21项、省级非遗代表性项目达95项，分别居全省首位、全国前列。[①] 其中，粤剧被联合国教科文组织列入《人类非物质文化遗产代表作名录》。据不完全统计，全市共活跃着1300余家群众粤剧"私伙局"，平均一年奉献近8万场表演活动，是非物质文化遗产融入现代生活的真实写照。[②]

（三）历史街区保护稳步推进

在城市更新过程中，广州采取了"微改造"策略，保护并活化了恩宁路骑楼街、荔枝湾涌等历史街区，既保护了历史街区的原始风貌，又赋予了其新的生命力，使之成为展现广府文化底蕴的旅游热点和社区生活的新亮点。注重历史街区保护与生态文明建设的融合，引入绿色建筑理念，改善街区环境品质，同时通过节能减排、低碳环保的改造措施，确保历史街区的可持续发展。引导和鼓励当地居民、社区组织和社会力量参与历史街区的保护和发展，通过举办社区文化节、设立社区志愿者队伍等方式，增强公众对历史文化的归属感和责任感，营造共建共享的良好氛围。以永庆坊为例，它通过"政府主导、企业运作、居民参与"的模式，在保留历史建筑风格的同时，加入现代商业和文化创意元素，实现了传统文化与现代生活的有机融合，成功实现了老城焕新，并吸引了大量游客参观游览，成为展示广府文化的窗口。

（四）文化旅游融合发展

广州充分利用其历史文化资源推动旅游业发展，如打造珠江夜游、北京路商业步行街、上下九步行街等文化旅游景点，集观光购物、休闲娱乐于一体。在积极举办广府庙会、迎春花市、灯光节等各类传统文化旅游活动和节

---

① 《2023非遗品牌大会在广州隆重举办》，广东省人民政府网站，2023年3月23日，http://www.gd.gov.cn/gdywdt/bmdt/content/post_4139720.html。
② 《粤韵绕梁数百年　繁花深处焕新生》，《广州日报》2023年4月14日。

庆的基础上,进一步提升广州的文化旅游品牌形象,不断探索推出"读懂广州"文化旅游精品线路,深度挖掘本土文化故事,打造更多符合市场需求和国际水准的文化旅游产品,致力于构建集历史、文化、生态、休闲于一体的多元化、高品质旅游目的地。数据显示,广州旅游业近年来持续发展,2023年接待国内外游客超过2.3亿人次,[①]吸引全国乃至全球游客亲身感受广府文化的博大精深。

(五)教育研究不断深化

广州在高等教育和专业艺术教育方面投入了大量资源,依托本地知名学府如中山大学、广州美术学院等,建立了一批具有影响力的艺术教育和研究机构,如中山大学岭南文化研究院致力于岭南文化理论研究与实践应用,而岭南画派纪念馆则肩负起传承和发展岭南画派艺术的重任,通过展览、研究和教育活动,这一地方特色鲜明的艺术流派得以发扬光大。在基础教育阶段大力推行传统文化教育,通过"粤剧进校园"等活动,让青少年从小就接触和了解广府文化的核心组成部分——粤剧艺术,培养新一代粤剧爱好者和从业者。制作出《白蛇传·情》等新编粤剧电影,将传统的戏曲艺术与现代影视技术相结合,既丰富了粤剧的表现形式,也使之更贴近当代观众审美,为粤剧发展注入新活力。

二 推动广府文化创造性转化、创新性发展的时代机遇

习近平总书记指出:"文化自信,是更基础、更广泛、更深厚的自信,是更基本、更深沉、更持久的力量。"[②]近年来,随着政策层面的支持力度加

[①]《2024年广州市政府工作报告》,广州市人民政府网站,2024年1月30日,https://www.gz.gov.cn/zfjgzy/gzsrmzfyjs/sfyjs/zfxxgkml/bmwj/gfxwj/content/post_9465269.html。

[②]《习近平:在中国文联十大、中国作协九大开幕式上的讲话》,共产党员网,2016年11月30日,https://news.12371.cn/2016/11/30/ARTI1480507719327997.shtml。

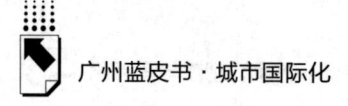

大、物质经费保障不断强化、数字互联网等新技术带来创新动力，千年广府文化持续焕发新的生机与活力，为进一步推进品牌塑造和传播带来难得机遇。

（一）政策支持体系不断完善

国家、省级层面高度重视中华优秀传统文化的传承和发展，出台《关于实施中华优秀传统文化传承发展工程的意见》《"十四五"文化和旅游发展规划》《广东省建设文化强省规划纲要》等相关政策文件，广州市政府制定了具体的行动计划，如出台《广州市文化和旅游发展"十四五"规划》等政策文件，明确了对广府文化资源的挖掘、保护与利用，以及广府文化品牌建设的目标与任务。同时，相关部门通过财政补贴、税收优惠、项目资助等措施，鼓励企事业单位和个人参与广府文化产品的研发、生产和推广，为广府文化品牌建设营造良好的政策环境。

（二）科技创新持续增强

数字化技术催生虚拟博物馆与全景体验，VR、AR技术打造沉浸式探索场景，实现现实场景与虚拟情境的交融，动画、游戏等形式激活广府艺术与工艺表现力。3D打印技术产品承载广府文化内涵，创新文化产品表现形式。云课堂与AI教学强化全球文化传播与教育效果，大数据技术则优化广府文化的推广策略。发展基于互联网和新媒体技术的新型文化业态，如网络文学、网络电影、短视频、直播电商等，让广府文化快速触达目标人群，增强文化品牌在网络空间的影响力。

（三）文化经济深度融合

广府文化拥有诸多经典故事、人物形象、传统符号等元素，可通过授权经营、跨界合作等方式，精心塑造并培育有影响力的原创IP（知识产权），实现IP价值的最大化，并带动周边衍生品市场的发展。借助影视、动漫、游戏、设计等新兴文化产业载体，将广府文化元素融入其中，形成具有地方特色的文化产业集群，实现经济效益和社会效益的双重提升，进一步强化与提升广府文化的品牌地位和市场价值，如 2021 年春节档推出的动画电影《雄狮少年》，取得了良好的票房收益和市场口碑。

（四）消费需求加速增长

当前，消费者对文化体验的需求日益增长，对个性化、差异化和高品质文化产品的需求尤其明显。广州凭借其独特的广府文化底蕴，开发了一系列具有文化底蕴和创新元素的文旅产品与服务，如文化主题酒店、特色餐厅、手工艺品、演艺活动等，以满足消费者日益增长的文化消费需求，推动广府文化品牌的市场拓展。同时，可结合广府饮食文化与中医养生理念，推广广府特色美食与健康生活方式，如广府药膳、养生茶饮、传统运动疗法等，打造独具特色的健康养生文化品牌，满足消费者对高品质生活的追求。

（五）开放助推走向世界

广州位于珠江三角洲中心地带，是南海乃至东南亚地区的交通枢纽。随着国家"一带一路"倡议的深入实施以及粤港澳大湾区建设的积极推进，海上丝绸之路的重要节点地位不断凸显，国际交往日益频繁。跨境电商迅猛发展带动广府文化不断出海，商品、服务等加速向世界各地传播，广府文化在商业往来中自然融入全球市场，知名度不断提升。广州市政府高度重视广府文化国际化工作，积极推动广府文化海外展示项目，组织文化艺术代表团赴冰岛、波黑及塞浦路斯举办交流演出、纪录片展映等系列活动，通过粤剧粤曲、岭南木偶、歌舞杂技等展示广州风韵，[①] 让广府文化走出国门，走向世界。

挑战总是与机遇共存，推动广府文化创造性转化、创新性发展也面临一些现实难题。一方面，持续深化的城市化进程对传统文化资源存续产生潜在影响，如老旧小区更新改造中历史文化遗产保护与居民居住环境优化需求的

---

① 《广州文化代表团携艺术精品亮相多国，传播中国好声音》，腾讯网，2023 年 9 月 18 日，https://new.qq.com/rain/a/20230918A0AJ3X00。

平衡问题；另一方面，文化全球化影响逐步加深，标准化、"快餐式"的西方流行文化对本土特色文化造成较大冲击。同时，广州传统文化的辨识度与国际影响力仍有待提升，缺乏像故宫、古城墙、西湖等著名品牌，粤剧粤曲、"三雕"、"三彩"等传统文化产品尚未形成广泛的国际影响力。

三 国内外文化品牌建设经验借鉴

依托地域特色、历史底蕴和与时俱进的文化创新，国内外诸多历史文化名城重新建构了艺术文化与地方认同的关系，在历史文化保护传承和文化品牌建设的实践中不断进步，推动城市经济社会不断发展。

（一）国内外现代化都市文化品牌的建设实践

法国巴黎在城市现代化进程中，凭借严格的立法手段，切实保护历史文化遗产，推行"历史街区"保护计划，并创新性地将旧建筑转化为艺术中心等场所，既保留了城市深厚的历史底蕴，又促进了城市的更新，实现了文化和经济效益的双重提升。而日本京都在严谨保护古建筑的同时，巧妙地将部分古建筑改造成体验式设施，有效传承了传统的美学与生活方式，塑造了独特文化品牌，不仅保留了丰富的文化遗产，还使之成为吸引国际游客的一大亮点。

英国伦敦面对数字化时代的挑战，积极引领演艺行业与数字化技术相融合，如设立英国国家剧院在线平台，实现戏剧表演全球实时直播，并通过发起"伦敦行动"支持文化组织和创意人才发展。越南河内则运用现代信息技术手段，如三维扫描、摄影测量，对古建筑和历史遗迹进行全面记录与数字化存档，进而创建虚拟博物馆和在线旅游服务平台，使得全球用户能在网上直观感知和深入了解河内的历史文化遗产。

北京市为妥善解决历史文化保护与现代化建设之间的矛盾，采取了旧城改造与胡同微更新策略，并通过精细化管理和立法保障，确保了文化遗产与城市建设和谐共存。德国柏林则通过重建标志性历史遗址（如柏林墙遗址纪念公园）和建设文化地标（如波茨坦广场），打造出一个既尊崇历史，又充满创新活力的城市空间。

韩国首尔为了有效地保护和弘扬民族特色文化，通过投资建设艺术村、大力支持本土文化创意产业发展，以及积极推动韩流文化的全球传播，不断提升韩国文化品牌在国际上的地位。成都市则通过加强对非物质文化遗产的保护、精心打造特色街区，并大力发展文化创意产业和休闲旅游，成功避免了文化同质化现象，以独特的文化品牌增强了市民的文化认同感和自豪感。

（二）国内外现代化都市文化品牌的经验启示

通过以上案例分析发现，国内外著名的文化中心城市普遍通过对本土文化资源的深入挖掘和创新传承，结合现代消费趋势和市场需求进行有效包装和推广，以塑造地方文化品牌形象、建构地方文化身份与认同、促进地方更新与经济发展[①]。同时，根据本地情况各有侧重：一是立法保障与政策支持，通过立法手段强调文化遗产保护体系的重要性；二是强调整体规划与分区管理，既保持历史文化街区的传统风貌，又合理引导现代功能融入，并制定详尽的保护更新规划；三是活态传承与创新发展，文化遗产不再停留在静态保护层面，而是注重活化利用和创新传播，如文化创意产业、文化旅游等形式，成为城市发展的重要动力；四是注重公众参与与社区共建，建立广泛的公众参与机制，鼓励市民参与文化的传承和发展，如组织文化节庆活动、教育项目等，营造社会共治的文化保护氛围；五是抓好非遗传承与资源挖掘，精准挖掘和系统性保护地区的非物质文化遗产，通过扶持传承人、建立传承基地及教育平台等方式促进其传承与发展；六是推进国际合作与技术引进，积极寻求国际合作机会，引入先进的保护理念和技术，同时推动本土文化走向世界舞台，提升其国际影响力和知名度；七是推动文化与旅游融合，

---

① 孙九霞、陈冬婕：《事件重构文化符号的人类学解读——以"西关小姐"评选活动为例》，《旅游学刊》2009年第11期。

将文化与旅游资源深度整合，打造独具特色的文化体验线路和产品，实现经济与文化价值双重提升。

四 进一步擦亮广州广府文化品牌的策略建议

基于广府文化面临的挑战及广州经济社会发展实际，针对文化品牌"亮度"不够的问题，本文建议在挖掘丰富内涵、整合散乱资源、激发独特魅力方面下功夫。

（一）制定广府文化品牌建设的总体规划，推动文化品牌塑造融入城市发展战略

参照国内外成功案例，结合广州市"十四五"规划和粤港澳大湾区发展战略，将广府文化品牌建设嵌入城市发展整体战略布局，明确文化产业在提升城市竞争力、推动经济社会高质量发展中发挥的战略性作用。成立由政府主导、业界和社会广泛参与的广府文化品牌建设委员会，定期评估工作进展，确保各项政策措施落地见效。组织专业力量参与，建立专项工作机制，系统、深入、全面收集整理广府文化元素，分门别类建档立案，开展有针对性的研究，制定传承发扬的针对性措施。制定和完善针对广府文化特色产业的质量标准体系，如广府美食制作工艺标准、非遗技艺传承人认证标准等，确保文化产品质量稳定、服务规范，提升产业整体形象和竞争力。构建符合广州产业结构升级、新型城镇化进程以及现代服务业发展趋势的目标体系，"既涉及城市规划、公共政策和城市治理等问题，也涉及城市形态、空间品质、生活方式等问题"[①]，如打造以广府文化为核心的文化创意产业走廊，形成文化产业与实体经济、科技创新、社会治理的有效联动。

（二）加强资源保护与传承，促进文化与旅游、科技等产业深度融合

学习巴黎、京都等地经验，建立完善的广府文化资源保护体系，对历史

---

① 包亚明：《城市文化地理学与文脉的空间解读》，《探索与争鸣》2017年第9期。

建筑、非物质文化遗产等进行科学分类和分级保护，落实产权人责任和政府监管职责。依托高校和研究机构，按照"完善体制—构建网络—建设队伍—整合资源—开发课程—培育品牌—提升内涵"[①] 的脉络，构建非遗技艺传承人培养体系，推动广府传统技艺的活态传承和创新转化。结合国家推进素质教育的要求，推出以广府文化为主题的研学旅行课程，吸引全国各地的学生来穗学习体验。结合广府地区特有的民俗文化和传统体育项目，举办具有地方特色的文化体育赛事，如龙舟赛、武术比赛等。通过大型活动的策划与推广，将广府文化元素融入其中，吸引国内外游客，促进文化交流与传播。"广府文化的根本魅力还是在于广府地区社会与经济建设的程度"[②]，将广府文化传承与经济发展有机结合，鼓励和支持更多历史文化街区改造为集观光、休闲、购物于一体的多功能综合型区域，盘活上下九步行街等老西关独特风貌建筑，升级打造北京路商业步行街、永庆坊等广州文旅消费地标性"打卡地"，让游客在感受广府文化魅力的同时，带动消费增长。

（三）创新传播方式与渠道，打造线上线下互动的品牌推广策略

"正视并关注民间舆论场的舆论动态，致力于打造以民间叙事为基础的多样化传播体系"[③]，充分利用社交媒体、短视频及直播平台等新媒体工具，开展线上广府文化节、非遗技艺直播等活动，增强与扩大广府文化的网络传播力和影响力。探索引入先进自动化技术，打造连锁品牌，创新消费场景，持续推动文化产品向现代化、规模化、年轻化、时尚化转型。发挥好广府文化"敢为天下先""敢做第一个吃螃蟹的人""杀出一条血路来"等开拓进取的精神优势，[④] 利用广州国际商贸中心的地位，在广交会等国际性大型展

---

① 赵小段：《以研促建：广州社区教育发展的有效探索》，《职教论坛》2019年第10期。
② 姚绮安：《广府文化短视频的内容传播力研究——基于对〈粤知一二〉的调查》，硕士学位论文，广东外语外贸大学，2020。
③ 吴琼：《创新主流意识形态传播的话语表达方式》，《红旗文稿》2017年第10期。
④ 刘绮婷：《地域文化传播视域下的文化自信教育探赜——以广府文化为例》，《广东第二师范学院学报》2022年第2期。

会上增设广府文化专题展区,搭建文化交流与经贸合作桥梁,提高广府文化品牌的美誉度。依托琶洲互联网创新集聚区、天河智慧城等科技产业园区,利用最新的数字化技术和 VR、AR 技术,打造数字博物馆和虚拟现实体验项目,让国内外游客可以通过互联网或实地体验馆深入了解陈家祠、南越王墓等历史文化遗址,感受广府文化的深厚底蕴。

(四)精心培育特色品牌与精品项目,助力产业升级和区域协同发展

将老旧厂房和历史建筑改造为特色文化产业园区,如艺术创意园、设计产业基地等,引入各类文化创意企业和工作室,将广府文化元素融入现代建筑设计产品生产中,形成以广府文化为核心的文化产业集聚区,推动文化产业集群化发展。借鉴国际成功案例,系统梳理广府文化资源,提炼广府文化符号要素,塑造广府文化品牌形象,讲好广府文化品牌故事。联合本土老字号企业、文化艺术机构以及相关产业链上的其他合作伙伴,完善广府文创产品从内容生产到商品销售的全过程产业链条,持续对文创产品进行迭代升级,保持其新鲜感和时代感。推动广府美食文化的产业化发展,鼓励老字号餐饮企业创新发展模式,结合跨境电商、网红经济等形式,使广府美食走向全国乃至全球市场。加强与大型文旅企业的合作,以广州 2300 多年的历史文化底蕴和发展变迁为主线,综合歌舞、民乐、话剧等艺术形式,打造大型综合演出产品,集中展示广府文化的厚重历史和美好未来。

(五)深度整合文化资源,构建广府文化体验新集群

整合广府美食资源,在交通便利、人流量大且设施完善的商业街打造高品质广府传统美食街区,汇聚各类地道广府菜系、广府汤品以及经典广东早茶文化,为游客提供一站式、沉浸式的广府美食体验之旅。整合广府文艺资源,充分利用新建的文化地标,如广州市文化馆等平台,集中展示涵盖粤剧粤曲、广东音乐及"三雕一彩一绣"(木雕、石雕、砖雕与广彩、广绣)在内的艺术内容,使游客能够在单一综合空间内全方位领略广府文艺的独特魅

力。整合广府民俗资源，优化升级岭南印象园等民俗旅游项目，精心策划一系列常态化的广府民俗表演活动，集中展示包括但不限于节庆习俗、民间工艺、传统手作等多元民俗元素，确保来穗游客能够一站纵览广府民俗风情画卷。整合全市 20 多个博物馆和展览馆资源，以广州博物馆为依托，与中国（广州）民间金融博物馆、广州乞巧文化博物馆及反映广州商贸历史底蕴的广州十三行博物馆等形成有机联动，让游客感受到广州厚重的历史积淀及便捷遍览其现代化发展成就，全面提升广府文化旅游品牌的内涵价值与综合吸引力。

（六）全方位推进广府文化产品出海与产业合作，推动文化品牌国际化

发挥广府文化的开放兼容特性，[①] 利用广州南沙自贸区和中新广州知识城等对外开放平台，吸引国外优质文化企业和机构落户，引进先进文化产业运营模式和技术经验，共同开发面向国际市场的产品和服务。积极开展多元对外文化交流活动，如设立广府文化海外推广中心，定期举办广府文化主题的国际巡展、艺术节、研讨会以及工作坊等活动，"以期实现民间话语口语化、真实化、平民化和本土化的跨文化沟通和交往"[②]，将广府建筑艺术、粤剧表演、广绣、广彩等非物质文化遗产推向世界，同时，通过组织国际艺术家驻地项目、文化交流年等方式，促进中外艺术家之间的互动与创作，形成跨文化的创新成果。制作高质量的影视作品和动漫产品，以生动形象的方式展现广府文化的内涵与精神，如拍摄关于广府民俗风情、名人故事的纪录片或动画片，并借助互联网平台进行全球推广，提高广府文化的国际知名度。支持广府文化企业参加国际文化交流活动，加强海外营销网络布局，提升广府文化品牌的国际知名度和影响力，提高全球市场份额。加强

---

① 刘绮婷：《地域文化传播视域下的文化自信教育探赜——以广府文化为例》，《广东第二师范学院学报》2022 年第 2 期。
② 金苗：《基于新世界主义的"一带一路"倡议对外话语体系构建路径》，《出版发行研究》2018 年第 11 期。

与共建"一带一路"国家和地区的人文交流与项目合作，设立广府文化海外推广基地，组织广府文化主题的国际巡展、研讨会等活动，拓展国际交流合作空间。

（七）构建助力文化产业高质量发展和产品出海的政策支撑体系，进一步优化营商环境

积极推动简政放权，优化行政审批流程，降低文化企业运营成本，营造一流的国际化文化产业发展环境。加大土地供应、基础设施配套、技术研发等方面的扶持力度，培育和发展一批具有国际竞争力的广府文化企业和项目。修订完善现行法律法规，制定与国际通行规则相接轨的文化产品和服务出口政策，明确文化出口企业的税收优惠政策，如出口退税、免税等，降低跨境交易成本。加强国际合作交流，推动建立国际化的版权保护体系，保障广府文化原创内容在海外市场的权益不受侵犯。设立专门的出海文化产业发展基金或引导基金，为广府文化国际化特色项目提供资金支持，并通过完善文化产业投融资平台和金融服务体系，鼓励金融机构开发满足文化企业出海需求的金融产品和服务，如知识产权质押融资、文化项目收益权证券化等。鼓励高校和研究机构开设广府文化国际课程，建立广府文化产业发展智库，培养具备国际视野和跨文化交流能力的专业人才，为广府文化走向世界提供有力的人才支撑。

参考文献

何丽君：《广府文化在粤港澳大湾区企业文化建构中的作用》，《对外经贸》2020年第10期。

〔美〕凯文·林奇：《城市形态》，林庆怡、陈朝晖、邓华译，华夏出版社，2007。

戴林琳、盖世杰：《北京郊区节事旅游发展时空分异特征》，《地理科学进展》2011年第8期。

包亚明：《城市文化地理学与文脉的空间解读》，《探索与争鸣》2017年第9期。

高小康、潘博成：《"创意导向生活"——非物质文化遗产保护的台湾经验》，载宋俊华主编《中国非物质文化遗产保护发展报告（2015）》，社会科学文献出版社，2015。

R. M. Derrett, "Making Sense of How Festivals Demonstrate a Community's Sense of Place", *Event Management* 8 (2003).

B. Quinn, "Arts Festivals and the City", *Urban Studies* 42 (2005).

S. Waterman, "Place, Culture and Identity: Summer Music in Upper Galilee", *Transactions of the Institute of British Geographers* 23 (1998).

B.13
讲好生态文明建设故事
构建广州生态城市形象

翟慧霞 刘诗琪*

摘 要： 讲好生态文明建设的故事，塑造良好的广州生态城市形象是提升广州城市形象国际竞争力的重要途径。在习近平生态文明思想指导下，广州生态城市形象顶层设计不断完善、实践成果日益丰硕。随着生态环境保护越来越成为全球共识，广州生态城市形象塑造与传播也面临多重机遇。本文建议通过进一步挖掘广州特色生态文化、以广州国际人文交流平台为支撑、借助多元影像技术力量、发挥在穗外国人作用等方式共同讲好广州生态城市形象故事，让绿美广州的城市形象更加明亮。

关键词： 广州 生态文明 国际传播 城市形象

城市形象是国家形象的重要组成部分。习近平总书记2021年5月31日在主持中央政治局就加强我国国际传播能力建设进行第三十次集体学习时指出："各地区各部门要发挥各自特色和优势开展工作，展示丰富多彩、生动立体的中国形象。"① 在城市形象维度中，生态城市形象是重要一环。从20世纪80年代的"四年消灭荒山、八年绿化广州"到近年来的生态文明建设，广州创造了一个又

---

* 翟慧霞，中国对外书刊出版发行中心（国际传播发展中心）主任、研究员，研究方向为城市形象、国际传播、公共外交；刘诗琪，中国对外书刊出版发行中心（国际传播发展中心）助理研究员，研究方向为城市形象、国际关系。
① 《习近平主持中共中央政治局第三十次集体学习并讲话》，2021年6月1日，中国政府网，https://www.gov.cn/xinwen/2021-06/01/content_5614684.htm。

一个绿色奇迹。为了实现可持续发展、提升城市治理水平，广州在生态环境保护、绿色建筑推广等领域持续发力，稳步迈向生态宜居之城，广州"花城"品牌知名度、美誉度在海内外明显提升。讲好生态文明建设故事、构建广州生态城市形象，是擦亮广州城市品牌、展现新时代广州城市形象的重要途径。

一 讲好广州生态文明建设故事，构建广州生态城市形象的重要意义

讲好广州生态文明建设故事，构建广州生态城市形象，有助于国际社会更好地了解广州生态文明建设的理念和成果、提升城市文化自信和精神气质，并在全球城市生态文明建设领域增强广州国际话语权、扩大影响力。

（一）是贯彻习近平生态文明思想，展示广州生态文明建设成果的重要举措

党的十八大以来，以习近平同志为核心的党中央把生态文明建设摆在全局工作的突出位置，深刻回答了为什么建设生态文明、建设什么样的生态文明、怎样建设生态文明等重大理论和实践问题，系统形成了习近平生态文明思想。在习近平生态文明思想指引下，中国生态文明建设和生态环境保护取得历史性成就，发生历史性变革。2021年10月，习近平总书记在广东调研考察时指出，"广东有条件有能力把生态文明建设搞得更好"[1]。近年来，广州坚决贯彻习近平生态文明思想，自觉践行"绿水青山就是金山银山"理念，统筹山水林田湖草沙系统治理，持续推进绿美广州生态建设，以"绿美"为主题主线，为实现城市天更蓝、山更绿、水更清、生态更优美开辟了一条切实可行的发展之路，在全国范围内为生态文明建设树立了成功典范，成为中国生态城市建设的示范者和引领者。讲好广州生态文明建设的故事，能够更好地让国际社会了解中国城市绿色发展成果，共同构筑可持续发展的美好未来。

---

[1] 《广东省生态文明建设"十四五"规划》，广东省人民政府网站，2021年10月20日，https://www.gd.gov.cn/attachment/0/472/472208/3595207.pdf。

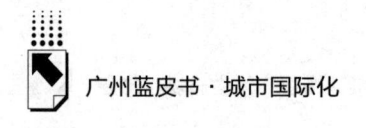

（二）是展现广州务实、包容、自信、开放的文化特质，坚定广州文化自信的重要路径

长期以来，广州开放包容、敢为人先、务实创新的城市精神为城市发展提供了持续动力。近年来，广州坚定不移统筹推进环境、经济、社会协调发展，以城市实现可持续发展促进高质量发展。通过推进生态优先、节约集约、绿色低碳发展、为市民创造舒适优美的宜居环境等一系列务实行动，广州市民得以共享包容性增长和生态文明建设的成果，对广州的城市认同感和自豪感不断增强。广州积极落实高水平对外开放，提出打造"美丽宜居花城 活力全球城市"目标。通过构建广州生态城市形象，展现广州在生态文明建设中所体现的敢为人先的强大气魄、攻坚克难的决心信心，进一步展现广州务实、包容、自信、开放等的文化特质，提升城市文化自信和精神气质，坚定广州文化自信。

（三）是提升广州在全球城市竞争中的知名度和竞争力的重要抓手

当前，绿色、低碳发展日益成为全球共识。在联合国气候变化大会等关键国际平台上，绿色发展和生态城市建设已成为全球焦点，国际社会对此高度重视与认同。《中共中央 国务院关于完整准确全面贯彻新发展理念做好碳达峰碳中和工作的意见》和《2030年前碳达峰行动方案》等"双碳"目标政策的发布，为广州提供了提升国际关注度和竞争力的独特机遇。广州通过制定改善空气质量、保护水资源、保护森林资源及维持生物多样性等方面的生态建设举措，有力响应了国际社会对可持续发展的诉求，展现了广州乃至中国在生态文明建设上的坚定决心和强大实力。加强广州生态文明建设的传播，构建生态城市品牌，可在全球范围内提高广州的知名度、竞争力和吸引力。

二 讲好广州生态文明建设故事，构建广州生态城市形象的优势

当前，在习近平生态文明思想的指导下，广州城市生态文明建设顶层设

计日益完善、实践成果日益丰富、国际影响力日益增强，这些都给构建新时代广州生态城市形象带来了机遇。

（一）省市政府层面提供坚实的制度指导和政策支持

建设生态文明是中华民族永续发展的千年大计。在习近平生态文明思想的指导下，广东省和广州市层面加快推进生态文明建设顶层设计和制度体系建设，出台了一系列政策文件（见表1）。2021年以来，广东省和广州市在生态文明建设方面依据"十四五"规划制定了一整套政策体系。省级层面，广东致力于实现碳达峰、绿色发展与生态安全，广州则响应上级政策，积极推动科学绿化、碳减排及生态系统稳定工作。例如，《广州市贯彻落实〈中共广东省委关于深入推进绿美广东生态建设的决定〉的行动方案》与《绿美广州五年行动计划（2023—2027年）》，聚焦提质增绿、森林质量提升以及人与自然和谐共生的绿美城市建设。同时，《广东省绿美保护地提升行动方案（2023—2035年）》通过国家公园建设、高标准保护计划等方式，展现广东高水平的生态城市发展成果。这些规划、方案和计划的提出，为谱写广州老城市新活力、"四个出新出彩"绿美新篇章，打造人与自然和谐共生的美丽中国、讲好广州生态文明建设故事构筑了坚实的制度支撑。

表1　2021~2023年广东省、广州市有关推动生态文明建设的政策文件

时间	发布机构	标题	相关内容
2021年10月	广东省人民政府	《广东省生态文明建设"十四五"规划》	提出到2025年，生态文明制度体系基本建成，国土空间开发保护格局清晰合理，生产生活方式绿色转型成效显著，绿色产业发展进展明显，能源资源配置更加合理、利用效率稳步提高，有条件的地区率先实现碳达峰，主要污染物排放总量持续减少，生态安全屏障质量进一步提升，绿色低碳循环发展经济体系基本建立，美丽广东建设取得显著成效

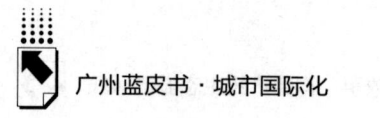

续表

时间	发布机构	标题	相关内容
2021年12月	广东省人民政府办公厅	《关于科学绿化的实施意见》	鼓励广州通过建设用地腾挪等方式加大留白增绿力度,留足绿化空间;打造复合发展的高质量绿色富民体系
2022年7月	广州市人民政府办公厅	《广州市生态环境保护"十四五"规划》	提出到2025年,广州市国土空间开发保护格局不断优化,绿色低碳发展水平明显提升,深入推动碳达峰、碳中和工作,主要污染物排放总量持续减少,生态环境持续改善,生态系统安全性稳定性显著增强,环境风险得到有效防控,生态环境治理体系和治理能力现代化加快推进,生态文明重点领域改革和制度创新取得重要进展,建设青山常在、绿水长流、空气常新美丽广州,建成美丽中国样本城市
2022年9月	广州市人民政府办公厅	《广州市生态文明建设"十四五"规划》	提出到2025年,将广州建成美丽中国样本城市,其中部分具备条件的区、行业和企业率先实现碳达峰,战略性新兴产业增加值占地区生产总值比重达到35%左右,空气质量优良天数比率达88%,公园绿地服务半径覆盖率达到85%
2022年12月	中国共产党广东省第十三届委员会第二次全体会议	《中共广东省委关于深入推进绿美广东生态建设的决定》	提出到2027年底,全域建成国家森林城市,率先建成国家公园、国家植物园"双园"之省,绿美广东生态建设取得积极进展;到2035年,多树种、多层次、多色彩的森林植被成为南粤秀美山川的鲜明底色,天蓝、地绿、水清、景美的生态画卷成为广东亮丽名片,绿美生态成为普惠的民生福祉,建成人与自然和谐共生的绿美广东样板
2022年12月	中共广州市委十二届五次全会审议通过	《广州市贯彻落实〈中共广东省委关于深入推进绿美广东生态建设的决定〉的行动方案》	强调要坚持推动绿色发展,高质量建设人与自然和谐共生的绿美广州;以华南国家植物园体系建设为统领,围绕绿化美化和生态建设提出了"八大工程"
2023年3月	广州市16届33次市政府常务会议	《绿美广州五年行动计划(2023—2027年)》	计划到2027年,提质增绿森林面积100万亩,其中森林质量优化提升90万亩,新增造林绿化面积10万亩,打造森林步道1000千米
2023年3月	广州市16届33次市政府常务会议	《绿美广州五年行动计划2023年工作要点》	明确了2023年的建设要点及具体目标,计划完成森林提质增绿约23万亩,建设森林步道300千米,重点启动3个市级森林质量提升综合示范片区建设

续表

时间	发布机构	标题	相关内容
2023年10月	广东省绿化委员会、广东省全面推行林长制工作领导小组办公室	《广东省绿美保护地提升行动方案（2023—2035年）》	提出重点打造"三园两中心一示范"，具体包括：创建南岭国家公园、丹霞山国家公园、高标准建设华南国家植物园，高水平建设国际红树林中心和国家林草局穿山甲保护研究中心，建设一批示范性保护地

资料来源：广东省、广州市人民政府相关部门网站。

（二）绿色惠民生态成果提供有力实践支撑

良好的生态环境是最普惠的民生福祉。近年来，广州城市生态文明建设取得了丰硕成果。2020年底，南都民调中心发布的《广州生态文明公众感知度调查报告（2020）》显示，69.46%的受访者对居住区域的总体环境质量持满意态度，较2019年上升6.52%。广州深入实施美丽宜居"花城"战略，打造"森林围城、绿道穿城、绿意满城、四季花城"的绿色生态格局；建设广州生态地标华南国家植物园；全面推深做实林长制工作；推进海珠湿地、南沙湿地等湿地保护和生态修复；大力开展生物多样性保护工程；推动形成绿色、低碳、节俭的广州绿化高质量发展模式，营造全社会关心关注绿美人居环境的良好氛围。广州厚积薄发的生态建设成果，为讲好广州生态城市形象故事提供了丰富的资源。

（三）"双碳"领域国际合作开拓广阔发展空间

环境治理成为当今国际社会关注的重点议题之一。全球对于应对气候变化的共识日益增强，各国通过国际合作、技术创新以及政策支持等方式共同推进全球碳中和进程。近年来，广州大力推动城市"双碳"领域的多边交流合作，成为全球城市治理创新的坚定参与者、积极推动者、重要贡献者。2020年，广州市向联合国提交了为实现联合国2030年可持续发展目标的地方自愿陈述报告，向世界介绍其推进公平、多样、包容和开放的可持续发展理念，同全球城市分享绿色发展的"广州经验"。2022年，广州海珠国家湿地公园接受"IUCN自然保护地绿色名录"授牌，成为全国首个入选IUCN绿色名录的国家湿地公园。此外，广州积极参与低碳国际交流，与C40（城市气候领导联盟）先后合作举办固体废弃物处理和资源化利用研讨会、低碳社区（正气候）研讨会、城市交通碳排放达峰路径技术研讨会等。具有广州特色的城市生态发展模式受到国际越来越多的关注与好评。近年来，广州先后获得了国际花园城市、联合国改善人居环境最佳范例奖等重要奖项，并在英国《经济学人》智库评选的全球最宜居城市榜单中入选全球"百强"。美国加利福尼亚州大学戴维斯分校经济系教授、可持续发展解决方案网络亚洲区副总裁Wing Thye Woo（胡永泰）认为，广州在实现可持续发展目标方面取得的成就令人印象深刻，这将激励中国和其他许多城市采取类似的做法。①

三 讲好广州生态文明建设故事，构建广州生态城市形象的重点内容

讲好广州生态文明建设故事，构建广州生态城市形象，需立足广州的特色和优势，让自然之美与城市发展相得益彰。具体而言，需进一步提炼"花城"文化符号，持续做强"花城"品牌；立足华南国家植物园，打造广州绿色城市名片；依托企业绿色发展实践，巩固广州绿色制造形象；鼓励公众为城市形象代言，讲好广州低碳生活故事等。

（一）提炼"花城"文化符号，持续做强"花城"品牌

从西汉南越国开始，广州人种花、赏花、爱花的历史至今已有2000多年。花是广州独特的、鲜明的城市自然生态符号、城市文化符号，不仅具有丰富的文化内涵，而且早已和市民的日常生活习俗紧密结合在一起，得到了较强的品牌认同。自2013年起，广州开始谋划"广州过年 花城看花"这

---

① 《联合国网站首发广州可持续发展报告 向全球分享中国城市绿色发展经验》，广州市人民政府网站，2021年3月5日，https://www.gz.gov.cn/xw/zwlb/bmdt/sghhzrzyj/content/post_7125337.html。

一春节城市品牌的打造，擦亮了广州在世界上特征鲜明、知名度较高的城市品牌形象。未来，应进一步提炼花文化和"花城"的城市符号，丰富广州城市生态文化内涵，塑造展现广州历史底蕴和时代魅力的新时代"花城"形象。首先，应继续优化并创新传承历史悠久的花卉节庆活动，用线上与线下融合策略打造新广州城市形象品牌，比如通过数字化技术和创意手段升级"广州过年 花城看花"等项目，使之更具互动体验，提升城市品牌全球影响力。其次，在城市空间规划设计环节，强化花卉主题景观布局，将花卉广泛应用于公园绿地、街道美化等领域，鼓励社会各界共建共享，打造"花满全城"的城市视觉盛宴，并依托标志性建筑打造兼具观赏、教育、休闲等功能的花卉主题景点。最后，积极开展国际花卉文化交流与合作，利用国外博览会、花卉艺术展等国际平台引进先进经验和理念，推动广州花卉产业迈向国际化。通过举办国际性的花卉文化艺术活动，让广州花城品牌真正变得有生命力，进一步提升广州作为国际"花城"的文化软实力与影响力。

（二）立足华南国家植物园，打造广州绿色城市名片

2021年10月12日，在《生物多样性公约》第十五次缔约方大会领导人峰会上，习近平主席提出"本着统筹就地保护与迁地保护相结合的原则，启动北京、广州等国家植物园体系建设"。[①] 2022年，华南国家植物园在广州揭牌成立，为推进国家植物园体系建设提供坚实基础。目前，广州正有序推进以华南国家植物园为核心的"1+3+N"城园融合体系建设，实现城园融合发展。广州应以华南国家植物园为抓手，多维度、深层次挖掘其潜在价值，将华南国家植物园塑造成广州的城市绿色名片。首先，利用园内丰富的植物种类和人员强大的科研实力，精心策划各类植物展览、科普活动及文化节庆，诸如国际花卉博览会、植物科学研讨会等，展现广州深厚的生态文明底蕴，构建独特的生态文化品牌形象。其次，将其打造成为具有广泛影响力

---

① 《习近平在〈生物多样性公约〉第十五次缔约方大会领导人峰会上的主旨讲话（全文）》，中国政府网，2021年10月12日，https：//www.gov.cn/xinwen/2021－10/12/content_5642048.htm。

的环保教育基地，研发适应各年龄段的教育课程，引导公众尤其是青少年关注生态环境，培育绿色公民意识。再次，积极推动植物园科研成果向城市绿化建设中转化与应用，将科研成果融入公园、街道和社区绿化项目，提升广州城市景观的整体品质。最后，利用华南国家植物园的国际化背景，搭建多层次、多领域的国际合作与交流平台，吸引更多国际生态专家参与研讨，提升广州在全球生态学术与环境保护领域的影响力和话语权。

（三）依托企业低碳发展实践，巩固广州绿色制造形象

广州是绿色制造体系最齐备的城市之一，入围绿色制造名单数量居全国前列。目前，广州已打造国家级绿色工厂近50家（另有市级15家）、绿色工业园区1家、绿色设计产品192项（另有市级2项）、绿色供应链管理企业7家（另有市级3家）、工业产品绿色设计示范企业8家、绿色制造系统集成项目5个、绿色制造系统解决方案供应商5家、工业节能与绿色发展评价中心7家。[①] 广州拥有多家先进企业，掌握最新的绿色工艺技术和管理理念，这是广州工业发展实现高效低耗的重要依托，也是讲好广州生态文明建设故事不可或缺的重要叙事资源。在工业生产领域，未来应进一步加强广州企业在绿色发展领域的鲜活实践，用绿色增加企业的品牌价值。引导广州企业在对外传播中重视传播内容的多元化，注重展示企业体现绿色理念、清洁低碳、生态保护、责任理念等内容，强化面向媒体、社会公众等传播对象的绿色发展相关信息发布，探索联手相关机构发布具有国际影响力的绿色发展评估报告，展现广州企业在广州城市生态文明建设中的重要作用。

（四）鼓励公众为城市形象代言，讲好广州低碳生活故事

公众在塑造与传播城市形象过程中扮演着重要角色，公众形象展示了城市的内在精神气质和人文关怀内涵。在广州生态城市形象的构建过程中，通

---

① 《2023工业绿色发展大会在广州举办　解锁广州工业发展"绿色密码"》，《广州日报》2023年6月2日。

过多种方式不断扩大与拓展全民绿化美化参与主体和参与途径，切实提高绿美广东生态建设的全民参与度。一是丰富广州低碳生活的传播内容来源。通过征集和传播广州居民在日常生活中的低碳实践案例，比如家庭节水节电、绿色出行、垃圾分类、绿色消费等真实故事，通过电视、网络、社交媒体等多种渠道进行广泛传播，增强公众对低碳理念的认同感和自豪感。二是通过专题报道、纪录片、公益广告等形式，展示广州在低碳城市建设中的成就和市民参与度，将广州塑造为一个重视生态文明、全民参与低碳生活的现代都市形象。三是凝聚社会低碳共识，通过在学校、企事业单位、社区等多领域开设低碳教育课程和实践活动，并通过参观低碳示范区、参加低碳生活体验活动等形式，强化低碳生活观念的重要性。

四 讲好广州生态文明建设故事，传播广州生态城市形象的对策

构建良好的广州生态城市形象离不开向国际社会讲好广州生态文明建设的精彩故事。立足广州自身特色文化与丰富的生态文明建设成果，以国际人文交流活动和多形态国际传播载体为平台，发挥国际人脉优势，让广州生态城市形象的品牌更为亮眼。

（一）立足广州特色文化，深层次挖掘广州生态城市形象丰富内涵

城市文化根植于城市现代化发展进程，是城市的气质和灵魂，也是城市形象建构的重要底蕴和内容。广州拥有悠久的历史和独特的文化，自古以来就重视在城市发展中的人与自然和谐共生。建筑、饮食、传统节庆等文化方面蕴含较多的生态文明元素，可以为广州生态城市形象塑造提供丰富素材。以建筑文化为例，绿色建筑是以人为本的高品质建筑，能最大限度保护环境，实现节能降碳，又能提高人民群众的获得感和幸福感，更好地满足人民群众对美好生活的向往。2022年8月，广州市在全省率先发布实施的《广州市绿色建筑发展专项规划（2021—2035年）》，全力打造具有岭南特色的

人本绿色城市。进一步挖掘这些与民生相关的特色文化，加强传承和发展，通过多样化的传播平台进行多形态展示，增强吸引力，可以让广州生态城市形象构建的民意基础更加坚实。

（二）借助国际人文交流，多领域展现绿美广州生态建设实践成果

一是依托广州举办的重要国际人文交流活动，展现绿色广州的城市名片。以中国进出口商品交易会、中国广州国际环保产业博览会等大型国际展会为平台，向世界展示广州生态城市建设的实践成果。二是依托广州的友好城市，传播绿色发展理念。截至2023年底，广州与68个国家的105个城市建立了友好关系。未来可通过多种人文交流方式分享彼此在城市生态文明建设中的经验和做法。三是在联合国等国际组织的重要活动中通过提交报告、论坛交流等方式倡导可持续发展理念，倡导更多城市加入绿色发展行列。

（三）发挥影像技术力量，生动讲好广州生态文明建设精彩故事

影像是城市形象传播的重要呈现载体和方式。纪录片、微纪录片、短视频、图片等能够减少跨文化传播过程中的文化折扣，更加鲜活、生动地展现广州生态城市形象，推动海外受众对广州生态城市内容产生共情与共鸣，特别是在当前国际传播社交化、移动化、视频化的背景下，借助移动短视频的形式特点和渠道优势，展现广州生态建设新貌，实现全民记录、全民分享、全民参与。2017~2021年，广州推出系列城市宣传片，以"花开三部曲"①打造城市形象品牌IP，生动展现了广州生态城市形象。2023年，中国外文局国际传播发展中心与广州市人民政府新闻办公室共同主办了"世界因你而美丽·广州"影像故事全球征集活动，共收到13万余部作品，从自然、人文、城市等方面用影像讲述美丽湾区、美丽广州的故事，获得了良好的国际传播效果。

---

① 广州"花开三部曲"城市宣传片包括：2017年的《花开广州　盛放世界》、2019年的《花开广州　汇聚全球》和2021年的《花开广州　幸福绽放》。

（四）用活在穗外国人资源，"第三方声音"传播广州生态城市形象

广州外籍人士数量众多，有数据显示实住广州的外国人超过 8 万人，是传播广州生态城市形象的重要主体。根据 2022 年度中国城市外籍人才吸引力指数，广州排名第三。在穗、来穗外国人是讲好广州生态故事的重要资源，也是重要的国际人文活动交流对象。应充分发挥在穗、来穗外国人在地体验的先发优势，开展"外籍视角讲述广州生态故事""在穗外籍人士系列专访"等一系列活动，吸引外国人积极参与和讲述广州城市的生态环保活动。邀请外籍青年、外籍企业家或外籍网红"走读"广州，深刻体验广州在坚持生态优先、绿色发展、高水平建设绿美广州方面的实践成果。

新时代新征程上，广州正奋力打造人与自然和谐共生的中国式现代化广东样板，努力争做人与自然和谐共生的现代化的积极传播者和模范践行者，向国际社会讲好广州生态文明建设的故事、构建广州生态城市形象前景广阔。以广州生态城市形象的精彩展现，对打造人与自然和谐共生的美丽中国作出积极贡献。

参考文献

何国平、蔡雅雅：《广州、深圳城市形象宣传片全球化景观的内容分析：2010—2021》，《南方传媒研究》2023 年第 4 期。

刘红艳等：《公众视角的广州城市品牌价值感知与提升策略》，《城市观察》2022 年第 5 期。

陶红：《"一带一路"下广州"花文化"品牌形象提升策略研究》，《特区经济》2021 年第 5 期。

甘韵矶：《城市形象国际传播的媒体策略——以广州城市形象国际传播为例》，《新闻战线》2019 年第 22 期。

何国平：《城市形象传播：框架与策略》，《现代传播》（中国传媒大学学报）2010 年第 8 期。

国际化案例篇

B.14
广州仲裁委积极探索仲裁现代化"广州路径" 努力打造世界一流的国际商事仲裁中心

广州仲裁委课题组*

摘　要： 随着经济全球化的深度发展，跨国经济贸易纠纷不断增多。商事仲裁法律制度具有国际法律合作和规则衔接"最大公约数"的独特优势，在涉外法治保障中发挥重要作用，已成为各国优化投资环境、提升法治话语权的重要手段。广州仲裁委近年来抢抓粤港澳大湾区建设重大机遇，加快建设国际商事仲裁中心步伐，通过制定"广州标准"、打造APEC-ODR平台、倡议《金砖国家仲裁合作南沙共识》、创设"3+N"庭审模式、建立"四个共享"合作机制等举措，在国际上实现了从行业参与者到创新引领者再到

---

* 课题组组长：陈思民，广州仲裁委员会党组书记、主任，研究方向为仲裁现代化发展创新。课题组副组长：刘远强，广州仲裁委员会理论研究室负责人，研究方向为仲裁现代化发展创新。课题组成员：陈晨，广州仲裁委员会理论研究室博士，研究方向为仲裁现代化发展创新；韩梅梅，广州仲裁委员会理论研究室工作人员，研究方向为仲裁现代化发展创新；沈璐，广州仲裁委员会知识产权仲裁院工作人员，研究方向为仲裁现代化发展创新。

广州仲裁委积极探索仲裁现代化"广州路径" 努力打造世界一流的国际商事仲裁中心

规则制定者的蜕变，为提升广州的国际知名度和影响力作出了贡献。步入高质量发展新阶段，广州仲裁委将坚持守正创新、加压奋进，不折不扣努力打造国际一流的仲裁机构，助力广州建设世界一流的国际商事仲裁中心。

关键词： 仲裁现代化 国际商事仲裁中心 广州模式

习近平总书记多次强调，要"把非诉讼纠纷解决机制挺在前面"，要"把涉外法治保障和服务工作做得更有成效"。① 仲裁是与诉讼并行的商事争议解决方式，凭借专业、高效、灵活、广泛的执行力等优势受到国际商事主体青睐。广州仲裁委（以下简称"广仲"）始终坚持首创精神，创新规则引领、搭建解纷平台、强化队伍建设、深化国际交往，积极探索仲裁现代化"广州路径"。面对新形势新要求，广仲将持续推进仲裁国际化、专业化、数字化、智能化长效发展，不断提升广州仲裁现代化法治服务水平，为经济社会高质量发展贡献仲裁力量。

一 广州建设国际商事仲裁中心的背景

广仲于1995年8月29日由市政府组建，是依照《中华人民共和国仲裁法》成立的全国首批七家仲裁机构之一，主要受理自然人、法人和其他组织之间发生的合同纠纷和其他财产权益纠纷，帮助中外当事人解决民商事争议。目前，广仲设有1个分支机构（南沙国际仲裁中心）、3个分会（东莞分会、中山分会、潮州分会）、4个专业仲裁平台（广州金融仲裁院、广州知识产权仲裁院、广州国际航运仲裁院、广州建设工程仲裁院）。2022年8

---

① 《非诉讼纠纷解决机制：使矛盾化解"关口前移"》，《学习时报》2019年10月2日；《习近平：坚定不移走中国特色社会主义法治道路 为全面建设社会主义现代化国家提供有力法治保障》，司法部网站，2021年2月28日，https://www.moj.gov.cn/pub/sfbgw/qmyfzg/202102/t20210228_349024.html。

月，广仲联合天河区政府共同组建粤港澳大湾区国际商务与数字经济仲裁中心，助力广州建设更具国际竞争力的营商环境。近年来，广仲案件受理量高居全国前列，涉外案件量连续三年居全国城市仲裁机构之首，案涉地区覆盖全球六大洲，国际"朋友圈"遍及境内外200余家仲裁调解机构，积极服务粤港澳大湾区高水平对外开放。广仲在全球首份"一带一路"沿线国际仲裁机构公信力排行榜中位列前三，首创的全球互联网仲裁"广州标准"获得联合国国际贸易法委员会官网专门推介。广仲具有打造国际一流仲裁机构的先发优势，成为广州建设国际商事仲裁中心、推进涉外法治建设服务高水平对外开放的重要抓手。

（一）涉外法治建设是推进高水平对外开放的客观要求

当今世界处于百年未有之大变局，国际形势发生深刻复杂变化，世界经济增长放缓，国际力量对比深刻调整，风险挑战层出不穷，世界充满不稳定性、不确定性。推进和拓展中国式现代化，需要加快涉外法治体系和能力建设的步伐、完善治理方式，以法治之力维护国家和人民利益，推动构建人类命运共同体。进入新时代以来，我国涉外法治建设取得明显进展，但与推进高水平对外开放、应对外部风险挑战的迫切需要相比，还存在一定差距。习近平总书记在主持二十届中共中央政治局第十次集体学习时强调，要从更好统筹国内国际两个大局、更好统筹发展和安全的高度，深刻认识做好涉外法治工作的重要性和紧迫性，建设同高质量发展、高水平开放要求相适应的涉外法治体系和能力，为中国式现代化行稳致远营造有利法治条件和外部环境。①

（二）商事仲裁是服务保障高水平对外开放的重要途径

商事仲裁是国际通行的商事争议解决机制，在依法保证合同执行、促进

---

① 《习近平在中共中央政治局第十次集体学习时强调：加强涉外法制建设 营造有利法治条件和外部环境》，中国政府网，2023年11月28日，https://www.gov.cn/yaowen/liebiao/202311/content_6917473.htm。

跨境贸易往来、润滑经济关系等方面发挥着重要作用，是营造市场化、法治化、国际化一流营商环境的重要一环。要想推动经济高质量发展，不仅需要基础设施等"硬环境"的持续改善，还需要在商事纠纷解决等"软环境"建设上有新的突破，更好地服务企业"走出去""引进来"，助力扩大有效投资，增强发展动力和活力，服务保障国家重大发展战略和更高水平对外开放。2022年7月，中央全面依法治国委员会正式印发文件，部署在北京市、上海市、广东省、海南省开展国际商事仲裁中心建设试点工作，助力我国建设成为面向全球的国际商事仲裁新目的地。

（三）广州具备建设国际商事仲裁中心的发展沃土

作为我国开放程度最高、经济活力最强的区域之一，广州在粤港澳大湾区建设和国家发展大局中具有重要战略地位，在粤港澳大湾区打造广州、深圳等面向全球的国际商事仲裁中心意义重大。广州作为中国历史最悠久且唯一从未关闭的对外通商口岸，有毗邻港澳的地缘优势以及与港澳同文同种的文化优势。广东华侨遍布全球，面向日韩、东南亚、非洲、拉美的经贸活动活跃，具有抢占新兴国家市场的竞争优势。作为广州地区的常设仲裁机构，广仲努力将"千年商都"的文化优势转化为仲裁服务的竞争胜势，坚定全球视野，领跑全球互联网仲裁，具备仲裁国际化发展的技术优势。

二 广州仲裁委探索仲裁现代化路径的突出亮点

仲裁作为国际通行的争端解决方式，逐步成为各国优化营商环境、提升法治软实力的重要手段，关乎我国对外开放的深度和广度。仲裁国际化水平亦是衡量一座城市国际化程度、全球影响力的重要指标。面对世界之变、时代之变、历史之变，广仲抢抓机遇，面向全球、面向未来，对标最高标准、最高水平，积极探索仲裁现代化"广州路径"，形成长效工作机制，聚力打造全球互联网仲裁首选地，为公正高效解决国际经贸纠纷提供"中国平台"，在国际法律事务中发出更多"中国声音"、贡献更多"中国智慧"。近年来,"广州标准"入选国务院全面深化服务贸易创新发展试点第二批"最佳实践案例",ODR平台处理的案件先后入选司法部年度仲裁工作指导案例、司法部依法保护民营企业产权和企业家权益典型案例,"打造全球首个商事争议解决ODR平台"入选商务部"外贸新业态优秀实践案例","多措并举提升知识产权仲裁国际化、智能化、数字化水平"经验做法入选国务院知识产权强国建设典型案例,广仲实施的项目连续两届获评全国"民生示范工程"案例,广仲被评为"全国十佳仲裁机构"和"涉外服务十佳仲裁机构",广仲国际化创新发展经验获新华社、《人民日报》、《法治日报》、中央广播电视总台等央媒以及《文汇报》、香港无线新闻台等刊播报道。

(一)规则引领,努力构建面向世界的粤港澳仲裁合作格局

广仲积极参与高标准国际仲裁规则的制定,主动适配南沙"立足湾区、协同港澳、面向世界"的使命,努力把粤港澳大湾区"一国两制三法域"的制度之异转化为制度之利,打造规则衔接机制对接高地。

1. 发布全球首个"广州标准",抢夺互联网仲裁话语权

2020年制定和发布的"广州标准",明确规范国际互联网仲裁技术指标、程序要求,整合各种庭审模式的规则优势和远程庭审的技术优势,推动国际互联网仲裁规范化发展。2022年8月,再次发布"广州标准(二)",有针对性地破解互联网仲裁中身份识别与电子送达两大难点,实现世界互联网仲裁推荐标准从无到有,有效提升国际认可度。"广州标准"的创新做法有力推动了全球互联网仲裁规范化发展,获得联合国国际贸易法委员会官网专门推介,并入选国务院全面深化服务贸易创新发展试点第二批"最佳实践案例"。截至2024年4月,"广州标准"已获150余家境内仲裁机构和50余家境外仲裁机构认可并共同推广,覆盖美国、瑞典、西班牙、迪拜和日本等国家和地区。

2. 持续深化建设"广州模式",打造国际规则对接高地

积极响应粤港澳大湾区建设的重大国家战略,首创衔接域外仲裁规则的"3+N"仲裁庭审模式,充分发挥"一国两制三法域"涉外法律服务规则优势,以中国特色社会主义法律体系内地庭审模式、普通法系香港庭审模式、

大陆法系澳门庭审模式为基础，不断加入符合其他国家和地区的仲裁法以及仲裁程序特点的"N"种庭审模式，将国外先进的仲裁模式"引进来"，将中国优秀的仲裁规则创新"推出去"。2023年4月，俄联邦工商会国际商事仲裁院采用广州仲裁庭审模式审理了涉俄经贸纠纷案，开了国外仲裁机构采用中国庭审模式审理案件的先河。近期，泰中国际仲裁与调解中心成功应用互联网仲裁"广州标准"在10天内高效调解了泰国企业间的买卖合同纠纷，新加坡国际仲裁中心运用广州仲裁庭审模式迅速解决了中国企业与加拿大企业间的知识产权纠纷。

3. 首倡国际商事仲裁发展宣言《金砖国家仲裁合作南沙共识》，促进世界范围内仲裁制度融合发展

《金砖国家仲裁合作南沙共识》倡议合作方秉持"开放、合作、发展、创新"理念，发布后迅速获得业界广泛关注和认可。签署的境内外仲裁、调解机构及商会协会由最初的6家金砖国家仲裁机构，迅速增加至43家，覆盖了中国西部、长三角、华东、东北地区仲裁机构及香港仲裁师协会、澳门仲裁协会等港澳机构，以及美国国际法学会、新加坡海事仲裁院、瑞士日内瓦国际调解中心等国际仲裁法律机构，使共识进一步覆盖到中欧、东欧、东南亚、中亚、中东、北非及北美地区，有效提升我国仲裁国际影响力。

4. 首创"四个共享"合作机制，凝聚国际仲裁发展合力

与粤港澳大湾区、长三角地区、西部地区仲裁机构建立了多边仲裁协作机制，并先后与境内外80余家仲裁机构签订合作备忘录，建立"四个共享"合作机制，合作内容包括"标准共享""庭室共享""名册共享""服务窗口共享"等，有效实现了跨区域优质法律服务资源的链接，推动中国仲裁"走出去"。合作机制搭建不久，广仲就利用伊朗商会仲裁中心服务窗口完成一宗标的额近800万元的涉伊朗案件的送达程序。"四个共享"合作机制也深化了两岸融合，为涉台仲裁提供了更加优质的服务，广仲积极通过"四个共享"合作机制协助台湾"中华仲裁协会"转递案件材料，为台湾企业提供立案咨询服务，切实解决涉台案件程序推动难问题，及时维护台胞台企合法权益。

（二）全球引智，努力建设一流的涉外法治人才队伍

1.汇聚高水平国际化仲裁员队伍

面向全球选聘通晓国际仲裁规则、拥有国际视野的优秀仲裁员，目前广仲在册仲裁员超过2000人，其中境内仲裁员超过400人具有境外留学背景或涉外工作经历，能将英语等外语作为工作语言办理涉外案件，约占境内仲裁员总数的23%。通过"四个共享"合作机制，广仲先后从美国硅谷仲裁与调解中心、新加坡海事仲裁院等外国仲裁机构共享涉外仲裁员约50人，在册仲裁员来源地从此前的23个国家和地区增加至51个，增长超120%，实现共建"一带一路"主要国家和地区全覆盖，外籍仲裁员人数从60余人增加至110余人，增长超80%。2023年，来自英国、新加坡、法国、俄罗斯、韩国、马来西亚等国的外籍仲裁员参与审理案件同比增长53%，审理案件类型以涉国际贸易、金融证券、公司股权、海商海事、知识产权纠纷为主。

2.打造高素质仲裁秘书队伍

推进仲裁秘书职业化专业化建设，积极推动仲裁秘书载入人社部等编制的《中华人民共和国职业分类大典》，着力强化仲裁秘书选聘管理制度机制建设和人才梯次储备。选拔涉外仲裁业务优秀人才，聘用香港籍仲裁秘书，探索建立满足仲裁机构实际需要的仲裁秘书单独管理序列，与中国社科院相关机构联合开展编制仲裁秘书标准研究，探索仲裁秘书标准化发展新路径。目前，广仲拥有聘用制仲裁秘书150余人，70%以上拥有研究生以上学历、20%拥有境外留学经历，人均年度办案量超过200件。

3.建设国际化仲裁人才实践实训培养基地

探索与伦敦国际仲裁院等建立国际法律人才联合培养机制，联合伦敦大学学院举办国际仲裁高级研修班，合力培养高层次、专业化涉外仲裁人才。与广东外语外贸大学共建粤港澳大湾区国际仲裁学院，开展涉"一带一路"仲裁法律事务研究和涉外人才培训；共建外国留学生创新实践实习基地，为外国留学生助力广仲国际化战略提供机会。联合武汉大学、吉林大学、中山

大学等6所高校建立国际仲裁法律硕士联合培养机制，推动涉外法律人才的系统性培养。与华南理工大学共建华南仲裁创新与法治发展研究院，撰写上报多篇内参，获省市多位领导批示。分支机构南沙国际仲裁中心积极配合南沙区开展港澳青年学生南沙"百企千人"实习计划，每年接收多名港澳学生进行实践锻炼。

（三）科技赋能，努力打造智能仲裁解纷新高地

1. 搭建全球首个APEC-ODR平台，实现跨境纠纷一站式解决

经司法部推荐，全球首个APEC成员经济体中小微企业跨境在线商事争议解决平台（以下简称"APEC-ODR平台"）于2021年1月上线。该平台依托"广州标准"相关规则，提供谈判、调解、仲裁三种纠纷解决渠道，实现日、韩、西班牙等8种语言的实时互译功能，有效打破时空、语言障碍，具备注重数据及隐私保护、收费低、人工智能技术成熟、国际执行力强等特点，为当事人提供高效、易用、低成本的一站式跨境争议解决服务。广仲在全球率先成为APEC官方三大全球合作伙伴之一。该平台上线以来，受理案件900余件，标的额超70亿元，均位居世界第一，案件涉及地从以中国的港澳台为主扩大到覆盖美国、新加坡、荷兰、泰国、柬埔寨等六大洲的国家，曾成功化解美国知名跨境电商平台的广告服务合同纠纷。该平台链接已下挂至金砖国家新开发银行、亚洲银行、亚太仲裁中心等10余家全球性机构官网。2023年，吸引10余件仲裁案件当事人将约定的争议化解机构从美国仲裁协会改为广仲ODR平台处理。2022年6月，凭借互联网仲裁的丰富经验和ODR平台建设的成功实践，广仲被纳入最高人民法院"一站式"国际商事纠纷多元化解决机制的国际商事仲裁机构名单。2024年4月，广仲"互联网+仲裁"纠纷解决模式作为唯一仲裁案例成功入选《世界互联网大会跨境电商实践案例集（2024年）》。

2. 抢抓元宇宙发展机遇，服务虚拟世界纠纷解决

2022年7月，全球首个元宇宙仲裁院——Meta City元邦仲裁院正式设立，开创了元宇宙仲裁规治的先河。2022年11月，元宇宙仲裁院5天内裁

决了全球首宗虚拟世界财产纠纷仲裁案。该案处理了数字化藏品和虚拟形象在转入线下时的版权收益问题，探索了数字财产的知识产权保护领域，为妥善解决虚拟世界知识产权纠纷提供了宝贵的"广州经验"。2023年，为了满足元宇宙纠纷解决对专业化指导的需要，广仲新组建"元宇宙"专家委员会，在南沙办理首宗元宇宙虚拟财产纠纷仲裁案件，率先布局服务虚拟世界纠纷解决。

3. 加强智能成果转化，在南沙打造智能仲裁试验田

广仲先后在南沙发布"云小仲"智能机器人、上线全球首个AI仲裁秘书"仲小雯"、完成首个无真人仲裁秘书国际仲裁庭审。"仲小雯"可提供庭前信息指引与身份识别、庭中文字记录及庭后类案判例查询等智能服务，实现仲裁流程"即交即办"、域外法律"即查即答"、裁决意见"即审即出"，提升仲裁效率近400%。联合华南理工大学科研团队研发"L. Code"仲裁全流程智能辅助系统，该系统主导庭前调解首案已在南沙落地，为探索"枫桥式仲裁"贡献了广州经验。下一步，该系统将开放给20余名仲裁员使用，在专家咨询时提供专业意见参考，在保证案件公平办理的同时，不断提升仲裁案件办理效率。推行批量智审，实现互联网金融案件全流程线上办结，裁决文书准确率高达98%，数量从2020年的不足1000件增加至2023年的8000余件，平均结案时间为26天，比传统审理方式快1倍。美国硅谷仲裁与调解中心在仲裁技术领域一直走在世界前沿，广仲与其连续举办两期智能仲裁研讨会，共同探讨在线争议解决机制未来的发展。广仲的仲裁智能化建设得到业界的广泛关注，获香港《大公报》《文汇报》等20余家知名媒体专版报道，吸引了香港律政司，香港律师会、澳门律师公会来访。香港无线新闻台专题报道广仲智能仲裁经验做法，香港法律界立法会议员呼吁仲裁机构借鉴广仲做法，提高审理效率。

（四）立足国际，努力在世界仲裁舞台发出高质量中国声音

1. 发挥先行优势，抢占国际仲裁发展先机

高扬敢闯敢试、敢为人先的广州开拓创新精神，广仲努力实现从行业参

与者到创新引领者再到规则制定者的蜕变。2019年，首创全球第一个互联网跨国远程庭审；2020年，制定并发布全球首个"广州标准"；2021年，上线全球首个APEC-ODR平台，提出了"四个共享"合作机制；2022年，创设有效衔接域外规则的"3+N"仲裁庭审模式，设立了全球首个元宇宙仲裁院，上线全球首个智能机器人"云小仲"；2023年，发布国际商事仲裁发展宣言《金砖国家仲裁合作南沙共识》，上线了全球首个AI仲裁秘书"仲小雯"……广仲在仲裁领域创造了一项又一项全国乃至全球"第一"，追求做"第一个吃螃蟹的人"，力争在国际仲裁领域为中国赢得一席之地。

2. 深化对外交往，提升广州仲裁公信力和国际影响力

持续加强与国际一流仲裁机构的交流合作，和美国硅谷仲裁与调解中心、新加坡海事仲裁院、俄联邦工商会国际商事仲裁院等国际知名仲裁机构签订合作备忘录，吸引北京仲裁委、美国国际法学会、新加坡国际仲裁中心等国内外知名仲裁机构到访交流。连续三年作为中国城市仲裁机构唯一代表，参加APEC国际研讨会并作主题发言，在重要多边国际组织框架下展示法律服务。2023年3月，广仲代表团受邀出席环太平洋律师协会在迪拜举行的年会，并作全英文主题发言，获得了广泛的国际赞誉。与法国商会、德国商会、葡萄牙商会等国外商会签约推广广州仲裁。2023年，广仲接待斯里兰卡总检察长，法国、伊朗、柬埔寨、墨西哥、葡萄牙等驻广州总领事的来访交流，举办10余场外国领事及商会活动，接待领事馆人员同比增长超过3倍。目前，广仲已同境内150余家仲裁机构、境外50余家仲裁机构以及全球40余家商会协会签约合作。

3. 加强对外传播，实现国际商事规则话语权争夺的弯道超车

广仲在国际仲裁业务方面一年一创新、年年有重点，逐步形成了标准输出、平台输出、机制输出、模式输出、理念输出的一整套"走出去"体系，服务更高水平的对外开放大局。广仲的"朋友圈"持续扩大，2021年主要与华语圈、中亚国家等建立合作，2022年拓展至欧洲等各大洲，2023年已拓展至美国、日本等世界主要经济体。在全球首份"一带一路"沿线国际仲裁机构公信力排行榜中，广仲位列前三，相关经验做法获第三届"一带

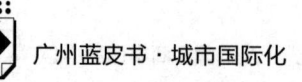

一路"国际合作高峰论坛"一带一路"企业家大会特刊报道并向参展国家推介。广仲不断推动广州仲裁庭审模式走出国门，实现仲裁服务"走出去"，为各国当事人参与仲裁活动提供最大的程序便利。

三 广州仲裁委推进国际商事仲裁中心建设的未来思路

新时代新征程，广仲将继续对标国际一流水平，聚焦国际化、专业化、数字化、智能化的发展方向，推进广州国际商事仲裁中心建设，更好发挥先行探路、引领示范、辐射带动作用，在"大干十二年、再造新广州"中展现广仲担当。

（一）筑牢仲裁现代化基石

加快推进仲裁改革，释放仲裁机制创新动力活力。旗帜鲜明坚持党对仲裁工作的全面领导，健全以委员会为核心的法人治理结构，实行决策、执行、监督有效制衡与衔接的治理机制，构建决策科学、执行坚决、监督有力的权力运行机制，落实独立的人、财、物管理制度，增强仲裁活力。以机构改革为契机，以"二次创业"再出发的奋进姿态，加大改革攻坚力度，推动仲裁工作再上新台阶。

（二）锚定仲裁国际化方向

推动国际规则衔接，深化对外交流合作，促进涉外仲裁案件数量和标的"双增长"、涉外仲裁办案质效"双提升"。全面推动广州仲裁庭审模式在境外落地，继俄罗斯、新加坡、泰国之后，推进韩国大韩商事仲裁院采用"广州模式"进行立案，推动港澳仲裁机构在一批涉外仲裁案件中适用"广州模式"审理。依托国际人才资源讲好广州仲裁故事，探索组建国际商事调解中心，推动国际商事纠纷多元化解，为国际商事争议解决贡献中国智慧、广州方案。

(三)打造仲裁专业化品牌

联合中国社科院相关机构共同开展编制仲裁秘书标准研究,推动在粤港澳大湾区法治论坛上全球首发仲裁秘书"广州标准"。联合中山大学开展"一带一路"仲裁示范规则研究。加大拓展资本证券、国际并购、航空运输等涉外大标的案件力度,坚定向高质量发展方向转型不动摇。强化人才队伍建设,加强与高校合作,打造涉外法治人才培养高地。

(四)探索仲裁数字化路径

强化仲裁员数字化管理,深化建设仲裁员"进""管""出"全周期数字化管理平台,全面推行仲裁员数字化分级考评。强化仲裁秘书数字化管理,严格落实数字化办案激励与约束机制,搭建数字化薪酬考核评估体系,激发仲裁队伍干事创业活力。强化第三方资源数字化管理,持续优化鉴定机构数字化监督平台,通过信息化手段对仲裁案件程序、质量进行实时动态管理,提升仲裁案件质效。

(五)树立仲裁智能化标杆

大力发展智慧仲裁,持续优化 APEC-ODR 平台智能服务,迭代智能机器人"云小仲"和 AI 仲裁秘书"仲小雯"功能,深化仲裁全流程智能辅助系统研发,重点做好场景演示和具体应用,结合虚拟人技术,探索辅助技术实体化,充分展现智能辅助系统在仲裁全流程纠纷解决中的功能,推动仲裁发展从运算智能到感知智能再到认知智能的逐步迭代,不断提高仲裁现代化法治服务水平。

参考文献

《加快推进涉外法治体系和能力建设》,《人民日报》2024 年 3 月 29 日。

毛晓飞等：《国际仲裁中心发展与中国路径研究》，中国社会科学出版社，2023。

王承杰：《论仲裁助力营商环境建设和优化》，《中国法治》2024年第1期。

韩立新、姜泽慧：《粤港澳大湾区商事仲裁：优势、困境与完善》，《商事调解与仲裁》2023年第5期。

B.15
广州汇智蓝天服务中心立足域外法查明服务 构建涉外法律服务生态圈

林启迪 张 晶*

摘 要: 随着粤港澳大湾区暨"一带一路"法律服务集聚区在南沙揭牌,南沙逐步搭建与国际接轨的法律服务体系,广州市汇智蓝天国际法律与商事服务中心暨"一带一路"域外法查明(广州)中心是其中重要一环。汇智蓝天为企业"走出去""引进来"等跨境经贸与投资往来打造了涉外法律服务体系,包括:提供高效精准的法律查明服务;汇聚专家智库搭建"走出去""引进来"法律护航机制;聚焦前沿涉外领域,创新涉外纠纷多元化解渠道;加强全面合作交流,打造涉外法律人才培养基地;等等。汇智蓝天不断开展涉外法律服务的创新探索,首创跨境涉税不确定事项早期中立评估机制,成立全国首个粤港澳三方跨境电商法律服务平台,高效链接全球法律服务资源网络,将跨境纠纷经验转化成前端指引"立标杆""治未病",切实提高了企业跨境经营效能。展望未来,要想助力南沙涉外法律服务水平的提升,汇智蓝天还要着力打造涉外法律服务生态,助力大湾区规则衔接,加强法律查明和多元解纷国际合作,助力企业深耕RCEP,打造涉外法律培训平台,助力大湾区融合发展。

关键词: 跨境法律服务 域外法查明 国际商事纠纷多元化解 涉外法律交流

---

* 林启迪,广州市汇智蓝天国际法律与商事服务中心暨"一带一路"域外法查明(广州)中心秘书长,广州市涉外法治研究基地秘书长,研究方向为涉外法律;张晶(文稿整理),福建信息职业技术学院助教,研究方向为地理规划。

一 "一带一路"域外法查明（广州）中心设立的背景

（一）涉外法律服务对实现高水平对外开放的重要意义

党的十八大以来，习近平总书记站在事关党和国家前途命运的战略高度，提出建设"法治中国"的重大论述。2023年在中共中央政治局第十次集体学习时，习近平总书记进一步强调，加强涉外法治建设是推进高水平对外开放、应对外部风险挑战的当务之急。① 随着改革开放的持续深入，社会各界与外部世界的利益融合不断加深。我国已十多年稳居全球最大货物贸易出口国地位，成为140多个国家和地区的最大贸易伙伴。根据WTO最新数据，预计2023年我国出口国际市场份额仍将保持在14%左右的较高水平。② 2017年以来，中国实际利用外资金额连续6年排名世界第二。③ 至2022年末，中国对外直接投资存量连续6年排名世界前三。④ 社会各界对外交往频繁，2023年全国出入境人员4.24亿人次，其中内地居民2.06亿人次、港澳台居民1.83亿人次、外国人3547.8万人次。⑤ 在与国际社会的深度交融中，法治化营商环境的建设，公民、企业等各类社会主体合法权益的保护等涉外法治需求与日俱增。习近平总书记指出："法治是最好的营商环境。"⑥

---

① 《习近平在中共中央政治局第十次集体学习时强调：加强涉外法制建设 营造有利法治条件和外部环境》，中国政府网，2023年11月28日，https：//www.gov.cn/yaowen/liebiao/202311/content_ 6917473.htm。
② 《国务院新闻办就2023年全年进出口情况举行发布会》，中国政府网，2024年1月12日，https：//www.gov.cn/lianbo/fabu/202401/content_ 6925700.htm。
③ 《中国仍是全球跨国投资引力场》，"金融界"百家号，2024年1月4日，https：//baijiahao.baidu.com/s?id=17871138172827963659&wfr=spider&for=pc。
④ 《2022年度中国对外直接投资统计公报》。
⑤ 《国家移民管理局：2023年全国出入境人员超4.24亿人次》，"中国新闻网"百家号，2024年1月18日，https：//baijiahao.baidu.com/s?id=1788394672504393015&wfr=spider&for=pc。
⑥ 《法治是最好的营商环境》，中国政府网，2019年5月5日，https：//www.gov.cn/zhengce/2019-05/05/content_ 5388646.htm。

法治环境是政府管理水平、市场发育程度和社会文明进步的综合体现,是决定城市整体形象和核心竞争力的关键因素。实践经验表明,哪里的法治环境好,生产要素就向哪里汇聚、人才资源就向哪里集中、发展优势也就在哪里形成。而涉外法治工作作为一项系统性工程,涉外法律服务是其中最为基础、覆盖面最为广泛、应用频次最高的重要组成部分。高水平涉外法律服务的可接入性,决定了市场主体、人民群众"走出去"的底气,也体现了政府具备高水平的治理能力和有足够的自信进行对外开放,对推动高水平对外开放起着重要的支撑作用。

(二)域外法查明服务的现实需求

域外法查明作为一项法学术语出现,是指在一国法院审理涉外民商事案件时,根据本国的冲突规范或当事人基于意思自治原则而选择的外国法律,确定并查明该外国法律的内容以便应用于案件审理的过程。这个过程包括两个主要环节:"查"和"明"。"查"是指法院或当事人如何通过特定途径获取外国法律信息,"明"则是指法院如何合理确定已获取的外国法律信息的含义,并适当地应用于当前案件,以作出正确的裁判。常见的查明途径包括当事人提供、中外法律专家提供、法律查明服务机构提供等。但是在实践中,需要获取外国法律信息的场景不再限于司法解纷,还渗透在涉外交往的各个环节。以企业"走出去"为例,目的地国的法律制度千差万别,在商事注册、产品质量和市场准入、外商投资、金融外汇、税收、合同乃至清算注销等方方面面的法律制度信息都需要获取,以作出正确的经营决策。因此,域外法查明的服务范围已经突破法庭的界限,成为涉外律师开展专业服务,助力各行各业对外交往实践的基本服务。

广州市南沙区地处粤港澳大湾区的几何中心,具有国家和省、市赋予的"三区一中心"重要功能,是大湾区发展的战略支点,肩负着推进现代化、探索现代化道路、"辐射湾区,面向世界"的区位使命。南沙先后获批国家级经济技术开发区、国家级新区、中国(广东)自由贸易试验区,拥有先发政策优势。2022年6月,国务院出台《广州南沙深化面向世界的粤港澳全面合作总体方案》，赋予南沙重大使命任务和一系列重大政策利好。2023年广州市政府工作报告指出，坚持面向世界、对标一流，以南沙为牵引全面深化改革开放，并首次提出南沙的新定位——建设成为广州城市新核心区，牵引带动全市制度型开放上新台阶、到新水平。各方面的利好促使南沙成为粤港澳大湾区乃至更大范围的物流、人流、资金流和信息流等要素集聚中心，有望成为各类要素跨境交换的枢纽。

民商事活动频繁集聚催生大量法律服务需求。早在2011年广州仲裁委就在南沙设立了南沙国际仲裁中心。自2019年起，南沙法院集中管辖广州市五个区的一审涉外涉港澳台民商事案件。随着粤港澳大湾区暨"一带一路"法律服务集聚区在南沙揭牌，南沙逐步搭建与国际接轨的法律服务体系，域外法查明机构应运而生。域外法查明服务不仅能为涉外民商事审判适用域外法审理提供支持，提供涉外法律、法规、政策相关立法建议，对优化本地法治化营商环境、提升对外开放水平起积极促进作用，还能为境内外营商主体双向投资贸易提供信心，助力境内外企业驶上国际化发展的快车道。

（三）"一带一路"域外法查明（广州）中心发展概况

推进域外法查明中心建设，是南沙建设涉外法律服务高地的重要组成部分。2020年，在南沙区委政法委、广东外语外贸大学、北京融商"一带一路"法律与商事服务中心联合共建下，广州市汇智蓝天国际法律与商事服务中心暨"一带一路"域外法查明（广州）中心（以下简称"汇智蓝天"）成立并入驻粤港澳大湾区暨"一带一路"法律服务集聚区。在服务"一带一路"倡议和粤港澳大湾区国家战略的目标指引下，汇智蓝天依托"一带一路"服务机制的全球资源网络和广东外语外贸大学在共建"一带一路"非英语系、欠发达国家的语言优势，以法律查明为主线，于2023年开始承担涉外法治研究基地和首席法律咨询专家服务涉外工作室等职能，着力打造跨境法律查明、专家智库和多元化纠纷解决"三位一体"的综合法律服务平台，为企业"走出去""引进来"等跨境经贸与投资往来提供法律智库服务，积极推动粤港澳法律服务规则"软联通"，助力打造规则衔接、机制对接高地。同时，在跨境法律服务中以传播中国法治文化理念，参与国际治理规则、机制重构为目标，积极保障中国企业在对外投资、经贸往来和新兴产业国际化发展中的合法权益。作为广州市首个专门提供域外法查明服务的平台，汇智蓝天已建成覆盖80多个国家180多个地区的专家与合作机构库，服务对象涵盖大湾区各大法学科研院所、法律实务部门及境内外企业、投资者，成为南沙法律服务集聚区的一张新名片。

二 汇智蓝天的涉外法律服务体系

（一）提供高效精准的法律查明服务

汇智蓝天可为诉讼、仲裁、调解等程序当事人，人民法院，仲裁机构，立法机关，行政机关，对驻在国法律、法规和政策有查明需求的法人、自然人或非法人组织，以及以对华投资、法律风险评估、学术研究和诉讼仲裁等需求为目的的外国法人、自然人或其他非法人组织等提供域内外法律查明服务。能够查明的范围包括目标地成文法、权威判例、法律适用规则、政策以及与申请事项相关的国际（区际）公约、条约、协定和惯例等具有法律约束力的规范性文件及其适用情况。委托人可以自由选择服务方式，即线上自助查明和人工查明。线上自助查明平台收录了200多个国家和地区的法律法规及主要职能机构网站，为需求方免费提供查找域外法的可靠途径和线索。同时，汇智蓝天编印发布了涉及144个国家和地区的法律法规手册汇编，包括《对外贸易政策与法规》亚洲版，《对外贸易政策与法规》《市场准入规则》非洲版合集，《对外贸易政策与法规》《经贸合作与投资环境》《数字经济与绿色经济》《投资市场准入规则》美洲、欧洲版合集手册，以及整理中国碳达峰碳中和相关政策汇编系列手册（2022）、中国元宇宙政策汇编（2023），成为公共普惠性涉外法律服务的重要供应方。需求方可根据需要选择更有针对性和法律效力的人工查明服务。截至2024年2月，汇智蓝天为各地法院、律师、当事人、外籍投资者等主体提供的法律查明服务涉及澳大利亚、美国、加拿大、日本、缅甸、中非共和国、泰国、刚果（金）、巴西、几内亚、迪拜、柬埔寨、菲律宾、印度等30余个国家及地区；受理人工查明案件数量超60件，有近一半为涉司法审判（境内外诉讼）的案件，提供的法律查明报告全部经法庭认可并适用，已终审且可公开案件判决收录进广州市中院"域外法查明通"平台，有效提升涉外司法裁判公信力。汇智蓝天还完成涉能源建设、跨境投资、跨境贸易、人工智能、税务等领域社会公共服务咨询近200件次，助力提升南沙涉外法律"软联通"能级和服务效能，成为广州南沙法律服务集聚区的一张新名片。

（二）汇聚专家智库搭建"走出去""引进来"法律护航机制

专家智库是域外法查明服务的核心竞争力。汇智蓝天进一步调动链接的专家智库资源，集聚人才智慧，主动将服务链向前端延伸，上门为企业国际化经营、法律行政部门完善涉外法律服务出谋划策，为企业的降本增效和涉外法治环境的优化保驾护航。汇智蓝天成立以来，走访调研座谈了百余家企业，尤其是被美国列入"实体清单"制裁的大湾区企业，为企业合法权益保护、境外投资合规以及从法律层面应对外国制裁提出专家建议，指导企业完善合规体系，加强对制裁风险的预警，协助遭遇制裁的企业积极寻求行政及司法救济。2022年以来，汇智蓝天与广船国际、中远海运散运、科大讯飞华南人工智能研究院等10家企业签署《助力企业"走出去""引进来"法律护航机制》战略合作协议，为近百家企业提供了专业风险评估体检服务，建立一对一服务档案，为出海企业提供多领域的专业域外法律服务。汇智蓝天立足于法律查明和咨询一线的案例积累，积极思考"把脉"企业涉外法律服务需求，参与国内外国际商事规则前沿课题研究，结合广州市产业特征，聚焦跨境电商的困境与出路、互联网与数据安全、贸易壁垒和外国制裁的应对、法律服务集聚区建设和发展等，并提出对策路径，为营造国际一流的法治化营商环境提供理论支撑。

（三）聚焦前沿涉外领域，创新涉外纠纷多元化解渠道

汇智蓝天和北京融商"一带一路"法律与商事服务中心合作共建"一带一路"国际商事调解中心南沙调解室，将法律查明服务向后端延伸，助力多元化纠纷解决工作。南沙调解室本着独立、公正、自愿、高效、保密的原则，协助各相关方，基于法律与事实，通过多种调解方式解决包括但不限于"一带一路"相关的国际民商事纠纷，采取境内外不同专业领域人士"多元力量参与"，域外法查明、国际商事调解、谈判，跨境涉税不确定事项早期中立评估"多元方式"，助力涉外民商事司法审判、国际贸易纠纷、跨境电商难题、跨境税务难题"多元社会纠纷"化解。广州市法学会依托汇智蓝天在南沙成立了"首席法律咨询专家服务涉外工作室"，20余名深耕涉外法治研究与实践的首席专家在域外法查明、涉外司法审判、涉外法律服务领域发力，助力南沙打造涉外法律规则衔接的新名片，为南沙建设粤港澳法律服务业创新高地添砖加瓦。2022年，汇智蓝天成立全国首个粤港澳三方跨境电商法律服务中心平台，为跨境电商行业提供全方位法律支持，推动企业平等参与、有效维权。2022年，汇智蓝天与广州市南沙区人民法院（广东自由贸易区南沙片区人民法院）、广东省环境保护纠纷人民调解委员会等9家单位共同签署"和谐南沙"多元解纷机制合作协议，进一步提高多元解纷机制的公信力。截至2023年12月31日，南沙调解室累计接收案件1319件，进入调解程序1265件，接案总标的超13亿元。其中，累计调解成功567件。涉外案件606件，涉外案件占总接案的45.94%，以涉港澳台地区为主，占总涉外案件的81.19%。[①] 南沙调解室涉外纠纷多元化解工作成效获得司法机关、当事人、企业等高度评价，获评2020—2022年度广州市市域社会治理优秀创新项目奖。

（四）加强全面合作交流，打造涉外法律人才培养基地

汇智蓝天通过开展涉外法律培训、企业合规培训、专题讲座、研讨沙龙

---

① 广州市汇智蓝天国际法律与商事服务中心《2023年度工作报告》。

和实践教学等活动,以新时代发展契机和国际视野为导向,促进涉外法律人才、专家学者的交流与合作,助力法治建设。汇智蓝天的全面合作交流几乎涉及跨境法律服务中的每一环节:日常通过协助对接法院的外籍特邀调解员,引导其熟悉了解内地调解制度、相关流程及操作方式,帮助其迅速参与实务调解案件;利用智库资源与省内高校联合举办涉外法律人才培养系列课程,将理论、实务课程与大湾区内的实地走访与交流相结合,增强亲身经历的实践感;立足大湾区,延伸区域服务,与珠海市律师协会签订"珠澳律师训练营"战略合作备忘录,成功举办珠澳、珠港澳"律师训练营"系列活动,进一步推动粤港澳大湾区律师的相互交流与融合,培养数量更多、层次更高的涉外律师人才;关注青年发展,积极支持港澳青年"百企千人"实习就业基地建设,接收多批港澳青年到岗实习,帮助港澳青年全方位了解并参与创新型跨境法律服务机构运作,在跨境、跨文化法律服务中进一步提升国家认同。

三 汇智蓝天运作的创新举措

(一)首创跨境涉税不确定事项早期中立评估机制

早期中立评估概念源自美国特有的非诉讼程序——替代性纠纷解决方式,是多元化纠纷解决机制中一种非诉讼纠纷解决方式,由中立的或独立的专家,就争议的事实问题、法律问题以及可能出现的结果作出客观分析与评论。2021年,汇智蓝天在涉税纠纷化解中引入了早期中立评估机制,被国家税务总局广州市南沙区税务局采用,创新推出大湾区跨境涉税不确定事项早期中立评估机制,依争议双方共同确认邀请具有资质的跨境专家作为评估专员提早介入,并作出专业客观的评估,提高跨境涉税不确定事项的解决效率,有效推动大湾区税务规则衔接,促进贸易投资便利化。企业在投资海外的过程中,由于不同国家法律环境存在差异,具体涉税业务处理有所不同,跨境涉税业务处理面临较大的不确定性。在早期中立评估机制出现之前,税务部门面对复杂的跨境涉税事项,往往只能凭借自身对涉税事实的认知和境内税收法规适用的经验作出处理。实践中，企业可能因不恰当的税务处理，受到境内外税务机关的调查，严重的还需要补缴高额的税款，在一定程度上会削弱企业的国际竞争力。依托跨境法律查明和专家智库的服务，在一起涉税纠纷中，汇智蓝天协助税务部门组织税法、行政法、财会、多元解纷等多领域专家，从争议解决、行政法、税法等多方研讨出具合法性、可行性论证报告。在跨境涉税事项发生早期，通过引入征纳双方一致认可的、具备认定能力的权威第三方，开展早期中立评估，在双方无异议的情况下原则上共同适用评估结果，进而增强涉税事项处理的确定性，将纠纷前置，高效的同时减轻了法院审理专业税务争议的压力。此后，汇智蓝天继续应在实际案例中创新适用此机制，曾于1个月内解决了一起涉及日本、我国台湾地区的已耗时2年的涉税争议，该案例于2023年11月获评法制日报社第五届"一带一路"法律服务创新典型案例。在汇智蓝天的协助下，《湾区跨境涉税事项早期中立评估暂行办法》成形，"湾区跨境涉税事项合作示范先锋工作室"成立，大湾区税务前置柔性服务极大惠企。

（二）成立全国首个粤港澳三方跨境电商法律服务平台

2022年，汇智蓝天联合港澳法律服务机构成立粤港澳三方跨境电商法律服务平台，这是粤港澳大湾区内首个面向跨境电子商务中买家、卖家、服务商等商事主体，为跨境电商提供专家智库指引、域外法律查明、海外贸易保护、多元化纠纷解决等一体化服务的平台。该平台融合粤港澳三地法律工作者智慧，依托遍布全球的法律专业人士，为跨境电商行业提供全方位的法律支持与帮助，加快完善海外贸易的法律风险预警和应急机制，支撑跨境电商企业的品牌可持续发展；在跨境电商企业遭遇"突发事件"时，能协助企业集中力量共同应对危机，为企业提供多元化纠纷解决方案，尤其是在2021年，以亚马逊平台上"用户评论事件"为导火索，全国跨境电商行业遭受了史无前例的封店、冻结平台资金的危机和挑战。该平台的设立不仅为大湾区内从事跨境电商的人士提供了法律咨询与保护，解决他们的燃眉之急、助力维护中国企业在境外的权益，也为我国面对全球数字经济热潮，尤其是知识产权领域，运用法律法规进行有效治理与保护提供了前沿实践经验。

（三）高效链接全球法律服务资源网络，将跨境纠纷经验转化成前端指引"立标杆""治未病"

因出海犯错成本奇高、中国企业在本土的成功经验在境外很多国家和地区并不适用，加之每个企业具体情况不同，就算是同行业同类型的企业也可能遇到不同的问题，如果能预先认清前路、避险防坑，那么不仅能节约成本、在遇到危险时转危为安，还能抓住机遇，扬帆起航。近年来，汇智蓝天提供的域外法查明服务不仅极大支持涉外司法审判中对域外法律精准高效地查明与适用，助力营造高水平、对外开放的法治化营商环境，还在处理前沿涉外法律问题时及时将成果转化为指引。新冠疫情期间，汇智蓝天应需及时汇集专家力量聚焦粤港澳大湾区企业应对外国"长臂管辖"、企业"走出去"合规建设等热点议题进行实地走访调研，将形成的有建设性的研究成果上报，并对后续相关企业的咨询与风险防范作出预判方案，在危机应对和保护其合法权益等方面都提供了助力，也对涉外法治实践产生了实质性指导作用。

四 汇智蓝天提升涉外法律服务水平的未来展望

（一）打造涉外法律服务生态，助力大湾区规则衔接

经过四年多的发展开拓，汇智蓝天以域外法查明服务为起点，不断向涉外法律服务的上下游延伸，已经初步构建起一条"事前辅导、事中服务、事后解纷"的企业"走出去"法律服务产品链。实践证明，涉外法律服务涉及众多细分领域服务主体，只有聚合资源打造服务生态，才能真正提高服务水平。汇智蓝天将以跨境法律查明、专家智库和多元化纠纷解决三项核心服务为基础，发挥查明专家资源优势，做实法律智库服务，以社会治理和企

业发展需求为导向打造大湾区法律与商事融合生态。一是重点面向产业和服务领域组织开展研讨和探索实践，持续调研大湾区企业跨境法律服务需求，辅导排查"走出去"企业合规与法律风险，建立大湾区内企业多层次、多领域合作机制，为跨境商业交流提供法律服务支持。二是适应大湾区司法实践特点和审判需要，积累港澳法律规则查明与适用成果，建设域外法律资源库，探索法律查明本土化服务路径。三是作为全国人大基层立法联络点之一，充分发挥工作优势，收集跨境法律服务从业者、境外引进人才和港澳居民的意见和建议，开展与法律专业相关的讨论，积极反馈基层的声音。

（二）加强法律查明和多元解纷国际合作，助力企业深耕 RCEP

《区域全面经济伙伴关系协定》（RCEP）是当前中国企业对外贸易投资发展最重要的利好之一，但是 RCEP 的适用还涉及很多实操细节，这让部分企业望而却步。汇智蓝天将在《对外贸易政策与法规》的基础上，深入研究 RCEP 贸易投资规则，深度剖析成员国法律制度特征、产业特征和出海准备注意事项，拓宽成员国法律专家协作网络，提高 RCEP 服务水平。一是面向需求主体提供深度决策咨询，如为企业出海的国际发展需求提供共建"一带一路"国家和地区、RCEP 成员国内具体咨询的决策报告等智库服务。下一步重点面向绿色和可持续发展产业，提供全球化视野的战略研究咨询服务。二是探索法律查明服务智能化，继续扩容法律查明专家库，优化升级线上服务系统，努力实现法律查明服务匹配、沟通和法律识别的智能化，促进中心服务提速增效。三是继续创新多元化纠纷解决实践。以跨境税务、跨境电商等特殊领域的法律服务和研究经验为基础，探索解决成员国与成员国之间有关市场准入、贸易关税及各成员国落实 RCEP 的国家间争议解决路径和机制。

（三）打造涉外法律培训平台，助力大湾区融合发展

2023 年粤港澳大湾区法治论坛发布《南沙倡议》，号召建立常态化、有效的沟通交流机制，营造高标准的市场化法治化国际化营商环境，完善大湾

区涉外法治人才战略布局，探索大湾区规则衔接、机制对接路径，探求新问题的法治解决方案，倡议勠力同心、同向而行，以法治湾区理念引领粤港澳大湾区建设，共同推动打造规则衔接、机制对接高地和高水平对外开放门户，为未来大湾区涉外法治建设工作的高质量发展提供理论指导。以此为要求，汇智蓝天将组织实施涉外法律人才培养计划、涉外民商事审判研讨等有实务需求的一系列专题活动。以习近平法治思想为引领，立足粤港澳大湾区"一国两制三法域"的独特优势，定向邀请境内外知识产权、海事海商、互联网、争议解决等领域专家，为大湾区内"走出去"企业、法律服务从业者、审判人员等提供面向世界的培训窗口。挖掘港澳青年跨境背景和国际视野优势，发现和培养高素质国际人才，持续接收港澳在校实习生并为应届毕业生提供见习岗位。以全球气候治理等事关人类生存与发展和国际合作的议题为切入点，探索符合青年特点的法律交流模式，吸纳港澳青年参与研讨、实践，吸引、扶持港澳青年在大湾区创业发展，助力港澳青年融入国家发展大局，参与大湾区融合建设，为大湾区的全球发展储备、培养国际人才。

参考文献

莫纪宏：《以涉外法律服务优化法治化营商环境：方向与路径》，《人民论坛·学术前沿》2024年第4期。

李颖：《我国涉外法律服务的现状以及优化对策》，《法制博览》2023年第16期。

《全面贯彻落实习近平主席贺信精神谱写涉外法治建设新篇章——第十次上海合作组织成员国司法部长会议综述》，《中国法治》2023年第11期。

唐嘉仪、王静君：《全球治理视野下提升粤港澳大湾区涉外法治国际传播能力研究》，《港澳研究》2023年第3期。

Abstract

The Annual Report on City Internationalization of Guangzhou aims to analyze the latest development trends in Guangzhou's internationalization efforts, study the research results of its future development paths, and provide a platform for academic exchanges on internationalization of Chinese cities based on a case study of Guangzhou. The blue book, among the nine books in the *Blue Book of Guangzhou* series initiated by the Guangzhou Academy of Social Sciences, is led by the Institute of Urban Internationalization, pooling wisdom of experts and scholars from research institutes and think tanks, universities, civil society organizations, and government departments.

The year 2023 marks the beginning of fully implementing the guiding principles from the 20th National Congress of the Communist Party of China, and also kicks off the economic recovery and development after three years of COVID-19 prevention. After the *Nansha Plan*, and *The Nansha Regulations on Deepening Comprehensive Cooperation with Guangdong, Hong Kong, and Macao with a Global Perspective* were promulgated, provideding an unprecedented opportunities for Guangzhou to leverage the advantages of Nansha's development and opening up, taking its high-level opening up to the next level. The mega city has stepped up efforts to pool and coordinate resources, improve its open economy, deepen cooperation between Guangdong, Hong Kong, and Macao, build an international consumption center city, create an international business environment, and build an integrated international transportation hub with high standards, successfully making its urban environment more internationalized. In 2023, Guangzhou has taken on new responsibilities in serving the overall diplomacy of the country, promoted the city's high-quality development with new achievements, promoted high-level opening up with new breakthroughs, and built an international exchange center with new atmosphere, boosting the city's international competitiveness, appeal, carrying capacity, and connectivity. In 2024, Guangzhou is confronted with a complex and volatile external environment going forward, as well as new situations and challenges brought by a wave-like economic recovery amid twists and turns. Based on the new positioning of the Greater Bay Area as "one pivot, two areas", Guangzhou is ramping up high-quality development with the "twelve advancements" for another leap, unleashing the powerful momentum of new productive forces with its determination in "second entrepreneurship", and taking big strides towards a hub-based global city.

The Annual Report on City Internationalization of Guangzhou (2024) consists of six chapters, including the general report, Building a Hub-based Global City, City Evaluation & Rankings, International Business & Trade, International Communication & Exchanges, and Interna-tionalizational Case Studies. The report also outlines the "Top 10 Highlights of Chinese Cities Internationalization 2023" as special edition, summarizing major events of city internationalization in China in the past year, and sharing the latest notable development of China's internationalization practices.

The general report takes an overall view over the status of Guangzhou's internationalization in 2023 from the following perspectives: city competitiveness, foreign trade, foreign investment, outward investment, international transportation hub, high-end international events, multilateral cooperation platforms, international partners, international communication capacity building, and cultural exchange activities. The report also refers to authoritative global city rankings to analyze the main contributing factors of Guangzhou's stable position in the global system, and to study the domestic and international development situation in 2024. It proposes that Guangzhou should leverage "soft connectivity" as a breakthrough to promote internationalization and move towards a hub-based global city.

Building a Hub-based Global City reports attempt to make comparisons between Guangzhou and major global cities at home and abroad, create an comprehensive evaluation index system for the development of hub-based global cities, evaluate the development of their core functions such as technological innovation capacity, and propose strategic paths and countermeasures to help Guangzhou benchmark against the development goals of those cities.

The City Evaluation & Rankings reports conduct comprehensive analysis of the 2023 global city rankings, makes comparison focusing on the development of building an international consumption center city in Guangzhou, and examines the latest achievements in global city development research by underlining key factors.

The International Business & Trade reports explore various hot topics for Guangzhou to promote high-level opening-up such as outward investment comprehensive serviceshub, FDI for development, overseas IP protection, and local game industry going global.

The International Communication & Exchanges reports share the latest research results on the achievements of the Guangdong-Hong Kong-Macao Greater Bay Area, the branding of Guangfu culture, and the construction of Guangzhou as an ecocity.

The Internationalizational Case Studies reports focus on the development of Guangzhou's outward investment services, and demonstrates two case studies where Guangzhou entities provide international commercial arbitration services and foreign law ascertainment services to help local enterprises going global, providing references and guidance for its peers in optimizing their outward investment services.

Keywords: Guangzhou; Urban Internationalization; Global City

Contents

I General Report

B.1 Guangzhou Urban Internationalization Development:
Analysis of 2023 Development and 2024 Trends
Research Team of Guangzhou Academy of Social Sciences / 013

Abstract: Guangzhou has fully leveraged its own advantages and pooled all resources to improve the level of an open economy in 2023. As a result, its economic strength reached a new level and global competitiveness continued to consolidate; foreign trade operated smoothly, and innovation-driven development was booming; foreign investment maintained steady growth with multiple supporting measures, and its quality continued to improve; outward investment advanced with innovative measures, and new progress was made in the "Belt and Road" development; international comprehensive transportation hub further accelerated with further enhancing global radiating effects; new achievements were made in serving the country's most fundamental interests, and diplomatic events at home attracted global attention; multilateral cooperation platforms further consolidated, and the city's global visibility continued to grow; friendly exchanges with foreign countries were further enhanced as a solid foundation, and people-to-people exchanges flourished with strong vitality; success stories of the city were widely promoted, creating a window for the world to understand the Chinese path to modernization; cultural exchanges of the "Belt and Road" were carried out in a more practical manner, further promoting people-to-people connectivity in the region. Meanwhile, Guangzhou's ranking positions in various evaluations of major global cities are generally stable such as World Cities Classification, Global Cities Index, Cities Opportunity, Global Financial Center Index and Top 100 S&T Cluster. Faced with complex and volatile external environment, as well as the new situation and challenges of the wave-like economic recovery amid twists and turns, Guangzhou has proposed the "second entrepreneurship" strategy, aiming to take big strides towards a hub-based global city. With this goal in mind, Guangzhou will step up efforts to gather major factors of a hub-based global city by aligning to international rules and mechanisms, improve its opening up and connectivity by optimizing international services, build an enabling ecosystem by improving the international environment, and make global contributions by deepening international exchanges and cooperation, in an ultimate goal to build a community with a shared future for mankind .

Keywords: Guangzhou; Urban Internationalization; Global City

Ⅱ Building a Hub-based Global City Reports

B.2 Comparative Analysis and Countermeasures for Building
Guangzhou into a Hub-based Global City

Zou Xiaohua, Qin Jian and Huang Yingmin / 069

Abstract: Hub-based global cities are at the core of the global city network, underpinning it as leading forces with marked impacts. They are important gateway nodes representing countries to participate in global and regional competition. A hub-based global city integrates multiple core functions as a global resource allocation center and an open hub portal, leading high-end modern services, technological innovation strategies, high-end industries, and high-end value creation worldwide. Compared to prominent hub-based global cities, Guangzhou Randed among the top in global connectivity in modern service industry, a rising comprehensive strength, robust innovative resources and foundation, rich green development resources, and a closely infrastructure with global connectivity, while it still needs to ramp up efforts in high-end industries, capabilities to breed innovations, and green development. To become a hub-based global city going forward, Guangzhou should further strengthen the construction of a global hub network and improve its resource allocation capacity, emphasize the high-quality development of modern service industry to support its high-end industries, lead the construction of international hub portals with high-quality development of foreign trade, strengthen independent innovation to provide new impetus to enhance innovation breeding capacities, focus on the Belt and Road to further improve its opening up, and build a happy and livable city in light of green development and ecological conservation.

Keywords: Hub-based Global Cities; Global Connectivity; Resource Allocation; Innovation Breeding; Opening Up

B.3 Guangzhou Moves Towards a Hub-based Global City: Comprehensive Evaluation, International Comparison, and Construction Suggestions   *Han Yonghui, Shen Xiaonan* / 088

Abstract: Building Guangzhou into a hub-based global city marks an important strategic direction for the new-type high-quality development of cities. As China's national central city, a comprehensive gateway city and a core city in the Guangdong-Hong Kong-Macao Greater Bay Area, Guangzhou needs to take on responsibilities, set specific goals, and build a pilot area, leading the efforts of China's high-level opening up and its path to modernization. This report adopts an international comparison perspective to compare the current development of major global cities and uses the TOPSIS to comprehensively evaluate Guangzhou's strengths and weaknesses. It is found that Guangzhou scores high in commercial activities, transportation hub, and education and culture development, while it needs to step up in economic development, opening up, and technological innovation. Therefore, the priorities for Guangzhou to become a hub-based global city and pursue high-quality internationalization should shift from commerce and logistics to technological innovation, advanced manufacturing, and internationalization efforts.

Keywords: Guangzhou; Hub-based Global City; International Comparison; TOPSIS

B.4 Taking Sci-tech Innovation Capacities of Hub-based Global Cities as Benchmark to Develop an Innovation Ecosystem for Guangzhou with Sci-tech Innovation Corridor as the Core *Research Team of Guangzhou Urban Planning, Design Survey Research Institute* / 115

Abstract: Technological innovation has increasingly become a key variable in shaping the global economic landscape. By referring to the major goals of hub-based global cities and the experience of various cities in making their innovation entities more influential with open exchanges and inclusive activities, this report explores the current situation and deficiencies of the Guangzhou Science and Technology Innovation Corridor in innovation resources, transformation, and policies, and proposes three suggestions for optimizing the Guangzhou science and technology innovation corridor innovation ecosystem: first, focus on improving the height and deepness of innovation resources, focusing on promoting the scale layout of national strategic resources, create innovation landmarks, and jointly creating strategic emerging industry chains and clusters. Second, enhance the interaction between innovation entities, providing more diversified exchange opportunities between schools and enterprises. Third, stimulate the enthusiasm for innovation and entrepreneurship, and provide active support through financial policies, talent incentives, and professional service systems, underpinning the development of

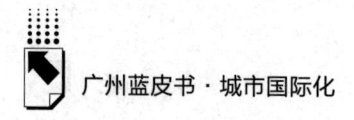

Guangzhou's innovation ecosystem with the Guangzhou Science and Technology Innovation Corridor as the core.

Keywords: Science and Technology Innovation Corridor; Innovation Ecosystem; Innovation Transformation; Innovation Policy

Ⅲ City Evaluation & Rankings Reports

B.5 Analysis of Global City Rankings in 2023

Yao Yang, Hu Hongyuan / 131

Abstract: The global economy continued to recover slowly in 2023 Multiple elements are weighing on the global economy, bringing mounting pressures for global cities but also new opportunities under new circumstances of globalization. GaWC's World Cities Classification, Kearny's Global Cities Index, Mori Memorial Foundation's Global Power City Index, Global Financial Center Index, and WIPO's Top 100 S&T Clusters have successively updated their rankings, reflecting the recovery of global cities with basic data and indicating various profound changes shaping the international landscape. The global economic recovery remains slow and uneven, with emerging markets and developing economies performing better than expected, among which China has demonstrated outstanding resilience and development potential in its urban economies.

Keywords: Global City; City Rankings; City Evaluation

B.6 Challenges and Countermeasures for Building Guangzhou as an International Consumption Center: Comparative Analysis of Seven Cities of Beijing, Shanghai, Guangzhou, Chongqing, Tianjin, Shenzhen, and Chengdu

He Yongming, Wang Ju / 158

Abstract: The year 2023 is considered a critical mid-term node for Guangzhou in its efforts to build an international consumption center. Over the past two years, Guangzhou has built three major consumption systems based on industry、traffic、service to showcase its resilience, vitality, and openness, and created a "533" development matrix with phased results. This report through comparative analysis of five dimensions in international reputation, consumption vitality, commercial activity, arrival convenience, and policy guidance in seven cities including Beijing, Shanghai, Guangzhou, Chongqing, Tianjin, Shenzhen, and Chengdu, the article finds out that Guangzhou faces problems such as lack of tourism resources, insufficient development of international conferences, limited high-end consumption resources, and weakening of residents' consumption willingness. The article also explores internationalization, branding, consumption scenarios, and digitalization to propose suggestions for Guangzhou in its next stage of consumption center construction.

Keywords: Guangzhou; International Consumption Center; New Business Formats

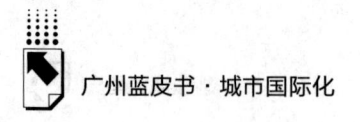

Ⅳ International Business & Trade Reports

B.7 Research on Building a Comprehensive Service Hub for Chinese Enterprises to Invest Overseas in Guangzhou

Xu Wanjun, Wu You / 174

Abstract: In recent years, China has implemented a more proactive strategy of opening up, promoting enterprises to scale up high-quality investment overseas, resulting in the country's leading foreign investment scale worldwide, expanding investment activities and a stronger discourse power in the international trade system. Its investment model has also shifted from the rudimentary resource acquisition to the more sophisticated global investment and export of advanced concepts. However, it also faces challenges brought by shifting external environment such as the global economic growth slowdown and tightening investment environment. Enterprises investing overseas have put forward new requirements for stronger government services accordingly, especially in coverage, professionalism, sustainability and effectiveness. Guangzhou is at the forefront of China's reform and opening up, with abundant advantages in opening up and easy connectivity with Hong Kong and Macao, and the world at large. The city is empowered by its functions and positioning as well as unique advantages to build a comprehensive service hub for Chinese enterprises going global. By pooling high-quality resources, innovating regulatory models, and improving management and services, the city is upgrading its own capacity, expand its opening up and development by setting an exemplary model, and take its opening up to the next level.

Keywords: Institutional Opening Up; Enterprises Going Global; Outward Investment

B.8 Analysis and Countermeasures of Foreign Investment Development in Guangzhou Benchmarking Against Hub-based Global Cities　　*Chen Xueyu* / 190

Abstract: Cross-border direct investment faces grim prospects now and for some time to come, inflicting complex and severe challenges on Guangzhou's foreign investment. In the past decade, Guangzhou has maintained a steady growth in foreign investment by actively introducing incentive measures, but it still fell short of the requirements of hub-based global cities around the world. Guangzhou should actively respond to the call of the Municipal Party Committee for "second entrepreneurship" with hub-based global cities as the benchmark. It should focus on the primary task of high-quality development and intensify efforts to attract and utilize foreign investment. In terms of attracting key investors, it should prioritize existing ones before new comers to avoid any loss. In terms of region-specific investors, it should continue to maintain good rapport with investors from Hong Kong and Macao, expand cooperation with those from Japan and South Korea, and make adjustments to those from Europe and America. In terms of industries, it should focus on reviving secondary industry while promoting tertiary industry, and seek to integrate the two industries. In terms of investment environment, it should strive to build an innovative one, pooling resources and optimizing efficiency. In terms of investment guidance, it should insist on improving the capacity, promote transformation, and enhance influence. In terms of investment paths, it should explore pilot programs, build networks, and level the playing field, creating the optimal investment destination preferred by global investors.

Keywords: Foreign Investment; High-quality Development; Hub-based Global City

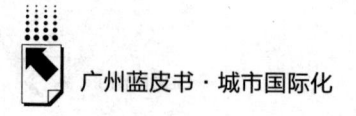

B.9 Research on the Countermeasures for the Protection of Overseas Intellectual Property Rights for Guangzhou Enterprises Going Global

Li Guoqiang, Chang Tingbin, Zhai Suhang and Liao Hengwang / 205

Abstract: As an export-oriented economy, Guangzhou sees an increasing number of its enterprises investing abroad with the deepening of globalization. The local government steps up its policy system to safeguard those enterprises, increased international patent applications, further improving the intellectual property (IP) protection service system, and gradually becoming the "preferred place" for resolving international IP disputes. However, there are still problems with the unreasonable factors in international patent application, weak awareness of responding to IP litigation, and the insufficient IP protection service system. These are mainly caused by the weak awareness of brands operation overseas, the high cost of international patent application, and the difficulty in obtaining evidence for international IP disputes. This article refers to the IP protection environment in key countries and regions such as the United States, Europe and Japan, and puts forward suggestions for improving the IP protection for Guangzhou enterprises going global. By establishing and improving the overseas IP service system, Guangzhou should encourage and support enterprises to file more international patents application, improve their ability to deal with international IP disputes, and provide guidance in IP protection, effectively serving and protecting Guangzhou enterprises going global, and helping to build Guangzhou as an exemplary hub city of the Belt and Road.

Keywords: Guangzhou; Enterprises Going Global; Overseas Intellectual Property Protection

B.10 Research on the Characteristics, Effectiveness, and Development Strategies of Guangzhou's Game Industry Going Global *Liu Pei, Luo Ziyi / 218*

Abstract: Guangzhou has enjoyed a booming development of its game industry going global in recent years. Data shows that the city's game industry achieved a headwind growth in revenue in 2023, with export revenue of online games reaching RMB 21.5 billion, accounting for more than 50% of the provincial total. Guangzhou ranks third in China only after Beijing and Shanghai in the revenue of game industry going global. Its success can be attributed to frequent exchanges with multiple industries, strong government support, top-notch technological innovation capacity, and its rich cultural heritage. The rapid development of the industry has in turn driven Guangzhou's local culture to go global, enhanced its global visibility, and benefited the development of science, technology, and real economy sectors in Guangzhou. In the future, Guangzhou can contribute to the high-quality and sustainable development of its game industry by expanding its market share overseas, increasing research and development input, and seizing new growth points in the market.

Keywords: Guangzhou; Mobile Game Export; High-quality Development; Digital Trade; Culture Going Global

V International Communication & Exchanges Reports

B.11 Marking the Fifth Anniversary of the Implementation of the Outline Development Plan for the Guangdong-Hong Kong-Macao Greater Bay Area: Construction Effectiveness and Improvement Strategies *Liu Wei / 240*

Abstract: The construction of Guangdong-Hong Kong-Macao Greater Bay

Area (GBA) is a major national strategy personally devised, planned, and driven by President *Xi Jinping*. It shoulders the important mission of high-level opening up and high-quality development, and is also a strategic fulcrum in shaping a new development pattern. The Outline Development Plan for the Guangdong-Hong Kong-Macao Greater Bay Area (Plan) is the overall blueprint for the construction of the GBA, proposing major long-term plans to deepen innovation cooperation between Guangdong, Hong Kong and Macao, build an open and integrated regional collaborative innovation community, and create high-level scientific and technological innovation carriers and platforms. The year 2024 marks the fifth anniversary of the promulgation and implementation of the Plan. With the overall planning and full support of the central government, Guangdong, Hong Kong and Macao have enhanced collaboration, mutual understanding, and cooperation over the past five years, turning the mere concept of the GBA into the surging trends of robust development. This fully demonstrates that the Plan is advanced in concepts and scientifically-designed. Under the guidance of the Plan, the GBA has ramped up efforts in infrastructure connectivity, soft connectivity and people-to-people exchanges, making it a world-class science and technology, finance, and culture bay area famous around the globe. With significant improvement in its international competitiveness and global visibility, the GBA has also become a important window to showcase the achievements of the Chinese path to modernization.

Keywords: Guangdong-Hong Kong-Macao Greater Bay Area; The Outline Development Plan for the Guangdong-Hong Kong-Macao Greater Bay Area; Science and Technology Innovation; Digital Bay Area

B.12 Shine a Light on Guangfu Cultural Brand: Inheritance, Innovation, and Internationalization

Chen Min, Niu Zhanli / 258

Abstract: Guangfu region has splendid culture and history featuring rich tangible cultural heritage and unique intangible cultural heritage, with steady progress in the protection of historical blocks, integrated development of cultural tourism, and more in-depth educational researches. However, a key issue remains to be solved with the rapid development of globalization and urbanization. That is how to overcome the difficulties in inheriting these cultural resources, resist the trend of cultural homogenization, achieve creative transformation and innovative development of Guangfu culture, and ultimately enhance its global recognition and visibility. This report draws on the experience and measures of revitalizing traditional culture in historical and cultural cities from both the East and the West, and takes into consideration the social and economic development reality of Guangzhou. It proposes strategies to help shed a light on Guangfu cultural brand such as formulating an overall branding plan, strengthening resource protection and inheritance mechanisms, innovating communication methods and channels, carefully cultivating characteristic brands and boutique projects, deeply integrating cultural resources, promoting cultural products going global and industrial cooperation, and building a policy support system to promote high-quality development and products export.

Keywords: Guangfu Culture; Branding; Internationalization

B.13 Tell the Story of Ecological Conservation: Building an Ecocity Image of Guangzhou *Zhai Huixia, Liu Shiqi* / 272

Abstract: It is an essential means to enhance the international competitiveness of Guangzhou through telling a good story of its ecological conservation efforts to showcase it as an ecocity. Under the guidance of President Xi's ecological conservation thoughts, Guangzhou has improved its top-level design of building an ecocity with more fruitful results in the practical achievements. As it has become a global consensus to protect the ecological environment, Guangzhou is facing many opportunities as well as challenges in shaping and promoting its ecocity image. This report suggests further exploring the unique ecological culture of Guangzhou, making good use of the city's international cultural exchange platforms and foreigners, as well as powerful tools of videos and images, to jointly tell the story of Guangzhou's ecological development, further shining the city image of a green and beautiful Guangzhou.

Keywords: Guangzhou; Ecological Conservation; International Communication; City Image

Ⅵ International Case Studies Reports

B.14 The Guangzhou Arbitration Commission Actively Explores the Modernization Path of Arbitration in Guangzhou and Strives to Build a World-class International Commercial Arbitration Center

Research Group of Guangzhou Arbitration Commission / 284

Abstract: With the deepening of economic globalization, transnational economic and trade disputes are increasing day by day. The legal system of commercial arbitration has the unique advantage of international legal cooperation and rule alignment to achieve the "greatest common denominator", playing an important role in safeguarding foreign-related rule of law, and has become an important means for countries to optimize the investment environment and enhance their discourse power in the rule of law. In recent years, it has seized the significant opportunities in the construction of the Guangdong-Hong Kong-Macao Greater Bay Area, accelerated the pace of building an international commercial arbitration center, and achieved transformation from industry participants to innovation leaders to rule makers on the international stage through measures such as formulating the "Guangzhou Standard", building the APEC-ODR platform, proposing the BRICS Arbitration Cooperation Nansha Consensus, creating the "3+N" trial mode, and establishing the "Four Shared" collaborative mechanism, thus contributing to the enhancement of Guangzhou's international reputation and influence. Entering a new stage of high-quality development, the Guangzhou Arbitration Commission will adhere to the principles while innovating, exerting pressure to advance, and striving to build a world-class arbitration institution to help Guangzhou establish an international commercial arbitration center facing the world.

Keywords: Modernization of Arbitration; International Commercial Arbitration Center; Guangzhou Model

B.15 *Guangzhou Huizhi Blue Sky* Helps Build an Ecosystem of Foreign-related Legal Services Based on Foreign Laws Ascertainment *Lin Qidi, Zhang Jing* / 297

Abstract: With the inauguration of the Guangdong-Hong Kong-Macao Greater Bay Area and the Belt and Road (Nansha, Guangzhou) Legal Services Cluster, Nansha has gradually built a legal service system that is in line with international standards. InteLAW GBA, named as Belt and Road (Nansha, Guangzhou) Legal Services Cluster as well, is an integral part of it. InteLAW GBA has taken many measures by creating a foreign-related legal service system for enterprises going global and attracting investment in cross-border trade, including providing efficient and accurate foreign law ascertainment services, establishing a talent pool and think tanks to provide guidance for those enterprises, exploring diversified channels for resolving disputes in advanced foreign-related fields, and building a training base for foreign-related legal talents to enhance comprehensive cooperation and exchange. InteLAW GBA has also taken a step further to innovate and explore foreign-related legal services. For example, it has pioneered the early neutral evaluation system for cross-border tax uncertainties, established the country's first cross-border e-commerce legal service platform for Guangdong, Hong Kong and Macao, provided easy access to the global legal services network, and transformed cross-border dispute experience into instructive guidance before enterprises venture into global markets, effectively improving the efficiency of cross-border business operations for enterprises. To help optimize foreign-related legal services in Nansha going forward, InteLAW GBA will focus on strengthening the ecosystem of foreign-related legal services to align the Greater Bay Area with international standards, strengthening foreign law ascertainment and cooperation in diversified dispute resolution to help enterprises navigate rules and regulations of RCEP, and creating a foreign-related legal training platform to facilitate the integrated development of the Greater Bay Area.

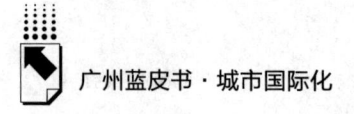

Keywords: Cross-border Legal Services; Foreign Law Ascertainment; Diversified Resolution of International Commercial Disputes; Foreign-Related Legal Exchange

权威报告·连续出版·独家资源

皮书数据库
ANNUAL REPORT(YEARBOOK) DATABASE

分析解读当下中国发展变迁的高端智库平台

所获荣誉

- 2022年，入选技术赋能"新闻+"推荐案例
- 2020年，入选全国新闻出版深度融合发展创新案例
- 2019年，入选国家新闻出版署数字出版精品遴选推荐计划
- 2016年，入选"十三五"国家重点电子出版物出版规划骨干工程
- 2013年，荣获"中国出版政府奖·网络出版物奖"提名奖

皮书数据库　　"社科数托邦"微信公众号

成为用户

登录网址www.pishu.com.cn访问皮书数据库网站或下载皮书数据库APP，通过手机号验证或邮箱验证即可成为皮书数据库用户。

用户福利

- 已注册用户购书后可免费获赠100元皮书数据库充值卡。刮开充值卡涂层获取充值密码，登录并进入"会员中心"—"在线充值"—"充值卡充值"，充值成功即可购买和查看数据库内容。
- 用户福利最终解释权归社会科学文献出版社所有。

数据库服务热线：010-59367265
数据库服务QQ：2475522410
数据库服务邮箱：database@ssap.cn
图书销售热线：010-59367070/7028
图书服务QQ：1265056568
图书服务邮箱：duzhe@ssap.cn

社会科学文献出版社　皮书系列
SOCIAL SCIENCES ACADEMIC PRESS (CHINA)

卡号：751474456468
密码：

S 基本子库
SUB DATABASE

中国社会发展数据库（下设 12 个专题子库）

紧扣人口、政治、外交、法律、教育、医疗卫生、资源环境等 12 个社会发展领域的前沿和热点，全面整合专业著作、智库报告、学术资讯、调研数据等类型资源，帮助用户追踪中国社会发展动态、研究社会发展战略与政策、了解社会热点问题、分析社会发展趋势。

中国经济发展数据库（下设 12 专题子库）

内容涵盖宏观经济、产业经济、工业经济、农业经济、财政金融、房地产经济、城市经济、商业贸易等 12 个重点经济领域，为把握经济运行态势、洞察经济发展规律、研判经济发展趋势、进行经济调控决策提供参考和依据。

中国行业发展数据库（下设 17 个专题子库）

以中国国民经济行业分类为依据，覆盖金融业、旅游业、交通运输业、能源矿产业、制造业等 100 多个行业，跟踪分析国民经济相关行业市场运行状况和政策导向，汇集行业发展前沿资讯，为投资、从业及各种经济决策提供理论支撑和实践指导。

中国区域发展数据库（下设 4 个专题子库）

对中国特定区域内的经济、社会、文化等领域现状与发展情况进行深度分析和预测，涉及省级行政区、城市群、城市、农村等不同维度，研究层级至县及县以下行政区，为学者研究地方经济社会宏观态势、经验模式、发展案例提供支撑，为地方政府决策提供参考。

中国文化传媒数据库（下设 18 个专题子库）

内容覆盖文化产业、新闻传播、电影娱乐、文学艺术、群众文化、图书情报等 18 个重点研究领域，聚焦文化传媒领域发展前沿、热点话题、行业实践，服务用户的教学科研、文化投资、企业规划等需要。

世界经济与国际关系数据库（下设 6 个专题子库）

整合世界经济、国际政治、世界文化与科技、全球性问题、国际组织与国际法、区域研究 6 大领域研究成果，对世界经济形势、国际形势进行连续性深度分析，对年度热点问题进行专题解读，为研判全球发展趋势提供事实和数据支持。

法律声明

"皮书系列"(含蓝皮书、绿皮书、黄皮书)之品牌由社会科学文献出版社最早使用并持续至今,现已被中国图书行业所熟知。"皮书系列"的相关商标已在国家商标管理部门商标局注册,包括但不限于LOGO( )、皮书、Pishu、经济蓝皮书、社会蓝皮书等。"皮书系列"图书的注册商标专用权及封面设计、版式设计的著作权均为社会科学文献出版社所有。未经社会科学文献出版社书面授权许可,任何使用与"皮书系列"图书注册商标、封面设计、版式设计相同或者近似的文字、图形或其组合的行为均系侵权行为。

经作者授权,本书的专有出版权及信息网络传播权等为社会科学文献出版社享有。未经社会科学文献出版社书面授权许可,任何就本书内容的复制、发行或以数字形式进行网络传播的行为均系侵权行为。

社会科学文献出版社将通过法律途径追究上述侵权行为的法律责任,维护自身合法权益。

欢迎社会各界人士对侵犯社会科学文献出版社上述权利的侵权行为进行举报。电话:010-59367121,电子邮箱:fawubu@ssap.cn。

社会科学文献出版社